D1747324

Mittelalter in Deutschland

Jürgen Kaiser

Mittelalter in Deutschland

Inhalt

5 Vorwort

6 Das deutsche König- und Kaisertum
Von Gottes Gnaden

22 Adel, Rittertum und Burgen
Auserwählt in Gottes Ordnung

40 Die Reichsbischöfe
Thron und Altar

58 Die Klöster
Der Welt gestorben?

78 Sorge um das Seelenheil
Himmelslicht und Höllenfeuer

94 Reliquien, Pilger und Wallfahrten
Unterwegs zur Himmelsstadt

106 Frauenleben im Mittelalter
Huren, Heilige, Herscherinnen

124 Die Städte
Motor des Mittelalters

146 Die Lebenswelt der Bauern
Auf dem Land

157 Übersichtskarte
158 Literaturauswahl
160 Bildnachweis

Vorwort

Das Interesse für das Mittelalter ist ungebrochen. Ritterspiele, Mittelaltermärkte, Stadtführungen in historischen Gewändern, Freilichttheater in Ruinen, Stadtjubiläen und vieles mehr zeigen mittelalterliches Leben in unserer Gegenwart. Gotische Kirchen, romanische Kathedralen, Stadtmauern, Altstädte oder Burgruinen gehören zu den Wegmarken unserer reichen deutschen Geschichte. Doch was sich tatsächlich in und vor diesen Mauern abgespielt hat, warum diese Bauwerke entstanden und wie sie genutzt wurden, bleibt dem flüchtigen Betrachter verborgen.

Dieses Buch soll dem interessierten Laien in knapper, gut lesbarer Form einen Überblick über die zentralen Elemente des Lebens und der Gesellschaft im Mittelalter geben. Neun Kapitel beleuchten die wichtigsten Themenbereiche, angefangen vom König bis hin zum Bauern. Manches klingt bekannt, doch vieles wird überraschen. Spannend ist das Amt des Königs, der bis zur Mitte des 13. Jh. nicht nur der mächtigste Mann des Landes war, sondern sich auch als Stellvertreter Gottes sah. Im hauptstadtlosen Reich übte er seine Herrschaft quasi aus dem Sattel aus. Er stützte sich auf Adel und Bischöfe, deren Funktion und Einzelinteressen jeweils beschrieben werden. Klöster prägten das Mittelalter in einem heute nur noch schwer vorstellbaren Ausmaß. Sie waren erstrangige Wirtschafts- und Kulturzentren. Schließlich findet die Suche nach dem Seelenheil im mittelalterlichen Alltag und unterwegs auf Wallfahrten eine ausführliche Darstellung. Weitere Aspekte des Lebens im Mittelalter beleuchtet neben einem Kapitel zur Stellung der Frau in der mittelalterlichen Gesellschaft, die durch die Abwertung durch die Kleriker kein privilegiertes Leben hatte, ein Kapitel zur Stadt als Motor des Mittelalters und zum Dorf als Wohn- und Arbeitsort der überwiegenden Bevölkerung – letztere zwei höchst gegensätzliche, aber bis heute prägende Lebensbereiche mittelalterlicher Menschen.

Im Anschluss an jedes Kapitel werden jeweils mehrere Tipps präsentiert, die zu den schönsten und interessantesten Bauwerken führen und so den Text erlebbar machen.

Ich wünsche allen Lesern viel Freude beim Eintauchen in das manchmal rätselhafte, oft aber gar nicht so fremde Mittelalter, das keineswegs finster, sondern bunt und höchst vielfältig war.

Dr. Jürgen Kaiser

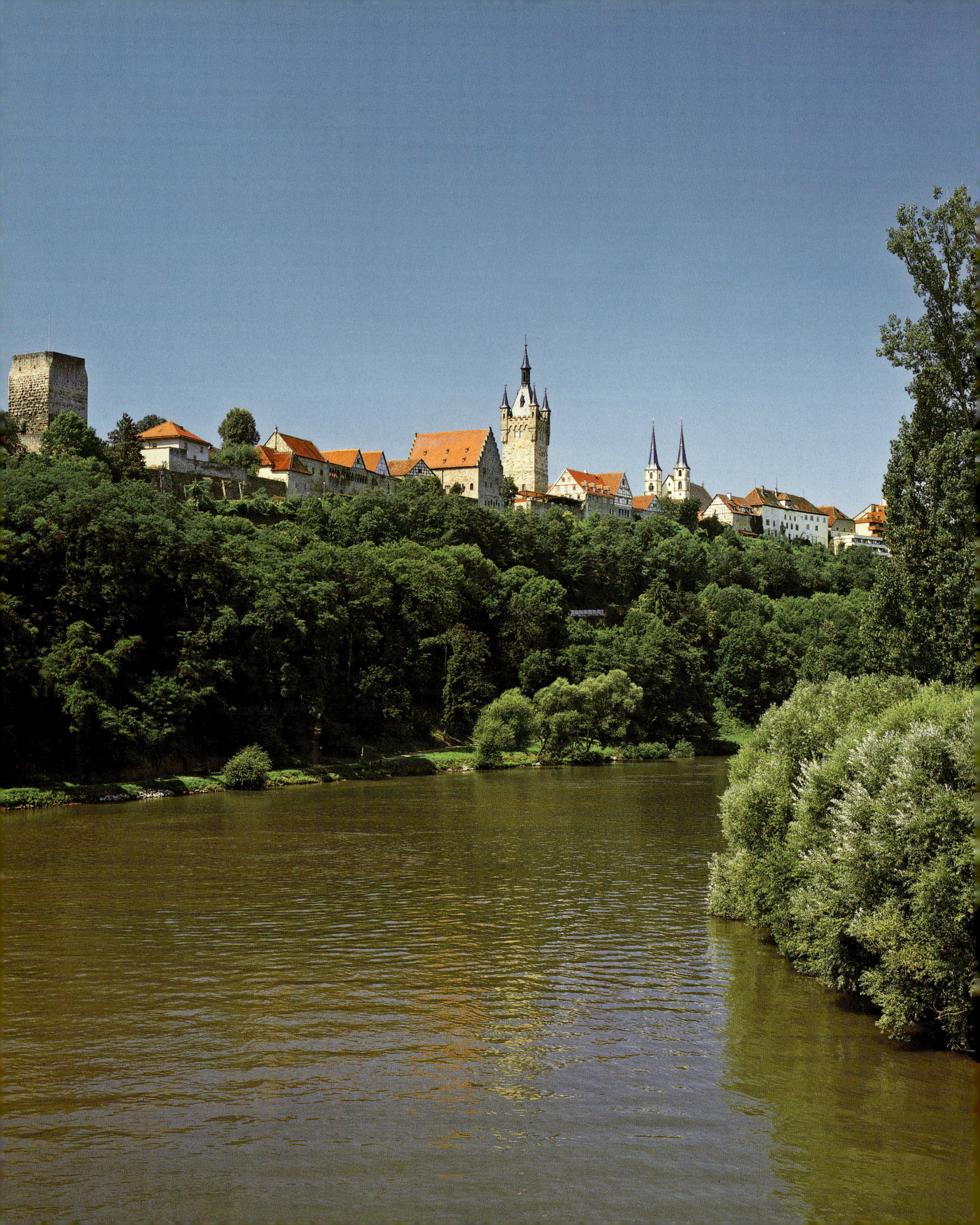

Das deutsche König- und Kaisertum

Von Gottes Gnaden

Nachdem Kaiser Wilhelm II. sowie die Nazi-Ideologie das mittelalterliche deutsche Königtum jeweils für ihre Propaganda brachial vereinnahmt hatten, um als glanzvolle Vollender staufischer Herrschaft zu erscheinen, ist das heutige Publikumsinteresse daran verständlicherweise etwas erlahmt. Doch wie in einem Brennspiegel zeigt sich gerade im höchsten Herrscheramt, das in Europa errungen werden konnte, die typisch mittelalterliche Verbindung handfester Machtpolitik und überhöhender Sakralisierung.

links Hoch über dem Neckar erhob sich in Wimpfen einst die größte Stauferpfalz. Neben zwei Bergfrieden können hier mit Torturm, Palaswand, Kapelle und Steinhaus die meisten für eine Königspfalz typischen Gebäude besichtigt werden. Reizvoll rahmt die ausnehmend gut erhaltene Reichsstadt die wehrhafte Anlage.

Karl der Große Superstar

Bis zum offiziellen Ende des Deutschen Kaiserreiches 1806, als Franz II. auf Druck Napoleons die Krone niederlegte, galt Karl der Große (768–814) als Gründer und Lichtgestalt des Reiches. Sein Mythos wurde bis ins späte Mittelalter intensiv gepflegt, um daraus politisch Kapital zu schlagen. Und selbst die auf den Trümmern des Zweiten Weltkriegs sich bildende Europäische Union berief sich zumindest anfangs auf ihn. Die Grundlage für Karls erstaunliche Karriere legte sein Vater Pippin der Jüngere (751–768). Er war vom Amt her zunächst eine Art Kanzler der Merowinger-Dynastie. Da diese aber moralisch abgewirtschaftet und politisch machtlos geworden war, entschloss sich Pippin zu einem Staatsstreich. 751 ließ er sich zum König der Franken wählen. Um dem Makel abzuhelfen, kein Merowinger zu sein, musste ihn Papst Stephan II. nach dem Vorbild der Königserhebung Davids im Alten Testament salben und krönen. Diesem Dreiklang aus öffentlicher Wahl, Salbung und anschließender Krönung blieb man dann jahrhundertelang treu. Dem Papst blieb auch nichts anderes übrig, benötigte er doch dringend die Hilfe des damals mächtigsten Mannes Europas gegen die Langobarden.

Karl der Große vergrößerte das ererbte Riesenreich durch seine Sachsen- und Langobardenkriege erheblich, so dass es schließlich die heutigen Länder Frankreich, Deutschland, Österreich, Schweiz und Norditalien umfasste. Nachdem wiederum der Papst in Nöten war und ihn persönlich um Hilfe bat, erreichte Karl als Belohnung eine unerhörte Rangerhöhung: Weihnachten 800 setzte Leo III. ihm im Petersdom die Kaiserkrone auf, die alle seine Nachfolger nun für sich beanspruchen sollten. Angeblich soll Karl von der Krönung durch den Papst überrascht worden sein, wie sein Biograph Einhard vermerkt. Doch dürfte es sich hierbei um die übliche Bescheidenheitsfloskel einer geschönten Vergangenheitsbetrachtung handeln. Karl sah sich als direkter Nachfolger der (west)römischen Cäsaren, deren Machtfülle er tatsächlich fast erreicht hatte. Im oströmischen Kaiserreich in Konstantinopel war man über diese

Konkurrenz natürlich wenig begeistert, akzeptierte das Ganze aber gegen größere Gebietsabtretungen an der Adria. Karl versuchte energisch sein ererbtes und zusammenerobertes Reich nach antikem Vorbild zu einem einheitlichen Staat zu formen.

Karls Enkel teilten ihr Erbe in mehreren Phasen bis ins späte 9. Jh. in unterschiedlich große Ländermassen auf. Aus dem westfränkischen Reich Karls des Kahlen entwickelte sich das heutige Frankreich, aus dem ostfränkischen Königreich Ludwigs des Deutschen schließlich Deutschland. Die Königreiche Burgund und (Nord)Italien, die damals auch entstanden, kamen erst unter den Staufern zeitweise wieder zum Deutschen Reich.

Machtpoker, Blaues Blut und Heiliger Geist – die deutsche Königswahl

Innerhalb Europas war das deutsche Wahlkönigtum die große Ausnahme. Aus der vornehmsten Familie des Reiches sollte mit Gottes Hilfe das geeignetste männliche Mitglied von den geistlichen und weltlichen Großen des Landes zum König gewählt werden. Auch wenn natürlich alle Herrscher versuchten, ihren ältesten Sohn in die Nachfolgeposition zu bringen, musste dieser dennoch erst einmal gewählt werden. Daher wandten sie bis ins hohe Mittelalter gerne einen Umgehungstrick an, indem sie noch zu Lebzeiten ihr Kind krönen ließen. Legitimiert wurde diese Maßnahme dadurch, dass mit dem Erwerb der Kaiserkrone des Vaters der Sohn auf die Stelle des Königs nachrücken konnte. Das reibungslose Durchsetzen des eigenen Nachwuchses gelang natürlich nur den größten deutschen Königen. Deren mächtigster, der Staufer Heinrich VI. (1190–1197), der kurze Zeit von Sizilien bis zur Nordsee herrschte, versuchte vergeblich, den Fürsten die offizielle Erblichkeit des Königtums innerhalb seiner Dynastie abzuringen. Dass das dynastische Prinzip auch nicht das allein selig machende war, zeigt sich in den zahlreichen Aufständen einzelner Söhne gegen ihren kaiserlichen Vater, die sich wie ein roter Faden durch die Geschichte des deutschen Königtums ziehen. Dies beginnt schon beim ersten König des karolingischen Hauses, Pippin I., und hört bei dem letzten großen Staufer, Friedrich II., auf. Unzufriedene Große des Reiches ergriffen seit dem Investiturstreit zwischen Kaiser und Papst oftmals die Gelegenheit, mit Rückendeckung aus Rom einen Gegenkönig aufzustellen, der ihren Eigeninteressen besser entsprach. Nach dem Tod des Staufers Heinrich VI. begann mit der Doppelwahl von 1198 jene unselige Reihe zweier Wahlsieger, deren Kämpfe das Reich schwächten und immer wieder ins politische Chaos stürzten, bis einer von beiden politisch erledigt oder tot war.

Bis weit ins 13. Jh. hinein war es mehr oder weniger zufällig den jeweiligen politischen Koalitionen überlassen, wer von den geistlichen und weltlichen Großen den deutschen König wählte. Das »Volk« nahm dabei nur eine Statistenrolle ein und durfte per (bestelltem) Beifall seine Zustimmung ausdrücken. Erst im Spätmittelalter kristallisierte sich das Wahlgremium der sieben Kurfürsten heraus, die seit dem Reichsgrundgesetz der »Goldenen Bulle« (so genannt nach dem großen goldenen Wachssiegel) Karls

oben Der 1237 geweihte Neubau des Bamberger Domes enthält eine ganze Reihe von Figuren eines an der Kathedrale von Reims geschulten Bildhauers. Mit dem sogenannten Bamberger Reiter schuf er das Idealbild eines staufischen Herrschers.

unten Das in Regensburg geschaffene Sakramentar, eine Stiftung des Kaisers Heinrich II. aus dem frühen 11. Jh., verdeutlicht auf einer Zierseite der Prachthandschrift dessen Selbstverständnis: Unmittelbar von Gott, dessen Stellvertreter er auf Erden ist, erhält der Herrscher seine Krone. Zwei heilige Bischöfe stützen seine Arme, die Schwert und Heilige Lanze halten.

IV. 1356 stellvertretend für alle den deutschen König wählten. Neben den drei geistlichen Kurfürsten, den Erzbischöfen von Mainz, Köln und Trier, waren dies der Pfalzgraf bei Rhein, der König von Böhmen, der Herzog von Sachsen und der Markgraf von Brandenburg. Diese wählten jedoch beileibe nicht in erster Linie den für das Reich fähigsten Kandidaten aus, sondern oftmals denjenigen, der ihnen die großzügigsten Versprechungen machte.

Da die wichtigsten Kurfürstentümer (Mainz, Köln, Trier, Pfalz) im Westen und Südwesten des Reiches lagen, fanden ihre wahlvorbereitenden Treffen auch in dieser Region statt. Traf man sich noch im frühen 14. Jh. in einem Garten in Rhens am Rhein, so wurde mit der »Goldenen Bulle« Frankfurt am Main aufgrund seiner zentralen Lage zum festen Wahlort. An der dortigen gotischen Stiftskirche St. Bartholomäus (Dom) hat sich bis heute die Wahlkapelle seitlich des Chores erhalten, in der sich die Kurfürsten auf einen Kandidaten einigten. Nach der Mitte des 16. Jh. wurde der deutsche König, der nun überwiegend aus dem Haus der Habsburger stammte, auch dort gekrönt, da die Reise nach Aachen dem Hof zu mühsam wurde. Nach den oft wochenlangen Wahlverhandlungen im teuren Frankfurt war einfach auch das Geld zu knapp, um noch großartig in Aachen repräsentieren zu können. Aber immerhin baute man in Frankfurt noch den Aachener Thron Karls des Großen nach, um wenigstens an die große Tradition zu erinnern.

Am rechten Ort – die Königskrönung in Aachen

Erst Otto I. (936–973) begründete die Tradition von Aachen als Krönungsstätte des deutschen Königs. Hier am Grab Karls des Großen in der von ihm Ende des 8. Jh. erbauten Marienstiftskirche war bis zur Krönung des Habsburgers Ferdinand I. 1531 der einzig rechte Ort zur Königserhebung. Ganz bewusst knüpfte Otto I. an die schon fast legendäre Gestalt Karls an, indem er dort dessen Thron bestieg. Auch Karls Politik erneuerte er glanzvoll. So rief er sich zum König der Langobarden aus und ließ sich 962 in Rom zum Kaiser krönen. Sein Enkel Otto III. ging in seiner Karls-Verehrung sogar so weit, dass er dessen Grab im Aachener Münster öffnen ließ, wo er der Legende nach den toten Kaiser auf einem Thron sitzend vorfand. In der Nähe seines Idols ließ er sich 1002 auch bestatten.

Neben Aachen als rechtem Ort kristallisierte sich der Kölner Erzbischof, in dessen Bistum Aachen lag, als derjenige heraus, dem allein das Recht vorbehalten war, den König zu krönen. Dadurch fühlte sich jahrhundertelang sein Mainzer Kollege beleidigend zurückgesetzt, war er doch als Primas der deutschen Kirche und Erzkanzler das eigentliche politische Schwergewicht unter den Geistlichen des Reiches.

Wer sich als deutscher König durchsetzen wollte, musste jedoch nicht nur in Aachen gekrönt sein, er musste auch noch die richtige Krone mitbringen. Daher war der Besitz der Reichskrone samt den zugehörigen Kleinodien von immenser Wichtigkeit, was deren sorgfältige Sicherung und wechselnden Aufbewahrungsort erklärt.

Das deutsche König- und Kaisertum

War der deutsche König gewählt, so zog er feierlich mit den Kurfürsten und Großen des Reiches nach Aachen. Dort wurde er von Bevölkerung und Klerus ehrenvoll in die Reichsstadt eingeholt und für ein erstes Gebet zum Münster gebracht. Am folgenden Tag führten die drei rheinischen Erzbischöfe unter Vorsitz des Kölners während einer Messe am Marienaltar die Krönung durch. Zunächst erfolgte die Salbung an Haupt, Brust, Nacken, Armen und Händen. Danach wurde der König mit den prachtvollen Gewändern des Reichsschatzes angekleidet, mit der Reichskrone gekrönt und erhielt Schwert, Reichsapfel und Szepter. Anschließend krönte der Kölner Oberhirte auch die Gemahlin des neuen Herrschers. Nun schwor der neue König den Treueeid auf das karolingische Reichs-Evangeliar. Erst jetzt wurde er auf den Thron Karls des Großen geführt, der noch heute auf der Westempore des Umgangs steht. Hier nahm er den Beifall der im Münster versammelten Menge entgegen, bevor er wieder nach unten zum Altar ging und dem weiteren Verlauf der Messe folgte.

Nach dem ernsten sakralen Teil des Krönungszeremoniells schritt das Herrscherpaar unter dem Jubel des Volkes, Glockenklang und Festmusik den kurzen Weg hinüber in das gotische Rathaus am Markt, das auf den Grundmauern des Thronsaales Karls des Großen steht. Im zweischiffigen, gewölbten Saal des Obergeschosses, der zu den größten Räumen mittelalterlicher Profanarchitektur gehört, fand das Krönungsmahl statt. Doch während das Volk auf dem Marktplatz sich lauthals am Weinbrunnen und dem gebratenen Ochsen verlustierte, herrschte im Innern strenges Zeremoniell. Denn nun hatten die vier weltlichen Kurfürsten ihren rangbestätigenden, großen Auftritt, indem sie den neuen Herrscher in unterschiedlichen Ehrenämtern zu Diensten waren.

Römisches Abenteuer – die Kaiserkrönung

Nach dem Vorbild Karls des Großen versuchten seit Otto I. wieder alle deutschen Könige möglichst rasch nach Rom zu ziehen, um dort aus der Hand des Papstes die Kaiserkrone zu erhalten. Damit wurden sie in direkter Linie Nachfolger der römischen Cäsaren, in deren Tradition sie sich und ihr Reich sahen. Denn erst dadurch erreichten sie ihre Spitzenposition unter den europäischen Königen und wurden von ihrem Selbstverständnis her zu Weltherrschern.

Den Zug über den »Berg«, die Alpen, wollte man mit einem möglichst glanzvollen Aufgebot an geistlichen und weltlichen Fürsten unternehmen, um dem eigenen Anspruch gerecht zu werden. Daher war die Teilnahme am Romzug eigentlich obligatorisch für die Großen des Reiches. Nach dem Untergang der Staufer blieb hiervon jedoch meist nur ein kümmerliches Unternehmen übrig, dem sich die Mehrzahl der hohen Herren aus fadenscheinigen Gründen nicht mehr anschloss. Die Reise nach Rom war alles andere als eine Vergnügungsreise, auch wenn im Mittelalter Italien als der »Garten des Reiches« bezeichnet wurde. Denn die ewig untereinander verfeindeten norditalienischen Städte riefen den durchziehenden deutschen König als ihren obersten Richter an und forderten militärisches Eingreifen. Richtig kompliziert wurde es erst in Rom, das unter meist tödlich zerstrittenen Adelssippen aufgeteilt war. Auch hier musste erst einmal Ordnung geschaffen werden. Neben den politischen Gefahren sorgten die malariaverseuchten Sümpfe vor der Ewigen Stadt für einen hohen Blutzoll unter den Teilnehmern des Romzuges, teilweise sogar unter den Herrschern selbst. Schließlich wägte man Nutzen und Risiken eines Romzugs in der Renaissancezeit nüchtern gegeneinander ab, so dass seit Maximilian I. der deutsche König ohne päpstliche Krönung den Kaisertitel annahm.

Sacrum Imperium – Königsheil und Heiliger König

Der deutsche König war nicht einfach ein per Mehrheitsbeschluss der Großen des Reiches gekürter Herrscher, sondern ein durch Gott besonders auserwählter König. Für die Menschen des Mittelalters galt der König und Kaiser automatisch als Stellvertreter Gottes auf Erden. Diese sakrale Funktion drückt sich schon in der Salbung aus, die noch vor der eigentlichen Krönung durch die drei rheinischen Erzbischöfe vorgenommen wurde. Vorbild hierfür war die im Alten Testament beschriebene Salbung König Davids, der nicht nur als Stammvater Christi, sondern auch als Verkörperung eines christlichen Königs schlechthin galt. Wobei man im Mittelalter großzügig die in der Bibel geschilderte Vielweiberei und moralische Fragwürdigkeit Davids übersah ... Durch die Salbung war der erwählte Herrscher nicht nur König. Sie machte ihn auch zum Diakon, weshalb er auf Wunsch inner-

rechts Nach dem Ende des mittelalterlichen Deutschen Reiches 1806 wurde die Reichskrone zum Museumsstück, bis heute zu besichtigen in der Schatzkammer der Wiener Hofburg. Ihre achteckige Form und ihre Emailledarstellungen unterstreichen die Sakralität des deutschen Königs.

halb der Liturgie an Hochfesten wie Weihnachten mitwirken konnte. Aus seiner geistlichen Weihe heraus erklärt sich der Sitz in einigen Stiftskapiteln wie z. B. dem des Kölner Domes und der Lateransbasilika in Rom, der ihm automatisch eingeräumt wurde. Auch die Gewänder aus Tunika, Albe und Stola, die ihm bei der Inthronisation die Erzbischöfe anlegten, waren liturgische Kleidungsstücke und zwar die eines Diakons. Besuchte der König eine Stadt, so wurde er feierlich vom Klerus in einer mehr liturgischen als weltlichen Prozession eingeholt.

Am deutlichsten ablesbar ist für uns heute das sakrale Selbstverständnis des deutschen Königs an der Reichskrone, die in der Schatzkammer der Wiener Hofburg besichtigt werden kann. Sie ist weniger prunkvolles Schmückstück denn Versinnbildlichung der sakralen Aura des Königtums. Allein schon ihre achteckige Form, die einmalig unter den Kronen des Mittelalters ist, muss dahingehend gedeutet werden. Die Zahl acht steht in der christlichen Zahlensymbolik für Vollendung und damit die Wiederkehr Christi beim Jüngsten Gericht. Nicht nur Taufsteine, Mausoleen, Vierungstürme der Kaiserdome, auch der Zentralbau der Aachener Pfalzkapelle Karls des Großen folgt dieser Symbolik. Vier gegenüberliegende Seiten sind mit Edelsteinen, vier mit figürlichen Emailles verziert. Dieses zweifache Viereck spielt auf Rom und das Himmlische Jerusalem aus der Offenbarung des Johannes an. Auf letztere bezieht sich auch das Material aus Gold und Edelsteinen, so dass die Reichskrone Symbol der Himmelsstadt ist. In den Emailles sind David und Salomo als die Vorbilder eines christlichen Königs dargestellt, sie enthalten aber in ihren Spruchbändern Mahnungen an den Träger der Krone, gerecht und gottesfürchtig zu bleiben. Eine weitere Szene zeigt den kranken König Ezechias, dem der Prophet Isaias verkündet, dass Gott ihm als gutem Herrscher noch weitere 15 Jahre Leben schenkt. Am bedeutungsschwersten ist das vierte Emaille, das auf der Ehrenseite rechts vom Stirnkreuz zu finden ist. Hier erscheint der thronende Christus in seiner Herrlichkeit als König des Himmels, begleitet von Engeln. Der beigefügte Spruch lautet übersetzt »Durch mich regieren die Könige«. Damit ist unmissverständlich ausgedrückt, dass sich der deutsche König und Kaiser unmittelbar von Gott in seine Herrschaft eingesetzt fühlte – ein hohes Selbstverständnis, das im Investiturstreit hart mit dem des konkurrierenden zweiten Stellvertreters Gottes auf Erden, dem Papst, zusammenprallen musste. Wohl in Konkurrenz zu den drei Kronen, die der Kaiser erhielt (zwei Königskronen für Deutschland und das Langobardenreich sowie die Kaiserkrone), ließ schließlich der Papst die berühmte Tiara aus drei übereinander liegenden Kronen kreieren. Überwölbt wird die Reichskrone von einem prächtigen Bügel, auf dem mit Perlen eine Inschrift angebracht ist, die übersetzt lautet: »Konrad (II.) von Gottes Gnaden Kaiser der Römer«. Umstritten ist in der Forschung, ob die komplette Krone für die Kaiserkrönung Konrads II. 1027 in Rom geschaffen wurde.

Ursprünglich befand sich anstelle des Saphirs auf der Stirnplatte ein höchst symbolträchtiger heller Edelstein, der das Königsheil versinnbildlichte, das der Träger inne hatte. Das Königsheil war für die wundergläubigen Menschen des Mittelalters etwas ganz Konkretes, weshalb viele versuchten, beim Einzug des Königs in die Stadt sein Gewand oder Pferd zu berühren. Die Armspangen, die der König erhielt, wurden nach dem Vorbild der Salbung Davids geschaffen. Szepter und Reichsapfel, die heute ebenfalls in der Wiener Hofburg gezeigt werden, entstanden später als die Reichskrone. Ganz deutlich symbolisiert das Kreuz auf der vergoldeten Kugel den Anspruch des deutschen Kaisers, Herrscher der Welt zu sein. Man

Das deutsche König- und Kaisertum

muss davon ausgehen, dass die Herrscher und ihre Familien immer wieder verschiedene Garnituren von Kronen und weiteren Zeichen ihrer Würde anfertigen ließen, die sie bei feierlichen Anlässen oder bei den überlieferten Festkrönungen benutzten. Die Reichskrone behielt aber ihren überragenden Stellenwert deshalb, weil man sie als Krone Karls des Großen, des »Reichsgründers«, ansah. Deshalb wurde sie nie eingeschmolzen und in zeitgemäßen Formen neu gestaltet, wie es sonst das Schicksal fast aller mittelalterlichen Kronen war.

Ebenfalls mit Karl wurde auch der Thron auf der Westempore des Aachener Münsters in Zusammenhang gebracht. Ähnlich der Krone ist er ein Gebilde von höchster Zeichenhaftigkeit. Wie bei der Beschreibung des Thrones Salomons führen sechs Stufen zu ihm hinauf. Hinter dem Thron befindet sich ein Altar, in dessen Hohlraum einst Reliquien geborgen waren.

Als Berührungsreliquie wurde wohl im Mittelalter auch das Material des Thrones angesehen. Denn bei näherer Betrachtung fällt auf, dass die Stufen aus Trommeln einer römischen Marmorsäule und die Platten des Thronsitzes aus Fußbodenplatten (wie das eingeritzte Mühlespiel zeigt) geschnitten wurden. Karl oder Otto I. beschafften sie vermutlich aus Jerusalem, vielleicht aus der Grabeskirche. Der »Stellvertreter Christi« sollte demnach auch auf einem geheiligten Thron sitzen. Pilger konnten diese Jerusalem-Reliquie verehren, indem sie durch den Hohlraum unter dem Thronsitz hindurchschlüpften.

Die sakrale Aura des deutschen Königs unterstrich die reiche Reliquiensammlung, die den eigentlichen »Schatz« des Reiches ausmachte. An der Spitze stand die Heilige Lanze, so genannt nach dem Nagel vom Kreuz Christi, der in eine Lanze eingearbeitet war. Sie galt zudem als diejenige Lanze, mit der Longinus die Seite Christi bei der Kreuzigung durchbohrt hatte und damit sehend und gläubig geworden war. Zudem soll sie danach Kaiser Konstantin gehört haben, dem ersten christlichen römischen Kaiser und damit dem Urahnen aller deutschen Herrscher. Weitere wichtige Reliquien wurden in kostbaren Behältern gefasst, von denen noch die sogenannte Stephansbursa und das Reichskreuz als Hauptstücke erhalten sind. Die beiden Schwerter, die zu den Reichskleinodien gehörten, wurden ebenfalls zu Reliquien erklärt. Eines soll Karl dem Großen, das andere dem hl. Mauritius, dem Anführer der Thebäischen Märtyrer-Legion, gehört haben.

Seit 1424 verblieben die Reichskleinodien, die vorher immer wieder an verschiedenen Orten aufbewahrt wurden, in der zentral gelegenen Reichsstadt Nürnberg. Nur zu den Königskrönungen verließen sie die Stadt, penibel bewacht von Nürnberger Patriziern. In der fränkischen Metropole fanden bis zur Reformation jährlich sogenannte Heiltumsweisungen statt, bei denen der Reichsschatz mit seinen Reliquien Massen von Pilgern gezeigt wurde. Ansonsten hingen die Reliquien diebstahlsicher in einem silbernen Schrein an einer Kette im Chor der Kirche des Heilig-Geist-Spitals, während Krönungsornat und Reichsinsignien in einem feuersicheren Raum über der Sakristei aufbewahrt wurden.

Die Auseinandersetzung zwischen Kaiser und Papst um die höchste Autorität, die seit der Mitte des 11. Jh. das Verhältnis zwischen beiden vergiftet hatte,

ganz links Dreißig deutsche Könige bestiegen den Thron Karls des Großen im Aachener Münster. Vor 1200 Jahren wurde dieser älteste erhaltene Monumentalbau des Mittelalters errichtet, in dem Karl auch sein Grab fand. Die prachtvolle Wandverkleidung mit Marmor und Mosaiken entstammt allerdings erst der Erneuerung im späten 19. und frühen 20. Jh.

links Die Kaiserburg von Nürnberg, gegründet von Kaiser Heinrich III., überragt bis heute die Giebel der Altstadt. Inmitten des überwiegend spätmittelalterlich geprägten Ensembles vermittelt die staufische Doppelkapelle aus dem späten 12. Jh. noch am besten die große Bedeutung der Anlage.

Das deutsche König- und Kaisertum

eskalierte noch einmal unter dem mächtigen Stauferkaiser Friedrich I. Barbarossa (1152–1190). Sein »Propagandaminister« Rainald von Dassel, Erzbischof von Köln und Erzkanzler für Reichsitalien, fuhr in diesem Streit härtestes ideologisches Geschütz auf. Er prägte das Schlagwort vom »sacrum imperium« (heiliges Kaiserreich), das noch bis in die Bezeichnung Deutschlands als »Heiliges Römisches Reich Deutscher Nation« am Ausgang des Mittelalters weiter wirkte. 1164 brachte er die bei der Eroberung des aufständischen Mailand erbeuteten Gebeine der Heiligen Drei Könige nach Köln, wo sie noch heute im prachtvollsten und größten Reliquienschrein ruhen, der je geschaffen wurde. Das hatte zwar den schönen Nebeneffekt, dass Köln als europäisches Pilgerziel enorm aufgewertet wurde, war aber in erster Linie

unten Wer den Trifels hat, der hat das Reich! So lautete einst ein mittelalterlicher Spruch, der die Bedeutung der pfälzischen Reichsburg zum Ausdruck bringt. Der Trifels barg am längsten die Reichskleinodien, aber auch politische Gefangene wie Richard Löwenherz wurden hier festgehalten. Die Ruine der im späten 12. Jh. neu errichteten Burg wurde in der NS-Zeit zum Reichsehrenmal ausgebaut und nach diesen Plänen in den 60er Jahren des 20. Jh. vollendet.

rechts Kaiser Friedrich I. Barbarossa gründete 1170 im Kinzigtal die Reichsstadt Gelnhausen genau dort, wo die Fernhandelsstraße Leipzig-Frankfurt den Main erreicht. Hier ließ er um 1165–1180 zudem eine großzügige Pfalzanlage erbauen, deren Ruinen zu den besterhaltenen der Stauferzeit zählen.

als politische Speerspitze gegen den Anspruch des Papstes gedacht, dass er den König ein- und absetzen konnte. Denn so wie die Heiligen Drei Könige die ersten Herrscher sind, die Christus huldigten, der sie wiederum in ihrem Amt bestätigte, indem er ihre Geschenke annahm, so wäre auch der deutsche König direkt von Christus eingesetzt und zwar ohne Vermittlung des Papstes! Dass die Heiligen Drei Könige im Neuen Testament nur bei Matthäus und dort auch nur als »Magier« erwähnt werden, wurde im deutungsflexiblen Mittelalter nicht weiter beachtet. Rainald zementierte mit seinem Reliquien-Coup zudem das Krönungsvorrecht des Kölner Erzbischofs gegen die Ansprüche des Mainzer Konkurrenten. Nach der Krönung in Aachen ritten nun die frisch gekürten deutschen Könige ins eine Tagesreise entfernte Köln, um wie die Heiligen Drei Könige Christus zu huldigen und Geschenke zu bringen.

Damit noch nicht genug, erreichte Rainald 1165 vom kaisertreuen Gegenpapst die Heiligsprechung Karls des Großen. Auf diese Weise wurde nicht nur Karl selbst geheiligt, sondern vor allem das Amt des Königs insgesamt. Deutlicher Ausdruck dieser Denkweise ist der um 1185 begonnene Reliquienschrein Karls, in den Kaiser Friedrich II. nach seiner Krönung 1215 die letzten Nägel einschlug. Nicht nur die Figur Karls des Großen erstrahlt hier in schönster Goldschmiedearbeit, sondern auch fast alle seine Nachfolger auf dem Kaiserthron. Der Schrein stand einst inmitten des von Karl errichteten Zentralbaus des Aachener Münsters, das nun erst recht zu einem Staatsheiligtum geworden war. Barbarossa stiftete zusammen mit seiner Gemahlin Beatrix von Burgund noch die Lichterkrone als Abbild des Himmlischen Jerusalem, die bis heute im Oktogon hängt.

Der letzte große Verehrer Karls des Großen im Sinne eines Staatsheiligen war Kaiser Karl IV. (1346–1378), der sich demonstrativ nach seinem großen Vorbild umbenannte. Er übertrug den Karlskult in seine böhmische Hauptstadt Prag. In Aachen erinnert an ihn vor allem die monumentale Reliquienbüste für das Haupt Karls des Großen, für die er auch eine seiner Kronen stiftete. Ein letzter Abglanz des kaiserlichen Selbstverständnisses als Stellvertreter Christi findet sich bei Sigismund I. (1410–1437), der auf dem Konstanzer Konzil (1414–1418) innerkirchlich für Ordnung sorgte, indem er die drei konkurrierenden Päpste absetzte und ein neues Kirchenoberhaupt wählen ließ.

Mobile Regierung – das hauptstadtlose Reich

Trotz oder gerade wegen seiner gewaltigen Größe besaß das mittelalterliche Deutschland keine Hauptstadt – ein in Europa einzigartiges Phänomen! Zwar regierten die Habsburger, die ab dem 16. Jh. fast ausschließlich den Kaiser stellten, überwiegend von Wien aus ihr Riesenreich als Hauptresidenz ihres Stammlandes Österreich, doch offizielle Hauptstadt des Deutschen Reiches wurde die Donaumetropole dadurch nicht. Erst bei der von Bismarck initiierten Reichsgründung 1871, die allerdings unter Ausschluss Österreichs stattfand, erhielt Berlin als alte preußische Residenz Hauptstadtrang.

Von unserem heutigen, völlig durchbürokratisierten Staatsverständnis her ist ein hauptstadtloses Deutschland absolut undenkbar. Aber gerade die fehlenden Verwaltungsstrukturen machten die persönliche Herrschaftsausübung zur Grundvoraussetzung mittelalterlicher Politik. Der Kaiser reiste daher als oberster Richter und Lehensherr mit seinem Hof umher, um vor Ort präsent zu sein. Hier sprach er Recht, vergab Lehen und schmiedete politische Bündnisse. Begleitet wurde er dauerhaft von einem nicht allzu großen Tross aus seiner Familie, hohen geistlichen und weltlichen Verwaltungsbeamten sowie Bediensteten. Unterwegs schlossen sich ihm immer wieder die Großen des Landstriches an, den er gerade besuchte. Daher wechselte die Zusammensetzung des herumziehenden Hofes ständig. Auch die meist repräsentativ angelegten Hoftage als vom König einberufene Versammlungen der geistlichen und weltlichen Fürsten des Landes, die in der Regel viermal im Jahr stattfanden, hatten oft mehr regionalen Charakter. Denn gerade im Spätmittelalter scheuten weiter entfernt lebende Landesherren den oft weiten Weg dahin. Der sakrale Charakter des Königtums zeigt sich auch darin, dass die Hoftage meist mit kirchlichen Hochfesten verbunden waren. Die Prachtentfaltung der Liturgie steigerte den festlichen Rahmen noch. Hier zeigte sich nicht nur der König mit seiner Familie im Schmuck seiner Insignien, die ihm bis zur Stauferzeit im Rahmen von Festkrönungen feierlich übergeben wurden. Auch die Fürsten des Reiches demonstrierten durch zahlreiche Begleiter, die mehrere Hundert betragen konnten, prachtvolle Kleidung sowie großzügige Geschenke ihren Rang. Gastmähler, festliche Musik, Jagden und Turniere machten die Hoftage neben aller Politik zu den zentralen gesellschaftlichen und gemeinschaftsstiftenden Treffen des mittelalterlichen Reiches.

Bei der in seiner Blütezeit fast halb Europa umfassenden Größe des Kaiserreiches wäre es für den Herrscher unmöglich gewesen, überall präsent zu sein. Vielfach nahmen von ihm benannte Stellvertreter seine Aufgaben wahr. Zudem muss man sich vergegenwärtigen, dass die verschiedenen Landesteile in unterschiedlicher Nähe zum Herrscher standen. Große Teile des mittelalterlichen Reiches wie Nord- und Ostdeutschland besuchte der Kaiser gar nicht, da dort das Reichsgut als Basis seiner Herrschaft fehlte und mächtige Fürsten sich durch die Anwe-

rechts Die immensen Silberfunde des Rammelsbergs brachten dem Kaiser reiche Einnahmen, so dass Kaiser Heinrich III. Mitte des 11. Jh. in Goslar eine große Pfalz errichtete. Ihr heutiges Erscheinungsbild wird stark geprägt vom wilhelminischen Ausbau im 19. Jh. An den Palas schließt sich die bis heute erhaltene Pfalzkapelle als Zentralbau an.

senheit des Herrschers in ihren Interessen gestört gefühlt hätten. Nachdem die Ottonen noch das heutige Ost- und Mitteldeutschland zum Zentrum ihrer Herrschaft gemacht hatten, verlagerte sich unter Saliern und Staufern der Schwerpunkt königlicher Macht nach Südwest-Deutschland. Besonders an Ober- und Mittelrhein sowie entlang von Neckar und Main spielte sich bis zum Ende des Mittelalters die persönliche Herrschaftsausübung des Königs ab – ein doch recht begrenzter Rahmen innerhalb des großen Reiches.

Neben den Freien sowie den Bischofs- und Reichsstädten waren Pfalzen beliebte Aufenthaltsorte des Königs. Sie wurden von ihm innerhalb bedeutender Reichsgutkomplexe errichtet und dienten daher in erster Linie als Verwaltungsmittelpunkte dieser größeren Gebietseinheiten, die noch direkt dem Herrscher gehörten und seinen eigentlichen Reichtum ausmachten. Während Karl der Große sich in Aachen und Ingelheim bei Mainz noch große, symmetrisch angelegte Paläste nach spätantikem Vorbild errichten ließ, waren die Pfalzen der Salier und Staufer eher größere Burganlagen. Innerhalb einer dem Gelände angepassten Befestigungsmauer mit Toren und Türmen lagen große Wirtschaftsgebäude, Wohngebäude für die Dienstmannen, die Pfalzkapelle und der Palas. Dieser vereinte unter einem Dach die Wohnräume des Königs und seiner Familie mit einem großen Saal für die Versammlungen. Verglichen mit der Bedeutung des Kaisers nehmen sich die erhaltenen oder archäologisch fassbaren Pfalzen sowohl im baulichen Aufwand als auch in ihrer Größe doch etwas bescheiden aus. Viele geistliche und weltliche Fürsten konnten mit ihren eigenen Residenzen dem König Paroli bie-

Das deutsche König- und Kaisertum

ten und so ihren eigenen Machtanspruch augenfällig in Szene setzen. Mit der Verpfändung des Reichsguts im 14. Jh. hatten auch die Königspfalzen ihren Besitzer gewechselt und wurden zweckentfremdet. Die spätmittelalterlichen Könige nahmen nun bei ihren Reisen durch Deutschland fast ausschließlich in den Reichsstädten ihren Aufenthalt. Hier besaßen sie aber keine eigenen Residenzgebäude, sondern stiegen in den Häusern reicher Bürger ab. Ihr Tross verteilte sich entsprechend über die Stadt.

Wenn auch die Herrscher des Deutschen Reiches nicht zu Lebzeiten von einem Ort aus ihr Land regierten, so versammelten sie sich wenigstens im Tode mit einigen Ausnahmen von Konrad II. (1024–1039) bis zu Albrecht von Österreich (1298–1308) in einer gemeinsamen Gruft. Und wenn es einen Ort in Deutschland gibt, der die Bedeutung des deutschen Kaisertums, zumindest im Hochmittelalter, zum Ausdruck bringt, dann ist es der Speyerer Dom. So wie sein Vorgänger Heinrich II. (1002–1024), der letzte Herrscher aus dem ottonischen Haus, das Bistum Bamberg gegründet und den Dom als passende Grablege errichtet hatte, wollte auch sein Nachfolger Konrad II. aus der neuen Dynastie der Salier tätig werden. Nachdem seine Familie wenige Jahre zuvor vom dortigen Bischof aus Worms verdrängt worden war, wertete er das Nachbarbistum Speyer durch einen Neubau des Domes auf. In relativ kurzer Bauzeit (1025/30–1106) entstand das größte erhaltene romanische Bauwerk des Abendlandes (nur noch übertroffen von der allerdings zerstörten Abteikirche Cluny), das als kaiserlicher Bau in jeder Hinsicht völlig neue Maßstäbe setzte. Vor der Vierung fanden die Bestattungen ihren Platz, der allmählich zum sogenannten Königschor umgestaltet wurde. Hier beteten die sogenannten Stuhlbrüder für das Seelenheil der verstorbenen Herscher. Noch Maximilian I. (1493–1519) plante eine prächtige Ausgestaltung des Königschores zum Mausoleum, die aber leider nicht ausgeführt wurde. Nach dem Brand des Speyerer Domes und Plünderung der Gräber 1689 und 1794 durch französische Truppen erhielt die Gruft erst 1902 wieder eine würdige Gestaltung, nun aber als Erweiterung der salischen Krypta. Bei der vorausgehenden Öffnung auch der nicht geschändeten Gräber kamen die kupfernen Grabkronen der Salier zum Vorschein, die über den Tod hinaus den Rang der Verstorbenen demonstrieren sollten (heute im benachbarten Historischen Museum der Pfalz).

Vom Stellvertreter Gottes zum Bettelkönig

Obwohl das Deutsche Reich bis zum Ende der Stauferzeit Mitte des 13. Jh. die führende Großmacht in Europa war, gelang es ihm bis zur Auflösung 1806 nie, zum straff durchorganisierten Territorialstaat zu werden. Es blieb mehr oder weniger ein loser Verband selbstständiger Landesfürsten unter einem ab dem

links Nach den Wirren des Interregnums konnte erst wieder König Rudolf von Habsburg eine starke Zentralgewalt errichten. Als er 1291 seinen Tod kommen fühlte, ritt er zum Sterben nach Speyer und ließ sich bei seinen großen Vorgängern begraben. Die heute am Eingang der Kaisergruft aufgestellte Grabplatte befand sich einst im Johanniterhof, wo sie an den Sterbeort des Königs erinnerte.

Spätmittelalter recht machtlos gewordenen Kaiser. In den Nachbarländern Frankreich und England ist eine völlig gegensätzliche Entwicklung zu beobachten. Hier setzte sich der König als oberster Lehensherr durch und band das Land durch zentralisierende Verwaltungs-, Steuer- und Heeresstrukturen immer mehr an sich und seine Dynastie. In Deutschland weigerten sich die meisten Fürsten zunehmend, den Kaiser als obersten Lehensherrn anzuerkennen, und verstanden ihre Ländereien als erblich ohne jede Einschränkung. Bedingt durch das Wahlkönigtum und das rasche Aussterben der Königsfamilien kam es in Deutschland oftmals zu einem Wechsel an der Spitze, was einer kontinuierlichen Zentralstaatspolitik zuwiderlief.

Eine weitere, selbst verschuldete Schwächung des deutschen Königtums bedeutete die Verschleuderung der anfangs mehr als üppigen materiellen Basis seiner Herrschaft. Denn der Reichtum des Königs kam aus den riesigen Ländereien und Wäldern des Reichsguts, das dem Herrscher direkt unterstand und ihm trotz mangelhafter Verwaltung immense Einkünfte bescherte. Nie ließ der König aber systematisch aufzeichnen, was ihm wirklich gehörte. So fiel es ihm oft schwer, seine Ansprüche durchzusetzen oder sich gegen Entfremdung seiner Ländereien zu wehren. Im 14. Jh. setzten die Könige das Reichsgut ein, um die eigene Wahl oder die des Sohnes durchzusetzen sowie politische Weggefährten zu belohnen. Die Ländereien des Königs wurden zwar von ihm nur verpfändet, aber fast nie mehr ausgelöst. Auch die einträglichen Rechte, die nur dem König zustanden (Regalien), wie Zoll-, Markt-, Münz-, Geleit-, Berg- und Judenrechte, waren bis zum Spätmittelalter überwiegend an die Landesfürsten übergegangen. Dieser Raubbau an den eigenen Ressourcen führte dazu, dass die deutschen Könige des Spätmittelalters vergleichsweise arm waren. Nur ihre eigenen Hausmachtsgebiete, die ihre Familie als Erblande besaß, bildeten nun den finanziellen Rückhalt. Trotzdem gelang es nie, diese Lücke durch einheitliche und kalkulierbare Reichssteuern zu schließen. Personengebunden wie mittelalterliche Herrschaftsausübung nun eben einmal war, kam der König am ehesten zu Geld, wenn er seine Reichsstädte besuchte, von denen er großzügige Geldgeschenke erwartete, die auch gezahlt wurden. Als oberster Gerichtsherr strich der König weitere Einkünfte ein, wobei sich die Rechtsprechung des Herrschers oft zu der finanzkräftigeren Seite neigte. Um verdiente Parteigenossen trotz klammer Kassen zu versorgen, bestand der König auf dem Recht der Ersten Bitte. Dies bedeutete, dass der neu gewählte Herrscher in jedem Stift des Reiches die erste freiwerdende Pfründe zur Versorgung eines seiner Anhänger oder dessen Verwandtschaft nutzen konnte.

Das unberechenbare Finanzchaos, indem sich ab dem Spätmittelalter der Kaiser befand, führte manchmal zu recht unwürdigen Szenen. So blieben die Gastwirte und Handwerker der Reichsstädte, in denen sich der Herrscher mit seinem Tross oft wochenlang aufgehalten und entsprechend konsumiert hatte, bei der Abreise oft auf ihren Kosten sitzen. Nicht immer stand die Stadtspitze, wohl mit geballter Faust in der Tasche, dafür gerade. Manchmal entlud sich der Zorn der Geprellten ganz handfest, indem sie den Hof beim Auszug aus der Stadt beschimpften und mit Mist bewarfen.

Erst ganz am Ende des Mittelalters versuchte Maximilian I. (1493–1519) den zahllosen Gebrechen des deutschen Königtums mit seiner Reichsreform abzuhelfen. So rief er auf dem Reichstag zu Worms 1495 das Reichskammergericht ins Leben, um den von ihm verkündeten Ewigen Landfrieden zu sichern und das selbstzerstörerische Fehdewesen abzuschaffen. Das Gericht tagte zunächst in Frankfurt, ab 1527 in Speyer und seit dem Ende des 17. Jh. in Wetzlar. Personell schwach ausgestattet, wurde es sprichwörtlich für seine Langsamkeit. So konnte es passieren, dass sich einzelne Prozesse über ein Jahrhundert hinzogen! Ähnlich uneffektiv arbeitete der Reichstag als oberste Reichsgewalt. Oft war die Festlegung des nächsten Tagungstermines der einzige handgreifliche Beschluss, was zum griffigen Spott führte »Der Reichstag gebiert den Reichstag«. Hier versammelten sich die Reichsstände zur Beratung über die Vorschläge der kaiserlichen Regierung. Erst 1663 erhielt er mit Regensburg einen festen Tagungsort als Immerwährender Reichstag, was seine Effektivität aber auch nicht wirklich verbesserte. Maximilian sorgte auch noch dafür, dass eine Reichssteuer erhoben und ein Reichsheer aufgestellt wurde. Zugleich legte er durch seine geschickte Heiratspolitik für sich und seine Kinder das Fundament für das Weltreich der Habsburger, das nun das verblasste und inhaltsleere deutsche Kaisertum bei weitem überstrahlte und in seiner Bedeutung ablöste.

Erlebnis **KAISERTUM**

Speyerer Dom

Wie kein zweites Bauwerk verkörpert der Speyerer Dom Macht und Sakralität des hochmittelalterlichen deutschen Königtums. Von Konrad II. 1025/30 als Stiftung der neuen Dynastie begonnen, wurde der Bau in nur dreißig Jahren ungewöhnlich rasch vollendet. Doch kaum fertig, begann um 1090 ein umfassender Umbau des Langhauses und ein Neubau der Ostteile, was den Dom zum größten erhaltenen und außergewöhnlichsten Sakralbau der Romanik machte. Allein schon die Länge von 134 Meter und die erst wieder in der Gotik erreichte Mittelschiffhöhe von 33 Meter ging über alles bisher Gebaute hinaus. Um die Dimensionen statisch bewältigen zu können, wandten die Baumeister ein völlig ungewöhnliches, schon der Gotik vorausgreifendes Skelettsystem an. Riesige Fenster und eine umlaufende Zwerggalerie gliedern den Bau, dessen Ostteile aufwendige Quadertechnik zeigen. Um erstmals einen Raum von solcher Breite und Höhe wie das Mittelschiff beim Umbau Ende des 11. Jh. einwölben zu können, wurde jeder zweite Pfeiler verstärkt. Unter den gesamten Ostteilen erstreckt sich die größte Krypta der Romanik. Von hier aus ist heute die neuromanische Kaisergruft zugänglich, in der von Konrad II. bis zu Albrecht von Österreich einige der bedeutendsten deutschen Herrscher ruhen.

Bei der vollständigen Zerstörung des mittelalterlichen Speyer 1689 durch die Truppen Ludwigs XIV. von Frankreich brannte der Dom aus und stürzte in seiner westlichen Hälfte ein. Als Vorläufer moderner Denkmalpflege baute der Sohn Balthasar Neumanns 1772–1778 das Zerstörte in den romanischen Formen getreu wieder auf. Der Westbau hingegen ist eine etwas zu dekorativ ausgefallene Neuschöpfung kurz nach der Mitte des 19. Jh.

Dom geöffnet von Nov. bis März 9 – 17 Uhr, Apr. bis Okt. 9 – 19 Uhr
www.dom-speyer.de

Kaiserpfalz Goslar

Kaiser Heinrich II. ließ im frühen 11. Jh. zu Füßen des Rammelsberges mit seinen reichen Silbervorkommen eine große Pfalz errichten, die unter den Saliern und Staufern zu einer der meistbesuchten werden sollte. Mitte des 11. Jh. baute Heinrich III. die Pfalzanlage äußerst repräsentativ aus und gründete darin ein eigenes Stift. 1253 ist der letzte Besuch eines (Gegen)Königs belegt. Nachdem die Pfalz 1289 abgebrannt war, ließ die Stadt sie als Sitz des Reichsvogtes nur noch teilweise wieder aufbauen. Im frühen 19. Jh. verschwand die kaiserliche Stiftskirche. 1865 stürzte ein Teil des Palas ein, der nun ganz abgerissen werden sollte. Erst jetzt setzte ein Umdenken ein, da man sich nun der Pfalz als Zeugnis einer großartigen Vergangenheit erinnerte. 1868–1870 erfolgte der Wiederaufbau des Palas in neuromanischen Formen, der nach der Reichsgründung 1871 bis 1879 nun als Nationaldenkmal fortgesetzt wurde. Als Abschluss erhielt der Saal seinen monumentalen Freskenschmuck. Wer heute die Goslarer Pfalz besucht, steht deshalb vor einer Mischung aus mittelalterlichen Resten und wilhelminischer Vergangenheitsbegeisterung durch die wiederhergestellte »Kaiserherrlichkeit«. Während die doppelgeschossige Ulrichkapelle in den Formen des 12. Jh. samt gotischem Stifterdenkmal für Heinrich III. erhalten blieb, erinnert an die dem Palas gegenüber liegende kaiserliche Stiftskirche nur deren Vorhalle. Sie birgt den neben Aachen einzigen erhaltenen mittelalterlichen Thron, hervorgehoben durch aufwendige romanische Bildhauer- und Bronzearbeiten.

geöffnet von Apr. bis Okt. 10 – 17 Uhr,
Nov. bis März 10 – 16 Uhr
www.goslar.de

unten Unterhalb von Chor und Vierung des Speyerer Domes erstreckt sich die größte Krypta der Romanik.

Kaiserburg Nürnberg

Dank einer Versicherungswerbung blieb die Nürnberger Kaiserburg bis heute im Bewusstsein einer breiten Öffentlichkeit. Markant überragt der Burgfelsen die moderne Großstadt. Kaiser Heinrich III. aus dem Geschlecht der Salier errichtete an diesem verkehrsgünstig und strategisch wichtigen Ort um die Mitte des 11. Jh. eine Pfalz, die in der Stauferzeit einen großartigen Ausbau erfuhr. Neben dem runden Bergfried, dem Sinwellturm, führt vor allem die Burgkapelle am eindrucksvollsten zurück in die Blütezeit des deutschen Königtums. Als Herrscherkapelle ist sie doppelgeschossig angelegt, wobei beide Räume durch eine Mittelöffnung verbunden sind. Das Obergeschoss ist weitaus aufwendiger gestaltet, denn hier nahm der König auf einer Empore am Gottesdienst teil. Daher sind die Kapitelle mit Adlern, dem Wappentier des Herrschers, geschmückt.

Im östlichen Teil des überwiegend spätmittelalterlich geprägten Areals residierten die Burggrafen als örtliche Stellvertreter des Königs. Seit dem späten 12. Jh. stammten sie aus der Familie der Zollern, die von hier aus ihren Siegeszug durch die jüngere deutsche Geschichte antreten sollten. Da deren Interessen dem Freiheitsdrang der Reichsstadt entgegen standen, ließ der Rat den Luginsland errichten, um mit diesem Turm das Geschehen in der Burg zu überwachen. Erst 1427 gelangte die Stadt nach der Vertreibung der Hohenzollern in den Besitz der Burggrafenburg, wo sie einen riesigen Getreidespeicher anlegen ließ.

Öffnungszeiten: Apr. bis Sept. 9 – 18 Uhr, Okt. bis März 10 – 16 Uhr.
www.schloesser.bayern.de

Königspfalz Wimpfen

Die ehemalige Reichsstadt Wimpfen hat bis heute eine geschlossene, äußerst reizvolle Fachwerkaltstadt bewahrt, ergänzt durch die Talsiedlung mit der gotischen Ritterstiftskirche St. Peter. Auf dem steil zum Neckartal hin abfallenden Geländesporn erheben sich die Überreste der größten deutschen Königspfalz der Stauferzeit. Von einst drei monumentalen Bergfrieden haben sich zwei erhalten, die dank unterschiedlicher Baumaterialien Blauer und Roter Turm genannt werden. Durch die Einfügung in die mittelalterliche Stadtmauer blieb die talseitige Front des romanischen Palas erhalten. Als Hauptschmuck besitzt er im ersten Obergeschoss eine Folge romanischer Arkaden, die einst zum Saal gehörten. Vom Palas aus war direkt die Pfalzkapelle zugänglich, die noch vollständig erhalten ist. Ebenfalls erhalten blieb eines der größten romanischen Steinhäuser Deutschlands, in dem sich heute das Museum der Stadt befindet. Reste eines Ministerialenhauses sowie ein Torturm ergänzen das eindrucksvolle Bild der Gesamtanlage. Unmittelbar vor der Westseite der Pfalz, gleich neben der spätgotischen Pfarrkirche, liegt das Gebäude des Bischofshofes aus der ersten Hälfte des 13. Jh., ein seltenes Zeugnis eines bischöflichen Stadthofes aus dem Mittelalter.

Pfalzgelände frei zugänglich.
www.badwimpfen.de

Erlebnistipp: Aachen

Dank seiner Vorliebe für die seit der Römerzeit genutzten Thermen von Aachen erbaute sich Karl der Große hier im späten 8. Jh. nach antikem Vorbild eine großartige Pfalzanlage, deren Herzstück, die Pfalzkapelle, bis heute erhalten ist. Otto I., der sich 936 hier am Grab seines großen Vorgängers krönen ließ, begründete damit eine Tradition, die bis zur Krönung Ferdinands I. 1531 Bestand haben sollte. Damit stieg Aachen zum zentralen Ort deutscher Geschichte auf, was die UNESCO mit der Erhebung des Münsters zum Weltkulturerbe würdigte. Kostbare Reste der ursprünglichen Ausstattung wie die aus römischen Bauten entnommenen Marmorsäulen und die nach antiken Vorbildern geschaffenen Bronzegitter der Emporen sowie das Bronzeportal des Haupteingangs zeigen den imperialen Anspruch des Karolingers, der sein Reich nach römischem Vorbild erneuern wollte. Auf der Empore steht seit der Zeit Ottos I. der hochsymbolisch aufgebaute Thron Karls, den sechshundert Jahre lang alle deutschen Könige bestiegen.

Spätere Herrscher ergänzten die Ausstattung um weitere kostbare Gaben. So schenkte Heinrich II. die vergoldeten, reich mit Edelsteinen geschmückten Verkleidungen des Hauptaltares und des Ambo. Friedrich I. Barbarossa, der seinen Vorgänger Karl aus politischen Gründen heilig sprechen ließ, stiftete für ihn nicht nur den Reliquienschrein, sondern auch den riesigen Radleuchter als Abbild der Himmelsstadt. Nach dem Vorbild der Trierer Palastaula Kaiser Konstantins des Großen erbaute Karl der Große auch in Aachen eine Königshalle als repräsentativen Fest- und Versammlungsraum seines Hofes. Vor der Mitte des 14. Jh. ließ der Rat der Reichsstadt auf ihren Mauern das gotische Rathaus errichten, dessen figurengeschmückte Fassade im 19. Jh. wieder rekonstruiert werden konnte. Im Obergeschoss enthält das Gebäude einen der größten Profanräume des Mittelalters, den zweischiffig eingewölbten Saal, in dem das Bankett als zweiter Teil der Krönungszeremonie stattfand.

Dom geöffnet von Montag bis Samstag 11 – 19 Uhr; Sonntag 13 – 19 Uhr, in der Winterzeit nur bis 18 Uhr
www.aachen.de
www.aachendom.de

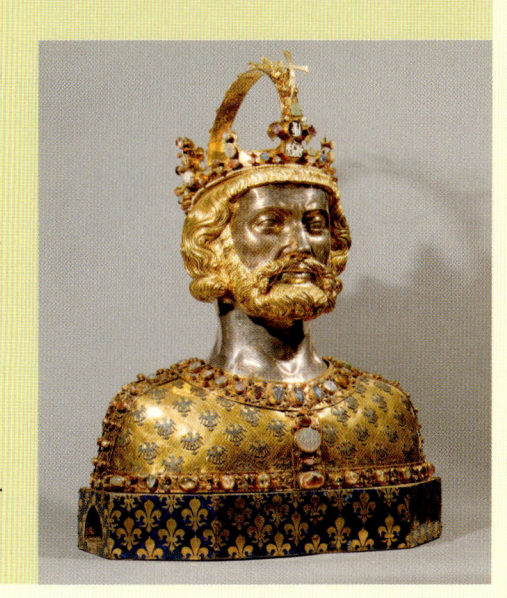

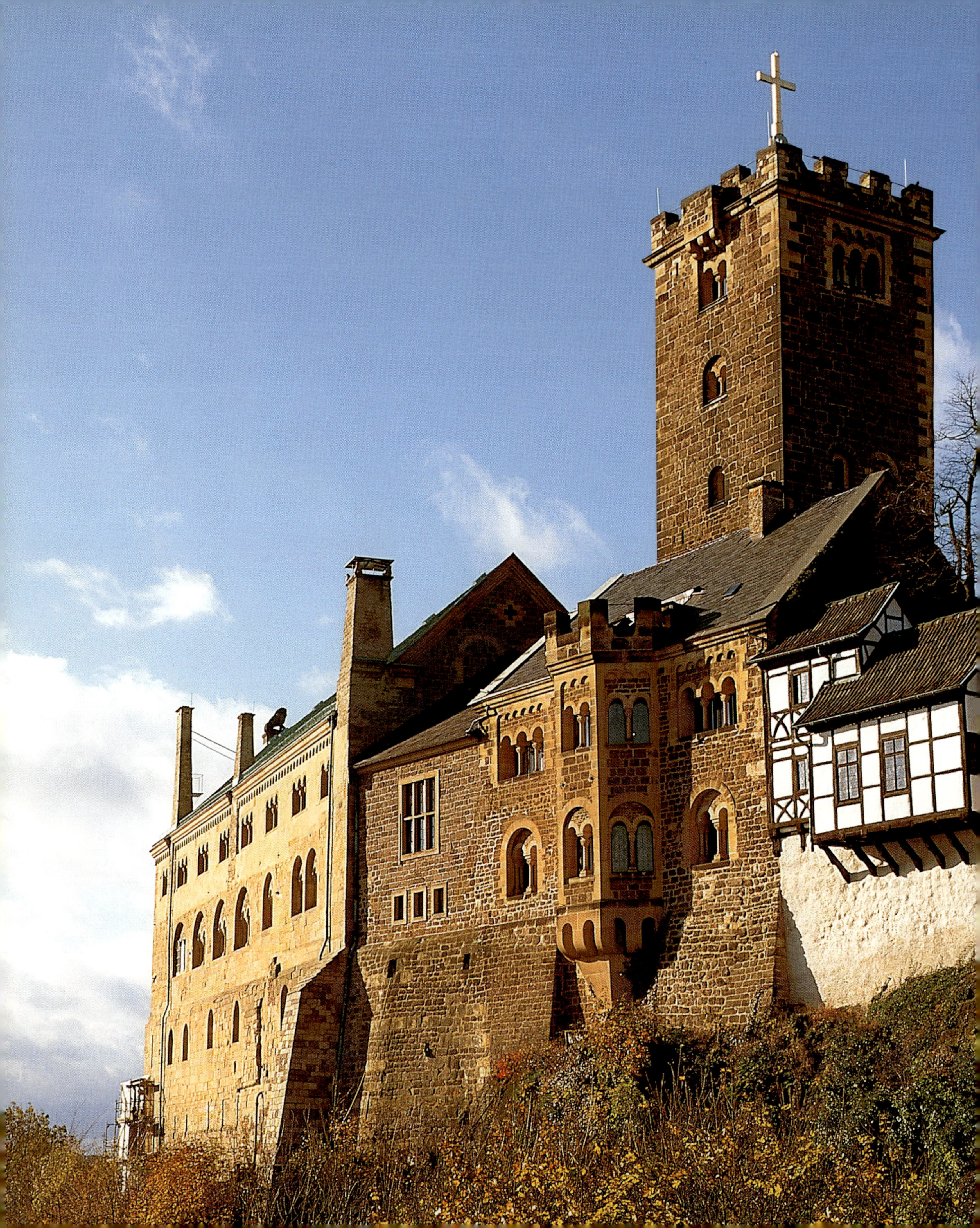

Adel, Rittertum und Burgen

Auserwählt in Gottes Ordnung

Die Faszination des Adels ist auch heute noch ungebrochen, und etwas von der Aura des Auserwähltsein und Besonderen scheint sich vom Mittelalter bis in unsere moderne Zeit erhalten zu haben. Kein Mittelaltermarkt kommt ohne Ritterspiele und Turniere aus, die Tausende anziehen. Und seit der Romantik gehören die zahllosen Burgruinen unseres Landes zu den festen Bestandteilen gemütvoller Vergangenheitsannäherung.

Ritter – Ideal und Wirklichkeit

Unter einem Ritter verstand man im Mittelalter im Allgemeinen zunächst einen gepanzerten Reiter, egal, ob es sich um den König oder um einen unfreien Dienstmann handelte. Erst im Spätmittelalter wurde dieser Begriff auf den niederen Adel eingegrenzt. Ritter als Berufskämpfer entwickelten sich erst allmählich ab der Karolingerzeit. Ursprünglich waren alle Bauern zur Heerfolge verpflichtet, doch diese entzogen sich immer mehr dieser Aufgabe, indem sie ihr Land einem Grundherrn übergaben, der ihnen dafür Schutz und Militärdienst versprach. Dank der Abgaben der Bauern konnte der Grundherr sich Pferd und Rüstung sowie längere Abwesenheit von seinem Land leisten. Diese Entwicklung war wohl im 10. Jh. abgeschlossen. Die Salier, vor allem aber die Staufer, setzten zur Verwaltung ihres Reichs- und Hausgutes bevorzugt unfreie Dienstmannen ein, die Ministerialen. Sie bildeten für die Herrscher ein verlässliches Gegengewicht gegen den Hochadel, der vorrangig seine eigene Machterweiterung auf Kosten des Königs betrieb. Die Ministerialen konnten unter den Staufern zu höchsten Ämtern aufsteigen. Aus ihnen entwickelte sich im Spätmittelalter der niedere Adel. Neben einer Stammburg, nach der sich das Geschlecht oft benannte, waren Siegel und Wappen ab dem Hochmittelalter unerlässlich.

In der Stauferzeit kam es zur wohl größten Blüte des Rittertums, untrennbar verbunden mit der Minnedichtung. Darin wird das Ideal einer selbstlosen, aber körperlich unerfüllten Liebe zu einer höher stehenden adeligen Dame beschworen. Doch handelt es sich dabei weniger um die Beschreibung der Realität als vielmehr um romantisch verbrämte Dichtung. Auch die übrigen Charaktereigenschaften wie Kampf und Schutz für Witwen und Waisen, Maßhaltung in allen Lebenslagen, Tapferkeit, Milde, Güte, Beherrschung des gesellschaftlichen Umgangs etc., die höfischen Tugenden, scheinen mehr einem von Kirche und Hochadel propagierten Ideal als der Wirklichkeit entsprochen zu haben. Dennoch prägten sie das Selbstverständnis des Adels bis in unsere Zeit.

Vor allem die Bauern dürften ihre Herren wohl weit weniger im strahlenden Glorienschein gesehen haben. Sie hatten nicht nur unter einer hohen Abgabenlast zu leiden, die nach der Agrarkrise des 14. Jh. immer weiter anstieg, sondern auch unter dem Grundübel der Fehde. Letztere war einfach ausgedrückt die von den Grundherren betriebene Selbst-

links Die meistbesuchte Burg Deutschlands ist die Wartburg oberhalb von Eisenach, einst Residenz der Landgrafen von Thüringen. Von der früheren Pracht kündet noch der romanische Palas, der mit den Pfalzen des Königs wetteifert. Im 19. Jh. erhielt er innen eine romantische Neuausstattung, als die Burg umfassend restauriert und teilrekonstruiert wurde.

justiz, die diese sich bis zum Ende des Mittelalters herausnahmen. War man beleidigt oder irgendwie schlecht behandelt worden, rief der in dieser Hinsicht äußerst empfindliche Adel schnell einmal die Fehde gegen den Gegner aus. Doch trafen sich dann nicht tugendhafte Recken in edlem Wettstreit, sondern Ritter und Knechte überfielen Dörfer und Gutshöfe des Gegners, um ihn materiell zu schädigen. Was mit den Menschen geschah, die ihre Dörfer und Felder brennen sahen und ihrem gestohlenen Vieh und Getreide machtlos hinterherblicken durften, war den hohen Herren keinen Gedanken wert. Rigoros ging mancher Adelige in einem persönlichen Kleinkrieg gegen Handelsstädte vor, die er schädigte, indem er Kaufleute überfiel. Doch dieses Recht des Stärkeren konnten auch Städte für sich beanspruchen, die sich im späten Mittelalter zu wehrhaften Bündnissen zusammenschlossen. So gingen einige Burgen allzu lästiger Raubritter in Rauch und Flammen auf.

Die Mehrheit der Ritter des niederen Adels begab sich in die Abhängigkeit einer Landesherrschaft. Doch konnte sich vor allem am Oberrhein, in Franken und in Schwaben ein Großteil dieser Niederadeligen seine Unabhängigkeit bewahren. Als Reichsritterschaft unterstand sie nur dem Kaiser. Regional und zeitlich verschiedene Adelsgesellschaften dokumentierten diesen Status nach außen hin.

Eisenharte Kämpfer

Die Kindheit endete auf einer Burg recht früh. Trotz der besseren und vor allem regelmäßigen Ernährung erreichte selbst von den Kindern des Adels meist nur die Hälfte das Erwachsenenalter. Mädchen, die nicht für eine Heirat vorgesehen waren, wurden schon mit sieben Jahren in ein Frauenkloster zur Erziehung gegeben, wo sie dann auch überwiegend blieben. Wen die Eltern zur Heirat bestimmt hatten, zog schon mit vierzehn Jahren zum meist weitaus älteren Ehemann auf dessen Burg. Auch für Jungen endete mit sechs oder sieben Jahren die Kindheit. Wer nicht für ein Leben im Kloster oder Stift vorgesehen war, wurde von den Eltern zu einem verwandten oder befreundeten Ritter als Page zur Ausbildung geschickt. Spätestens mit vierzehn Jahren wurde er zum Knappen und begleitete seinen Ausbilder überall hin. Hatte er Glück, so konnte er im Gefolge eines hochadeligen jungen Mannes diesen auf dessen Ritterfahrt zu fremden Ländern und Höfen begleiten. Zum Abschluss und als Zeichen der Volljährigkeit erhielt er feierlich ein geweihtes Schwert verliehen. Im Spätmittelalter entwickelte sich hieraus die höfische Zeremonie des Ritterschlags, eingebunden in ein aufwendiges Fest.

Mit einem Ritter verbinden wir heute immer noch in erster Linie dessen Rüstung. Sie war nicht nur Statussymbol, sondern lebensnotwendiger Schutz. Genau wie im Burgenbau, der steinernen Rüstung, änderte sich auch die Kampfkleidung des Ritters im Laufe des Mittelalters. Ab dem 11. Jh. wurde ein langes Kettenhemd getragen, das aus einem engen Geflecht von kleinen Ringen aus Eisendraht bestand. Eine Kapuze und Strümpfe aus diesem Material boten zusätzlichen Schutz. Über dem Kettenhemd trugen die Kämpfer einen Waffenrock aus Stoff. Ab dem frühen 13. Jh. wurden einzelne Metallplatten hinzugefügt, die im Laufe von einhundert Jahren immer mehr der Körperform angepasst wurden. Am Ende dieser Entwicklung stand ab 1400 der Plattenharnisch, also das, was wir heute unter einer Ritterrüstung verstehen. Der ganze Körper steckte nun in Metallröhren. Einzelne Städte wie Nürnberg, Augsburg oder Landshut besaßen hoch spezialisierte Rüstungswerkstätten, die nicht nur solide Qualität, sondern auch sündhaft teure Prunkharnische für die hochadelige Oberschicht liefern konnten. Auch der Helm, der anfänglich nur ein Metallkegel mit Nasenschutz gewesen war, wandelte sich über den starren Topfhelm schließlich zum Visierhelm, bei dem man das Gesichtsfeld aufklappen konnte.

Trotz aller Polsterung war es wohl kein Vergnügen, einen längeren Kampf in einer Rüstung zu bestreiten. Gerade der Plattenharnisch des Spätmittelalters machte den Ritter extrem unbeweglich. Nur mit Hilfe eines Knappen kam er noch auf sein Pferd, wobei damals sinnigerweise kleinere Pferdesorten bevorzugt wurden. Diese erhielten ebenfalls eine Panzerung, da der Tod des Pferdes im Kampf auch das Ende des Ritters bedeutete. Auf den mittelalterlichen Schlachtfeldern blieben nur nackte Leichname zurück, denn die Sieger durften immer plündern, vorrangig die teuren Rüstungen ihrer toten Feinde. Die Ritter kämpften, geschützt von ihrem Schild, mit einem Schwert oder einer Lanze, später ergänzt durch Streithämmer und -kolben. Ihre größte Wirksamkeit entfalteten die Ritter, wenn sie in möglichst geschlossener Formation in die Schlacht zogen. Bis ins 15. Jh.

rechts In der Kirche St. Peter des ehemaligen Augustiner-Chorherrenstiftes in Bad Waldsee hat sich eine der wertvollsten Darstellungen eines mittelalterlichen Ritters erhalten. Der 1467 verstorbene Georg I. Truchseß von Waldburg erhielt als Grabplatte einen der Höhepunkte spätmittelalterlicher Bronzekunst. Mit seiner prächtigen Rüstung und seiner Lockenfrisur ist er als Idealbild eines Ritters des späten 15. Jh. dargestellt.

Ritter Christi – Kreuzzüge und Ritterorden

Kreuzzüge gehören zu den bekanntesten, aber auch fremdartigsten Erscheinungen des Mittelalters. Blickt man jedoch in die damalige Zeit zurück, finden sich einige Erklärungshilfen zur Entstehung dieser »bewaffneten Wallfahrt«. Im späten 11. Jh. eroberten die türkischen Seldschuken Jerusalem aus der Hand der ägyptischen Kalifen und bedrohten Byzanz. Der oströmische Kaiser sandte einen Hilferuf an Papst Urban II. Dieser erkannte in genialer Weise, welches Problemlösungspotential in einer Befreiung der »Heiligen Stadt« steckte. Denn gerade der französische Adel, dessen Gewalt und Grausamkeit nicht zu bändigen war, hatte sich zu einer wahren Landplage für Kirche und Bauern entwickelt. Nachdem der Versuch eines allgemein anerkannten »Gottesfriedens«, den die Kirche propagierte, beim Adel nur geringe Resonanz fand, verkündete Urban II. 1095 auf der französischen Bischofsversammlung in Clermont die Ausrufung eines heiligen Krieges, an dem die »Ritter Christi« teilnehmen sollten. Nicht ihre christlichen Mitbürger und Untertanen sollten zu Opfern der adeligen Herren werden, sondern die Moslems im Heiligen Land. Da ein solcher Feldzug von vornherein Jahre dauern würde, wäre Frankreich erst einmal auf längere Zeit dieses Problem los. Der Papst war wohl selbst überrascht von der ungeheuren Begeisterung, die sein Plan hervorrief. Abenteuer, exotische Länder, Heldentaten, Ruhm und Reichtum lockten tausende adelige Krieger, ihre Heimat zu verlassen. Wer auf dem Kreuzzug sterben würde, dem wurde von kirchlicher Seite gleich der Eintritt in den Himmel zugesichert. Man konnte aus mittelalterlicher Sicht also nur gewinnen, wenn man dem Schlachtruf »Gott will es« folgte.

Doch zunächst liefen die Falschen los. Ein undisziplinierter, wild zusammengewürfelter Haufen aus Rittern, Abenteurern, Bettlern, Bauern und Pilgern unter der Führung des fanatischen Predigers Peter von Amiens wurde von Bulgaren und Türken ermordet oder versklavt – eine Generation später sollten die Kinderkreuzzüge des frühen 13. Jh. ein ähnliches Schicksal erleiden. 1096 brach das eigentliche Ritterheer auf. Der nordfranzösische, flandrische und deutsche Teil davon zog über das Rhein- und Donautal und richtete entsetzliche Gräueltaten unter der jüdischen Bevölkerung in den Städten an. Ähn-

bildeten diese gepanzerten Reiter den Kern der damaligen Armeen, die aber zunehmend aus Söldnern bestanden.

Ab dem 14. Jh. wurden Fußtruppen mit Langbogen, die jeweils bis zu einem Dutzend Pfeile mit hoher Durchschlagskraft pro Minute abschießen konnten, oder mit Hellebarden und Spießen zu neuen und gefährlichen Gegnern der Ritter. Handfeuerwaffen und Kanonen waren erst ab dem frühen 16. Jh. so weit fortentwickelt, dass sie ernsthaft im Kampf eingesetzt werden konnten.

rechts **Obwohl Ruine, gehört Burg Münzenberg zu den besterhaltenen Wehranlagen der Stauferzeit. Kuno I. von Münzenberg, der die nahe gelegene alte Stammburg seiner Familie in ein Kloster umwandelte, errichtete ab der Mitte des 12. Jh. eine neue Burg, die mit ihren zwei Bergfrieden bis heute die Wetterau beherrscht. Eindrucksvoll sind auch die Fassade des Palas und die mächtigen Mauern.**

lich grausam verlief drei Jahre später die Eroberung Jerusalems, die sich zu einem einzigen Blutrausch entwickelte. Das nun gegründete Königreich Jerusalem mit seinen weiteren Kreuzfahrerstaaten war ständig bedroht, weshalb weitere Kreuzzüge begonnen werden mussten.

Wie anerkannt und erfolgreich der bewaffnete Zug ins Heilige Land geworden war, zeigt sich schon im 2. Kreuzzug (1147–1149), der unter der Führung des deutschen und französischen Königs stattfand. Allerdings kostete es den »Propagandaminister« des Zisterzienserordens und Kreuzzugsprediger Bernhard von Clairvaux einige Überredungskünste, bis Konrad III. im Dom zu Speyer das Kreuz nahm. Am 3. Kreuzzug (1189–1192) beteiligten sich König Philipp II. August von Frankreich, König Richard Löwenherz von England und Kaiser Friedrich I. Barbarossa. Letzterer ertrank unterwegs in einem türkischen Fluss, während Richard Löwenherz auf dem Rückweg in deutsche Gefangenschaft geriet.

Zu den dunkelsten Kapiteln des hier nun einmal wirklich finsteren Mittelalters gehört der 4. Kreuzzug (1202–1204). Der überaus gerissene Doge von Venedig versprach dem eingetroffenen Heer, die Verschiffung ins Heilige Land gegen eine kleine Gefälligkeit zu übernehmen. Die Kreuzfahrer mussten für ihn zunächst eine Stadt in Dalmatien einnehmen, wurden dann aber zum eigentlichen Ziel, Konstantinopel, umgeleitet. So eroberten die christlichen Ritter eine christliche Stadt, wo sie entsetzlich mordeten, vergewaltigten und alles zusammenrafften, was weltliche und kirchliche Schatzkammern der oströmischen Hauptstadt enthielten. Venedig hatte sein Ziel erreicht und seinen lästigsten Handelskonkurrenten ausgeschaltet, während die Kreuzfahrer zurückkehrten, ohne das Heilige Land gesehen zu haben. Immerhin brachten sie erhebliche Reichtümer und bedeutende Reliquien nach Europa, nach deren Herkunft aber keiner so genau fragte. Kaiser Friedrich II. konnte auf dem 5. Kreuzzug (1228–1229) mehr dank seines Verhandlungsgeschickes denn durch militärische Gewalt Jerusalem letztmals befreien. Die beiden letzten Kreuzzüge (1248–1254, 1270), angeführt von König Ludwig IX. von Frankreich, genannt der Heilige, endeten verhängnisvoll. Ende des 13. Jh. fiel mit Akkon das letzte christliche Bollwerk im Heiligen Land.

Diese Niederlage überdauerten die so genannten Ritterorden der Templer, Johanniter und des Deutschen Ordens, die sich nach dem endgültigen Verlust der heiligen Stätten neue Aufgabenfelder in Europa suchten. Die Johanniter konnten immerhin noch Rhodos und Malta halten. Alle drei entwickelten sich aus einer Gemeinschaft zur Betreuung eines Hospitals für Pilger und Kreuzfahrer in Jerusalem bzw. Akkon. Sie gaben sich jeweils eine eigene Ordensregel, in der sie die Gelübde eines Mönches mit der Kampfbereitschaft eines Ritters verbanden. Eine eigene Tracht machte sie kenntlich.

Nach der Rückkehr nach Europa, woher die durchweg adeligen Mitglieder ja stammten, richteten sie an wichtigen Straßen klosterähnliche Ordenshäuser mit Spital ein, in denen Pilger betreut wurden. Seinem militärischen Auftrag als christlicher Streiter folgte am deutlichsten noch der Deutsche Orden, der sich ab dem frühen 13. Jh. als Kämpfer gegen die heidnischen Preußen einen eigenen Ordensstaat mit zahllosen Burgen schuf. Sitz des Großmeisters war ab 1309 die Marienburg, die allein schon die große Macht des Deutschen Ordens vor Augen führt. Weniger Glück hatten die Templer. Deren Einfluss und riesiges Vermögen trieb den gewissenlosen Machtmenschen König Philipp IV. von Frankreich zu einem infamen Schlag: Gegen die grundlosen Vorwürfe der Gotteslästerung und der Homosexualität, die Ordensritter unter Folter zugaben, sowie die Auflösung des Ordens 1312 durch den Papst waren die Templer machtlos. Alle Mitglieder wurden verhaftet und die Ordensleitung auf dem Scheiterhaufen verbrannt. Das ganze Vermögen fiel dem französischen König zu, der sein Ziel durch völlige Skrupellosigkeit erreicht hatte.

Immer hoch hinaus – die Burgen

Auch die bedeutendsten Adelsfamilien fingen baulich erst einmal klein und bescheiden an. Denn der erstmals in karolingischer Zeit wirklich fassbare Adel lebte zunächst auf seinen Herrenhöfen, die sich nicht allzu sehr von den strohgedeckten Fachwerkbauten der bäuerlichen Umgebung unterschieden. Mittelalterarchäologen gelingt oft nur anhand der Reste einer qualitativ und quantitativ besseren Ernährung der Nachweis, dass in bestimmten Höfen die »Herren« wohnten.

Ab dem 11. Jh., vor allem aber im 12. Jh. setzte die große Zeit des Burgenbaus ein. Doch von der Salierzeit bis ins späte Mittelalter blieb der Turm das Hauptmerkmal einer Burg, der weit in die Landschaft den Herrschaftsanspruch des Besitzers deutlich machte. Zudem waren Mauern, Türme und Gebäude einer Burg immer hell verputzt, teilweise sogar mit Malerei verziert, so dass sie weithin von ihren Felsen herunter leuchteten. Nicht nur der König, dem eigentlich allein der Burgenbau zustand, baute Wehranlagen zur Sicherung von Reichs- und Hausgut – und in dieser Hinsicht taten sich gerade die Staufer in Südwestdeutschland besonders hervor. Vom Vater

Adel, Rittertum und Burgen

links Dank ihrer erhaltenen Ausstattung liefert Burg Eltz wohl den eindrucksvollsten Einblick in die mittelalterliche Lebenswelt der Ritter. Die Wände zumindest der Wohnräume schmückten dekorative Wandmalereien. Wenige Möbelstücke verteilten sich in den Räumen.

unten Schloss Neuenburg oberhalb von Freyburg an der Unstrut ist eine Gründung der Thüringer Landgrafen, denen sie zeitweise auch als Residenz diente. Dies erklärt den großen baulichen Aufwand der spätromanischen Burgkapelle, die im frühen 13. Jh. als Doppelkapelle nach dem Vorbild der Königspfalzen entstand. Kölner Bauleute schufen dieses Kleinod der Romanik.

rechts Oberhalb Braubachs hat sich mit der Marksburg die einzige unzerstörte Höhenburg am Mittelrhein erhalten. Die dreieckige Kernburg des 13. Jh. wurde bis ins frühe 18. Jh. hinein der neuesten Befestigungstechnik angepasst. Beeindruckend staffeln sich die Mauern und Türme hoch zum beherrschenden Bergfried mit seiner markanten Bekrönung.

Kaiser Friedrich I. Barbarossas, Herzog Friedrich II. von Schwaben, wird anschaulich berichtet, dass er gleichsam am Schweif seines Pferdes immer eine Burg nach sich zog, so viel wie er baute. Auch Bischöfe und Landesherren, denen der König das Burgenbaurecht verliehen hatte, begannen ihre Territorien zu befestigen. Doch die überwiegende Zahl der Burgen dürfte »illegal« vom Adel errichtet worden sein. Nur in seltenen Fällen verlangten König oder kirchliche Grundherren nachträglich deren Abbruch. Meist war nur eine kleine Strafgebühr fällig.

Am Anfang der Burgenentwicklung stand die sogenannte Motte. Diese war ein in Fronarbeit durch die Bauern künstlich aufgeworfener Erdhügel, auf dem sich ein einzelner Wohnturm in Fachwerk oder Stein erhob. Die Wirtschaftsgebäude lagen separat in einer Vorburg. Gesichert war die Anlage durch Wassergräben und Holzpalisaden. Turmhügelburgen wurden nicht nur in der Ebene oder in Talauen, sondern auch auf Bergen errichtet, dann allerdings nur mit trockenem Graben. Mit der Stauferzeit wandelte sich der Wohnturm zum Bergfried, der allein wehrtechnischen Zwecken diente. Er schützte die Hauptangriffsseite und bildete die letzte Rückzugsmöglichkeit für die Burgbesatzung im Falle einer Eroberung. Deshalb lag sein Zugang auch in großer Höhe und konnte nur mit

Adel, Rittertum und Burgen

leicht einholbaren Leitern erreicht werden. Der Bergfried diente auch als idealer Beobachtungsposten. Das Wohngebäude einer Burg, der Palas, leitete sich ab von den repräsentativen Bauten der Königs- und Bischofspfalzen. Hier gab es im Obergeschoss einen großen Festsaal, aber auch einen heizbaren Raum, die Kemenate. Keine Burg verzichtete auf göttlichen Beistand in Form einer eigenen Kapelle. Je nach Finanzlage und Repräsentationsbedürfnis des Erbauers konnte sie als Altarerker oder eindrucksvolles Gotteshaus gestaltet werden. So kopiert die Apsis der Burgkapelle in Winzingen bei Neustadt an der Weinstraße die Gestaltung des nahen Speyerer Domes, eines kaiserlichen Baus. Meist wurde die Kapelle in der Nähe oder sogar über dem Burgtor errichtet, um so den geistlichen Schutz zu gewährleisten – die Kapelle der Reichsburg Trifels etwa liegt über dem Eingang zum Palas. Die Ringmauer war nun mit Zinnen und einem hölzernen Wehrgang versehen, das Tor mit Zugbrücke und Eisengitter gesichert. Erfahrungen aus den Kreuzzügen veränderten und ergänzten die Befestigungsformen.

Im Spätmittelalter stieg der Wohnkomfort der Burgbewohner deutlich an. Trotz Brand- und Kriegsgefahr wurden nun auch die obersten Geschosse oder ganze Gebäude in Fachwerk errichtet. Auch im Innern des Wohn- und Repräsentationsbereichs fand Holz als Wand- und Deckenverkleidung reichlich Verwendung. Kachelöfen lösten die zwar eindrucksvollen, aber wenig effektiven Kamine ab. Fensterglas, meist in Form von Butzenscheiben, wurde nun durchgängig verwendet. Die Aborte, die einfach als Erker vorkragten, waren nun immerhin mit einer Tür verschließbar. In der Wehrtechnik musste man sich aufgrund der Erfindung und Verbreitung der Feuerwaffen einiges einfallen lassen. Zumeist wurde um die alte Ringmauer in einigem Abstand ein so genannter Zwinger gelegt. Dies war eine etwas niedrigere Mauer, die aber durch Zwischentürme mit Schießscharten besonders gesichert war und so ein weiteres Angriffshindernis bot. Ab dem frühen 16. Jh. wurden ganze Batterietürme zur Aufnahme von Kanonen errichtet, die die Hauptangriffsseite sicherten. Pechnasen sorgten dafür, dass der Feind, der das Tor berannte, mit kochendem Pech oder Öl übergossen oder auch mit Steinen beworfen und Pfeilen beschossen werden konnte. Ein gutes Beispiel für die sich wandelnde Wehrtechnik hin in Richtung Festung ist die Hardenburg bei Bad Dürkheim, Residenz der Grafen von Leiningen. Im frühen 16. Jh. wurde die mittelalterliche Burg rundum mit Kanonentürmen und Vorwerken umgestaltet und bedeutend erweitert.

Durch Erbteilungen gelangten immer mehr Burgen in den Besitz mehrerer Familien (Ganerbenburgen), was dazu führte, dass innerhalb des Burgareals mehrere Wohnhäuser entstanden. Da die Grundfläche meist nicht erweitert werden konnte, baute man in die Höhe. Eine der am besten erhaltenen mittelalterlichen Burgen Deutschlands, Burg Eltz, zeigt diese Entwicklung des Spätmittelalters in eindrucksvoller Dichte. Der Burgfrieden sorgte innerhalb einer Ganerbenburg dafür, dass kein Feind durch den missgünstigen Nachbarn eingelassen werden konnte.

Wichtigste Voraussetzung zur Errichtung einer Burg war deren wehrtechnisch günstige Lage. Wäh-

Adel, Rittertum und Burgen

rend in flachen Landschaften wie dem Niederrhein und Norddeutschland meist nur die Möglichkeit der Wasserburg blieb, errichtete man ansonsten bevorzugt Höhenburgen. Durch steile Hänge war, zumindest bis zur Verbreitung von Kanonen, ein wirkungsvolles Angriffshindernis gegeben. Seltener wurde eine Bergspitze, meist aber eine felsige Bergnase ausgewählt. So hatte man zwar eine günstigere Lage zur zu kontrollierenden bzw. zu sichernden Handelsstraße im Tal, nahm aber das Angriffsrisiko vom höheren Außengelände in Kauf. Hier sicherte man sich durch Trockengräben, hohe Schildmauern und den Bergfried aufwendig ab.

Eine Grundvoraussetzung zur Anlage einer Burg war die Sicherstellung der Wasserversorgung. Zwar konnte man es sich leisten, frisches Quellwasser aus dem Tal von Mägden zur Burg hochschleppen oder das Wasser von höher gelegenen Quellen mit Holzrohrleitungen in die Burg leiten zu lassen. Die jüngst erforschte wohl aufwendigste Wasserversorgung fand sich jedoch in Blankenheim in der Eifel. Zur Residenz der Grafen von Manderscheid-Blankenheim wurde das Wasser erst mittels Aquädukt über ein Tal, dann durch einen Tunnel durch den Bergrücken in die Brunnenkammer im Burgareal geleitet.

Im Belagerungsfall war man existenziell darauf angewiesen, ausreichend Trink- und Brauchwasser innerhalb der Mauern zu haben. So wurde einer der teuersten Ausgabeposten beim Burgenbau die Anlage von Tiefbrunnen. Erfahrene Brunnenbauer tieften Schächte von rund 20 bis manchmal sogar 140 Meter in den Fels, bis sie eine wasserführende Schicht erreicht hatten. Das größte Problem war hierbei, die Arbeiter in einer so großen Tiefe noch mit ausreichend Frischluft zu versorgen. Daneben gab es in jeder Burg auch im Boden eingetiefte Zisternen, in denen das Regenwasser von den Dachflächen gesammelt wurde.

Das Leben auf einer einfachen Ritterburg darf man sich nicht allzu aufregend vorstellen. Denn in den wenigsten Zeiten musste sie sich als Wehranlage bewähren, sondern diente meist als Verwaltungsmittelpunkt einer größeren oder kleineren Grundherrschaft. War ihr der Geleitschutz über eine Straße übertragen, so sorgten durchziehende Händler, Pilger und Adelige für etwas Abwechslung. Während die Sommermonate noch ganz erträglich waren, bildete der Winter wohl jedesmal eine harte Belastungsprobe für Körper und Seele. Aus den dicken, oft feuchten Steinmauern und dem Fels kroch allmählich die Kälte in die Knochen. Die Fenster waren dann meist mit Läden verschlossen, während Öllampen und Kienspäne schwaches, aber stark rußendes Licht spendeten. Viel zu tun gab es zudem auch nicht. Die Größe einer Burgbesatzung war im Normalfall nicht allzu umfangreich. Neben dem Burgherrn mit seiner Familie lebte meist nur ein kleineres Gesinde dauerhaft hier. Schon im Spätmittelalter verließen zahlreiche adelige Herren ihre Burgen und zogen in bequemere und geselligere Stadthöfe um.

Im 19. Jh. erlebte der Burgenbau eine glanzvolle Wiedergeburt. Romantik und Mittelalterbegeisterung gingen hier eine einmalige Verbindung ein. Den Anfang machten die Preußenprinzen, die nach dem Anschluss des Rheinlandes durch den Wiener Kongress 1815 begannen, die Ruinen einiger Burgen

rechts Burg Pfalzgrafenstein bei Kaub, die wie ein Schiff im Fluss liegt, sicherte den einträglichen Rheinzoll des Pfälzer Kurfürsten. Im frühen 14. Jh. zunächst als einfacher Wehrturm auf einem Schieferfelsen im Rhein begonnen, wurde die Anlage bald durch die fünfeckige Ringmauer ergänzt. Zusammen mit der romanischen Burg Gutenfels bildet der Pfalzgrafenstein eines der schönsten Burgenensembles Deutschlands.

links Nach der Mitte des 13. Jh. wurde nach dem Vorbild der Kapellen des Chores der Kathedrale von Reims der Westchor des Naumburger Domes erbaut. Er ist berühmt dank seiner zeitgleich entstandenen Stifterfiguren, die ein in Frankreich geschulter Bildhauer schuf. Dank ihrer einzigartigen Qualität und der erhaltenen Farbfassung wirken sie wie Portraits von Angehörigen des Hochadels aus der Mitte des 13. Jh.

des Mittelrheintales wieder aufzubauen. Am schönsten verkörpert Schloss Stolzenfels bei Koblenz, der Mittelalter-Traum König Friedrich Wilhelms IV. von Preußen, diese romantische Wiederbelebung des Ritter-Gedankens. In der zweiten Hälfte des 19. Jh. gingen auch immer mehr reich gewordene Bürger und Fabrikanten daran, ihren Villen ein burgartiges Aussehen zu geben. Schloss Drachenfels bei Bonn und die Cochemer Reichsburg sind Paradebeispiele dieser bürgerlichen Mittelalter-Sehnsucht. Die Krönung dieser Bewegung gelang allerdings König Ludwig II. von Bayern, der im späten 19. Jh. mit Schloss Neuschwanstein den in aller Welt bekannten Inbegriff deutscher Burgenromantik schuf.

Abgrenzung nach unten – Reichsfürsten und Landesherren

Im Mittelalter hatte sich noch kein abstrakter Staatsbegriff herausgebildet. Das riesige Reich funktionierte vielmehr vorrangig aufgrund persönlicher Bindungen als sogenannter Personenverbandsstaat, ein Begriff, der auch in der Lehenspyramide anschaulich wird. Der König verteilte Land als Lehen an die weltlichen und geistlichen Reichsfürsten, die wiederum Grundbesitz an ihre Vasallen weitergaben. Als Gegenleistung wurden Heerfolge und Treue gefordert. Ursprünglich waren Lehen nur auf Lebenszeit vergeben und konnten beim Tod des Lehensnehmers oder Verletzungen seiner Vasallenpflicht wieder eingezogen werden. Im Laufe der Jahrhunderte mit schwankender Königsmacht in den verschiedenen Landschaften des Reiches wurden die Lehen aber immer mehr als erblich betrachtet und automatisch an die Söhne weitergegeben. Die Zustimmung des Königs oder des Fürsten war dann nur noch Formsache. So konnten sich Dynastien entwickeln, die dank geschickter und sorgfältiger Heiratspolitik Macht, Besitz und Einfluss beständig vermehrten. Gesichert wurde der Besitz durch Burgen und Städte.

Die Gruppe der Reichsfürsten, die im Rang unmittelbar hinter dem König folgten, ist erst Ende des 12. Jh. klar fassbar. Sie bestand nicht nur aus rund 35–40 weltlichen Fürsten, sondern auch aus knapp einhundert Bischöfen, Reichsäbten und -äbtissinnen. An der Spitze der Reichsfürsten standen die Kurfürsten.

Durch Aussterben vieler hochadeliger Familien schon im Hochmittelalter konnten die Erben allmählich große Landesherrschaften aufbauen, vor allem nach den Zugeständnissen Kaiser Friedrichs II. in den sogenannten Fürstengesetzen 1231/32. In jahrhundertelangem Ansammeln von Besitz- und Herrschaftsrechten gegen den Widerstand konkurrierender Familien fand diese Entwicklung im Spätmittelalter einen gewissen Abschluss. Das Fehlen männlicher Nachkommen oder Erbteilung aufgrund mehrerer Söhne gefährdeten das Erreichte. Landstände, die sich als beratendes Gremium des landsässigen Adels entwickelt hatten, etablierten sich als Gegengewicht zum Landesfürsten und wirkten stabilisierend innerhalb der oft irrationalen Politik des Landesherrn. Die Landesfürsten verfolgten recht bald nur noch ihre Eigeninteressen auf Kosten des Reiches. Die nach dem Aussterben der Staufer zunehmend schwachen deutschen Könige standen dieser Entwicklung machtlos gegenüber. Noch in unserem föderalen Aufbau der Bundesrepublik Deutschland, bei dem die Bundesländer große Macht besitzen und oft Länder- gegen Bundesinteressen durchsetzen, spiegelt sich die spätmittelalterliche Zerrissenheit Deutschlands abgeschwächt wider.

Einen starken Zugewinn an landesherrlicher Selbstständigkeit bedeutete für viele Reichsfürsten die Einführung der Reformation in der ersten Hälfte des 16. Jh. Damit gewannen die Landesherren die kirchliche Oberhoheit und konnten eine eigenständige Landeskirche etablieren, die bis heute Bestand

oben Burghausen an der Salzach besitzt nicht nur die größte, sondern auch eine der besterhaltenen Burganlagen des Landes. Über einen Kilometer erstrecken sich auf einem Felsen oberhalb der Salzach mehrere Höfe hintereinander. Erst ganz am Ende befindet sich die Kernburg mit den fürstlichen Gemächern. Seit 1255 wurde die Anlage als Residenz und Grenzfestung der Herzöge von Niederbayern ausgebaut, die hier auch ihren Schatz verwahrten.

rechts Coburg kann als Musterbeispiel einer weltlichen Residenzstadt gelten. Hoch über der fränkischen Stadt ragt Veste Coburg auf, die seit dem Ende des 15. Jh. von den sächsischen Wettinern ausgebaut wurde. Nachdem sie Mitte des 16. Jh. ihre Hofhaltung in die Stadt verlegt hatten, begann der bis heute prägende Ausbau zur Landesfestung.

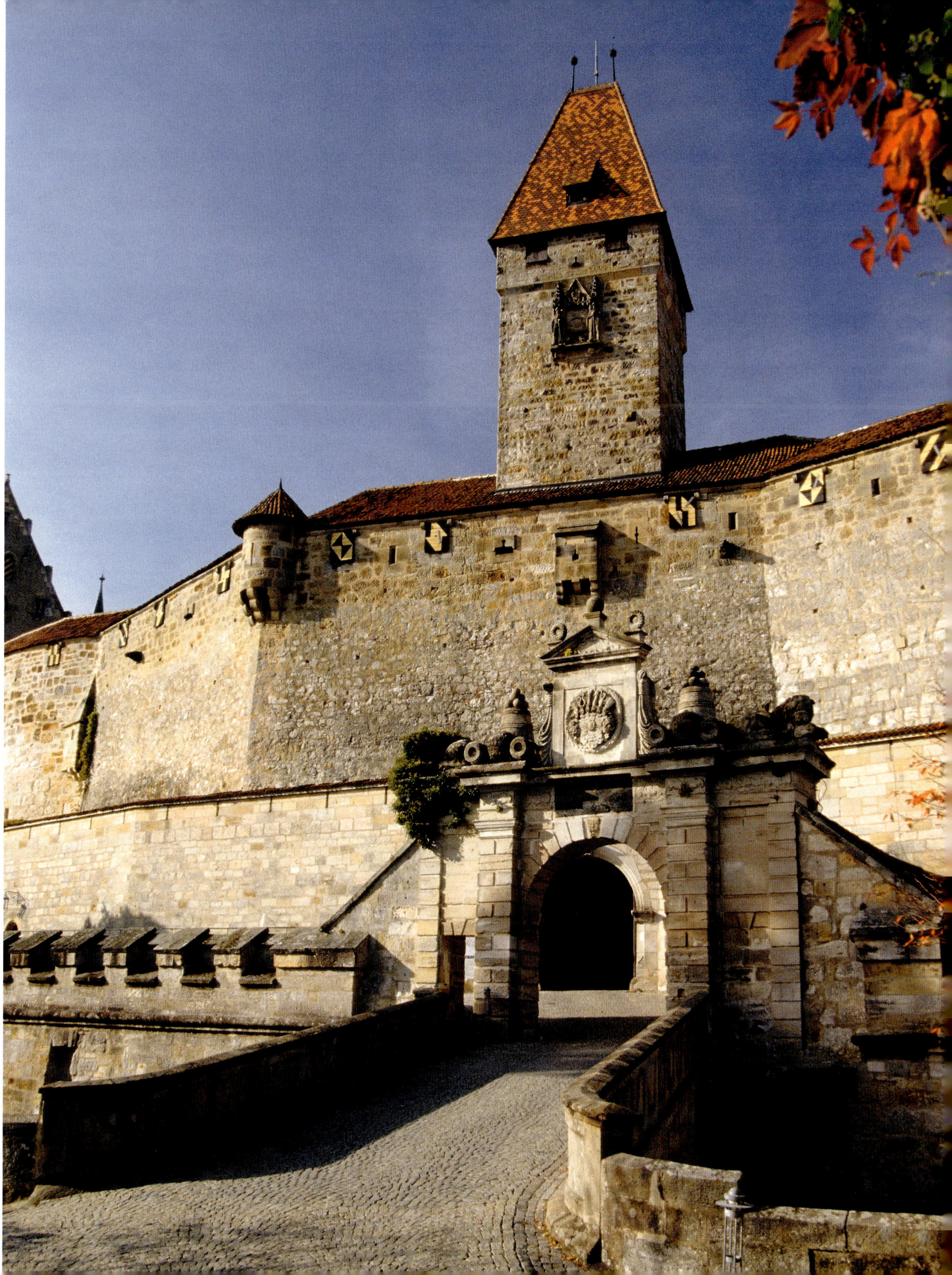

34   Adel, Rittertum und Burgen

hat. Der Grundbesitz der aufgelösten und enteigneten Klöster erweiterte zudem das Territorium nicht unbeträchtlich, während die Klosterschätze in die Münze wanderten. Im Augsburger Religionsfrieden 1555 gestand Kaiser Karl V. notgedrungen den Landesfürsten die alleinige Bestimmung der Religion ihrer Untertanen zu, da er ihre Unterstützung im Kampf gegen die nach Zentraleuropa vorrückenden Türken dringend benötigte.

Wehrhafte Repräsentation – die Residenzen

Im Gegensatz zum Deutschen Reich, das nie eine Hauptstadt erhielt, entwickelte sich die Residenz des Landesfürsten zum Mittelpunkt der Landesherrschaft. Hier wohnte nicht nur der Graf oder Herzog mit seinem Gesinde, sondern ihn umgab ein ganzer Hofstaat nach dem Vorbild des Königshofes. Doch wurden die meisten Territorien bei weitem straffer regiert als das Deutsche Reich, denn die Residenzen waren zentrale Verwaltungsmittelpunkte, wo nicht nur der landsässige Adel Spitzenfunktionen einnahm, sondern auch zunehmend studierte Beamte. Dank einer funktionierenden Bürokratie ließen sich Besitzrechte, Steuern und grundherrliche Einnahmen weitaus besser kontrollieren und einfordern. Nach dem Vorbild der Klöster und Städte entstanden geordnete Archive, die von der Kanzlei gepflegt wurden. Residenzen waren meist mit einem Stift verbunden, da so nicht nur für das Seelenheil und kirchliche Repräsentation gesorgt war, sondern die studierten Kleriker ebenfalls als loyale Beamte eingesetzt werden konnten.

Ab der Stauferzeit sind erstmals feste Residenzen der Landesfürsten nachweisbar. Sie orientierten sich unübersehbar an den Pfalzen des Königs, mit dem sie teilweise in erbitterter Konkurrenz oder in treuer

links Meißen besitzt mit der einmaligen Baugruppe aus Albrechtsburg, Dom und Bischofsschloss eines der schönsten deutschen Städtebilder. Eng drängt sich diese Stadtkrone auf einem Felsen hoch über der Elbe zusammen. Mit der Albrechtsburg entstand im späten 15. Jh. eine der prachtvollsten Residenzen der Spätgotik, die allerdings nie als solche diente.

Adel, Rittertum und Burgen

Gefolgschaft verbunden waren. Am besten erhalten sind aus dieser Zeit die Wartburg als Residenz der Landgrafen von Thüringen und die Burg Dankwarderode Heinrichs des Löwen nebst Löwendenkmal und Stiftskirche in Braunschweig. Schon bei den stauferzeitlichen Residenzen ist zu beobachten, dass sie in oder bei bestehenden bzw. eigens gegründeten Städten entstanden. Der Landesherr förderte seine Residenzstadt besonders großzügig, da sie ihm nicht nur Steuereinnahmen brachte und die Versorgung mit Luxus- und Alltagsgütern sicherstellte, sondern ihm auch als willkommene Folie der fürstlichen Repräsentation dienen konnte. Der landsässige Adel unterhielt teils recht aufwendige Stadthöfe nahe der Residenz des Landesherrn. Fehlte eine Stadt, so wurde die Burg des Landesfürsten durch einige Burgmannensitze erweitert und aufgewertet. Die mittelalterliche Residenzstadt erwies sich als Modell der Zukunft. Selbst in der heutigen Bundesrepublik behielten Städte, die in der Vergangenheit diesen Rang innehatten ihre zentralisierende Funktion. So residierten in Bonn einst die Erzbischöfe und Kurfürsten von Köln, in Mainz der Primas der deutschen Reichskirche, in Magdeburg ein weiterer Erzbischof, in Berlin und Potsdam die Hohenzollern, in München die bayerischen Wittelsbacher, in Düsseldorf die Herzöge von Berg, in Schwerin die Herzöge von Mecklenburg, in Hannover die Welfen, in Saarbrücken und Wiesbaden die Nassauer, in Stuttgart die Herzöge von Württemberg und in Dresden die Wettiner.

Der Landesherr konnte kraft seiner unbeschränkten Herrschaft willkürlich seine Hauptresidenz verlegen. Dies geschah meist nach einer Landesteilung, wo das Territorium unter mehreren erbberechtigten Söhnen in verschiedene Linien aufgespalten wurde. Starb einer dieser neuen Familienzweige wieder aus, endete meist auch die Blütezeit der neuen Residenz. Gebaut wurde zu allen Zeiten, so dass nur Residenzschlösser und -burgen, die aus irgendwelchen Gründen ihre Funktion verloren, ihre Gestalt unverändert bewahrten. Auch die Rangerhöhung des Landesfürsten durch den Kaiser konnte einen Neubau auslösen. Ein schönes Beispiel hierfür ist das Marburger Schloss, das der erste Landgraf von Hessen durch die Erhebung in den Reichsfürstenstand 1292 repräsentativ ausbauen ließ. Da seine Nachfolger die Residenz nach Kassel verlegten, blieb mit der Kapelle und dem gewölbten Saal, der zu den größten Profanbauten des Mittelalters gehört, ein exemplarisches Beispiel französisch und niederländisch geprägter fürstlicher Baukunst erhalten. 1336 und 1356 wurden die bisherigen Grafen von Jülich zu Markgrafen bzw. Herzögen erhoben. Um ihren neuen Rang nach außen hin zu dokumentieren, ließen sie innerhalb ihrer Residenzburg Nideggen einen der größten Saalbauten errichten, den es in Deutschland gab. Leider ist er nur als Ruine erhalten.

Die schönste noch heute erhaltene Residenz des Spätmittelalters findet sich in Meißen. Die Albrechtsburg mit ihren prunkvoll gewölbten Sälen, die unmittelbar neben dem gotischen Dom hoch auf einem Felsen über der Elbe liegt, bildet bis heute ein Paradebeispiel fürstlichen Bauwillens.

Der vornehmste unter den weltlichen Kurfürsten, der Pfalzgraf bei Rhein, ließ im Laufe des 16. Jh. seine

rechts Turniere gehörten zum festen Bestandteil höfischer Feste. Die Buchmalerei aus der Manesse-Handschrift zeigt den prächtig gekleideten Ritter Walther von Klingen beim Lanzenstechen, bewundert von mehreren Damen.

links Heinrich der Löwe (1129–1195) verlieh seinen hohen politischen Ambitionen deutlichen Ausdruck mit dem Ausbau seiner Residenz in Braunschweig. Nach dem Vorbild der Königspfalzen erbaute er sich Burg Dankwarderode und ließ davor 1166 als Machtsymbol den einst vergoldeten Löwen errichten. In Verbindung mit seiner Burg gründete Heinrich ein Stift, in dessen Kirche er mit seiner Gemahlin graben wurde.

Stadt einen perfekten Renaissance-Palazzo nach dem Vorbild von Urbino errichten. Er zeigt anschaulich, wie durch italienischen Einfluss sich im 16. Jh. die bisher vereinte Funktion von Wehr- und Repräsentationsbau in Schloss und Festung trennte.

Residenzen waren Wehr- und Wohnbauten sowie Verwaltungsmittelpunkte, bildeten aber auch den glanzvollen Rahmen für prächtige Feste des Hofes. Gerade in der hochadeligen Festkultur konnte sich der Landesherr so nicht nur in den Tugenden der Gastfreundschaft und Freigiebigkeit präsentieren. Hiermit band er auch seine Vasallen an sich und dokumentierte Reichtum und Macht gegenüber seinen hochadeligen Standesgenossen. Ein wichtiger Bestandteil eines höfischen Festes war das Turnier. Entstanden aus einer reinen Kampfübung der Reiterkrieger wandelte es sich zum gesellschaftlichen Großereignis. Hier konnten sich die Männer in perfekter Selbstdarstellung üben, weshalb kirchliche Turnierverbote wirkungslos verhallten. Im Glanz ihrer Rüstungen, dem bunten Waffenrock nebst Helmzier und dem mit dem Wappen versehenen Schild hatte jeder Ritter seinen großen Auftritt. Auch die Pferde waren dank kostbarer Sattel, Panzerung oder bunten Decken miteinbezogen. Schöne Damen überreichten dem Gewinner dann seinen Preis. Im Zweikampf traten die Ritter meist mit einer stumpfen Lanze gegeneinander an. Trotzdem kam es immer wieder zu schweren Verletzungen, was wie bei heutigen Autorennen den Reiz für die Zuschauer aber noch steigerte. Auf einem Turnier kämpften nicht nur Ritter, sondern auch der Hochadel bis hin zum König. Im Spätmittelalter fanden Turniere meist in Großstädten statt, da sich der hauptstadtlose König hier gerne aufhielt. Zudem waren die Unterbringungsmöglichkeiten für die oft mit riesigem Gefolge anrückenden hochadeligen Herren dort einfach besser. Festbankett und Tanz bildeten immer den glanzvollen Abschluss.

Besonders Familienfeste wie Hochzeiten, Geburt eines Stammhalters, aber auch Begräbnisse des Landesfürsten wurden mit allem erdenklichen Prunk begangen. Die Feste waren auch hier in erster Linie nicht Selbstzweck zur persönlichen Unterhaltung. Vielmehr galt es immer, den Rang der Dynastie nach außen zu zeigen.

Burg oberhalb von Heidelberg zu einer wehrhaften und repräsentativen Verbindung aus Schloss und Festung ausbauen. Gleich fünf Palastbauten, von denen zwei zu den Spitzenleistungen der Renaissance gehören, umstehen heute als Ruinen den Innenhof. Gewaltige Kanonentürme und Gräben passten noch am Ende des Mittelalters die Residenz der neuen Waffentechnik an. In Landshut an der Isar residierten zeitweise die Herzöge von Niederbayern in ihrer mittelalterlichen Burg Trausnitz hoch über den Bauten der Bürger. 1537–1543 ließ sich Herzog Ludwig X. nach einem Besuch im italienischen Mantua mitten in der

Adel, Rittertum und Burgen

Erlebnis BURGEN UND RESIDENZEN

Marburger Schloss

Die Fachwerkaltstadt Marburgs staffelt sich mit ihren Gassen und Plätzen von der Lahn den steilen Schlossberg empor. Beherrscht wird das einmalige Ensemble von der ersten Residenz der Landgrafen von Hessen, die in seltener Vollständigkeit erhalten blieb. Jüngste Ausgrabungen förderten bedeutende Reste einer Burganlage des 11. Jh. zutage, die vom Innern des Westflügels aus zu sehen sind. Nach dem Aussterben der Thüringer Landgrafen im Mannesstamm setzte sich in einem langjährigen Erbfolgestreit Sophie von Brabant, Tochter der hl. Elisabeth, für ihren minderjährigen Sohn Heinrich im hessischen Landesteil durch. Nahe dem Grab ihrer Mutter, das zum bedeutenden Wallfahrtsort geworden war, errichtete sie ihre Residenz auf dem Schlossberg. Die 1288 geweihte Schlosskapelle mit ihrer prächtigen frühgotischen Ausmalung sowie der Saalbau des späten 13. Jh. mit dem Festsaal im Obergeschoss sind einmalige Zeugnisse fürstlicher Repräsentation dieser Zeit. Nach dem Tod Heinrichs 1308 verlegte sein Sohn die Residenz nach Kassel, so dass Schloss Marburg in einen Dornröschenschlaf versank. In der zweiten Hälfte des 15. Jh. wurde es nochmals für kurze Zeit Residenz und wohnlich erweitert.

geöffnet Apr. bis Okt. von Dienstag bis Sonntag: 10 – 18 Uhr, Nov. bis März von Dienstag bis Sonntag: 11 – 17 Uhr
www.marburg.de

Burgen des Mittelrheintals

Ein wichtiger Bestandteil des UNESCO-Weltkulturerbes Mittelrhein zwischen Bingen und Koblenz sind die zahlreichen Höhenburgen. Fast alle wurden durch die Raubkriege Ludwigs XIV. von Frankreich im späten 17. Jh. zu Ruinen, einige davon im 19. Jh. nach dem Erwachen der Rheinromantik in den Formen des Mittelalters wieder aufgebaut. Zwei mittelalterliche Burganlagen nehmen einen besonderen Rang ein, die Marksburg bei Braubach als einzige unzerstörte Höhenburg am Mittelrhein und der Pfalzgrafenstein als Zollburg inmitten des Stroms. Die Marksburg bietet ein Musterbeispiel der Wehrtechnik im Burgenbau von der Gotik bis in die frühe Neuzeit, deren Bastionen und Zwinger den Kernbau mit Palas und dem markanten Bergfried schützend umfassen. Heute ist sie Sitz der Deutschen Burgenvereinigung. Der Pfalzgrafenstein bestand ursprünglich, ähnlich dem Mäuseturm bei Bingen, nur aus einem Steinturm auf einer Felsenklippe im Rhein. Er diente der Sicherung des Rheinzolls für den Kurfürsten von der Pfalz und wurde noch in der ersten Hälfte des 14. Jh. durch die fünfeckige Wehrmauer gesichert, die die Burg wie ein Schiff im Fluss erscheinen lässt. Zusammen mit der pfalzgräflichen Burg Gutenfels, einem gut erhaltenen Bauwerk der Stauferzeit, bildet der Pfalzgrafenstein eine der schönsten Rheinansichten.

Marksburg nur im Rahmen einer Führung zu besichtigen: 1.Apr. bis Anfang Nov.: 10 – 17 Uhr, 6. Nov. bis Ende März: 11 – 16 Uhr
www.marksburg.de

Pfalzgrafenstein geöffnet vom 1. Apr. bis 30. Sept.: 10 – 13 Uhr und 14 – 18 Uhr, 1. Okt. bis 30. Nov. und 1. Jan. bis 31. März: 10 – 13 Uhr und 14 – 17 Uhr; im Dezember geschlossen
www.loreleytal.com

Burg Eltz

In einem engen Seitental der Mosel findet sich das besterhaltene Beispiel einer Ganerbenburg, die mit ihren vier turmartigen Wohnbauten vor dem Besucher wie ein Traumbild des Mittelalters aufsteigt. Nie zerstört und in Teilen bis heute bewohnt haben sich nicht nur die überwiegend spätmittelalterlichen Gebäude erhalten, sondern auch große Teile der Innenausstattung. Besonders eindrucksvoll ist Haus Rübenach mit seinen Wandmale-

oben In einem Seitental der Mosel erhebt sich Burg Eltz, die in Teilen bis heute von der Erbauerfamilie bewohnt wird.

links Das Marburger Schloss, das die Fachwerkaltstadt so markant beherrscht, wandelte von der Romanik bis zur Renaissance sein Gesicht mehrfach.

Erlebnistipp: Wartburg

Das Weltkulturerbe Wartburg gehört zu den geschichtsträchtigsten Orten Deutschlands. Im 12. Jh. als prachtvolle Residenz der mächtigen Landgrafen von Thüringen errichtet, die ihren Hof zu einem Treffpunkt der Minnesänger machten, lebte hier auch eine der berühmtesten Heiligen des Mittelalters, Elisabeth von Thüringen, als Landesherrin. Martin Luther verbarg sich nach seinem Bann auf dem Wormser Reichstag einige Monate auf der Wartburg und übersetzte das Neue Testament sprachbildend ins Deutsche. 1817 trafen sich in den Ruinen Studenten zur Reformationsfeier und forderten erstmals die Einheit Deutschlands. Als Nationaldenkmal erlebte die Wartburg in der zweiten Hälfte des 19. Jh. einen glanzvollen Wiederaufbau. Sie kann als Musterbeispiel einer mittelalterlichen Höhenburg und einer stauferzeitlichen Residenz eines Landesfürsten gelten.
Einer der bedeutendsten Profanbauten des deutschen Mittelalters ist der Palas der Wartburg, der kurz nach der Mitte des 12. Jh. von einem rheinischen Bautrupp errichtet wurde. Daher finden sich an den Arkaden Kalksintersäulen aus dem Abbruchmaterial der römischen Wasserleitung aus der Eifel nach Köln sowie prächtige Bildhauerarbeiten nach rheinischen Vorbildern. Adlerkapitelle an den Säulen im Innern lassen erkennen, dass die Thüringer Landgrafen mit ihrem Palas mit den Pfalzen des deutschen Königs wetteiferten. Die Innenräume wurden im 19. Jh. prachtvoll im Sinne des Historismus ausgestattet. Moritz von Schwind versah die Räume mit großzügigen Fresken, die die Geschichte der Wartburg verherrlichen. Höhepunkt ist der Festsaal im zweiten Obergeschoss, ein Gesamtkunstwerk des 19. Jh. in romanischen Mauern. In der spätmittelalterlich geprägten Vorburg ist die Lutherstube Hauptanziehungspunkt. Als Denkmal deutscher Geschichte bauten die Großherzöge von Sachsen-Weimar-Eisenach hier auf der Wartburg eine sehenswerte Kunstsammlung auf, die vom Mittelalter bis ins 19. Jh. reicht.

geöffnet März bis Okt.: 8.30–20 Uhr, Nov. bis Feb. 9–15.30 Uhr
www.wartburg-eisenach.de

reien, dem Altarerker mit Glasmalereien sowie dem mittelalterlichen Schlafzimmer samt Himmelbett. Etwas oberhalb der Burg liegt die Ruine der Trutz-Eltz, einer Belagerungsburg, die Erzbischof und Kurfürst Balduin von Luxemburg in der Eltzer Fehde in den 1330er Jahren anlegen ließ. Am eindrucksvollsten bietet sich Burg Eltz dar, wenn man eine kleine Wanderung vom Moselkern aus durch das schöne Tal des Eltzbachs unternimmt und plötzlich vor den hochragenden Mauern steht, die der Wald freigibt.

Nur mit Führung zu besichtigen: 1.Apr. bis 1. Nov. tägl. 9.30–17.30 Uhr
www.burg-eltz.de

Ganz in der Nähe von Burg Eltz liegt mit Schloss Bürresheim bei Mayen eine ähnlich gut erhaltene Burganlage, die bis in die 1930er Jahre durchgehend bewohnt blieb und dann samt Inventar an das Land verkauft wurde. So kann auch hier in spätmittelalterlichen Mauern adelige Wohnkultur besichtigt werden, die in diesem Bauwerk allerdings auch eine barocke Erweiterung umfasst.

Nur im Rahmen einer Führung zu besichtigen: 1. Apr. bis 30.Sept.: 10–18 Uhr, 1. Okt. bis 30. Nov. und 1. Jan. bis 31. März: 10–17 Uhr, im Dezember geschlossen
www.burgen-rlp.de

Albrechtsburg Meißen

Hoch über der Elbe ragt ein einmaliges Ensemble aus gotischem Dom, Bischofsschloss und Albrechtsburg auf. 1471–1500 errichtete der Baumeister Arnold von Westfalen erstmals in Deutschland wohl nach französischem Vorbild ein spätgotisches Residenzschloss. Da noch während der Bauzeit die Wettiner ihre Hauptstadt nach Dresden verlegten, erfüllte die Albrechtsburg nie die ihr zugedachte Funktion, blieb aber genau deswegen unverändert im Erbauungszustand erhalten. 1521–1524 konnte Jakob Heilmann aus Schweinfurt die Planungen zu Ende führen. In den Jahren 1710–1863 befand sich in den Räumen die berühmte Porzellanmanufaktur. Gewaltige Kellersubstruktionen tragen ein höchst filigranes Bauwerk. Besonders reich verziert ist der vorgebaute Treppenturm mit seinen Galerien, der im Innern das Wunderwerk der Wendeltreppe birgt. Fast alle Innenräume sind prachtvoll gewölbt, wobei keines der Zellengewölbe dem anderen gleicht. Im späten 19. Jh. schufen Dresdner Akademielehrer die Ausmalung im Sinne eines Geschichtsdenkmals.

Öffnungszeiten Museum Albrechtsburg: März bis Okt.: 10–18 Uhr, Nov. bis Feb.: 10–17 Uhr
www.albrechtsburg-meissen.de

Erlebnis **BURGEN UND RESIDENZEN**

Adel, Rittertum und Burgen 39

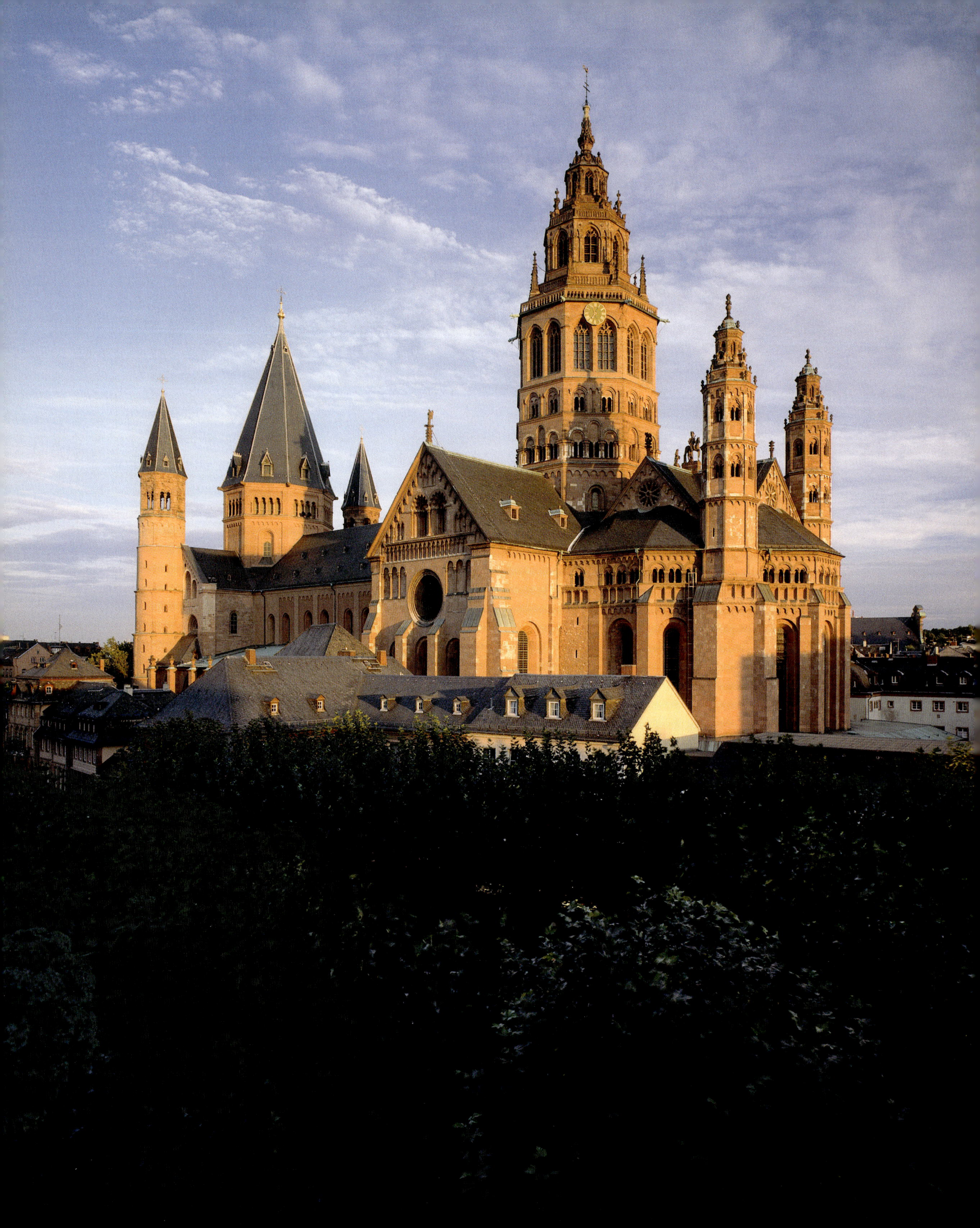

Die Reichsbischöfe
Thron und Altar

Zu den im wahrsten Sinn hervorragendsten Baudenkmälern des Mittelalters zählen die Dome. Die Bischöfe, die hier residierten, waren unter den Herrschern der Ottonen und Salier vorrangig unentbehrliche Helfer der Macht, gleichsam die Vorläufer unserer Politiker. Erst als Folge des Investiturstreits zwischen Kaiser und Papst endete im 12. Jh. allmählich diese für beide Seiten vorteilhafte Verbindung.

links Die gewaltigen Baumassen des 1239 geweihten Westchors des Mainzer Doms führen deutlich die überragende Stellung des Bauherrn vor Augen: Der Mainzer Erzbischof war Primas der Reichskirche, Kurfürst und hatte 15 Suffraganbistümer von der Schweiz bis an die Nordsee unter sich.

Organisierter Glaube

Das frühe Christentum verbreitete sich als eine von vielen Erlösungsreligionen, die ein glückliches Weiterleben im Jenseits versprachen, rasch innerhalb des Römischen Weltreichs. Kaiser Konstantin der Große (306–337), der sich erst auf dem Sterbebett taufen ließ, setzte mit dem Toleranzedikt von Mailand 313 die völlige Gleichberechtigung des Christentums mit anderen Religionen durch. Schon für Konstantin wie auch für die mittelalterlichen Herrscher war der Ein-Gott-Glaube der christlichen Religion ideal für den ganz auf den Herrscher ausgerichteten Staat. Hier schon begann jener enge Schulterschluss zwischen Thron und Altar, der noch bis ins frühe 20. Jh. die Politik dominieren sollte.

Erst aus dem frühen 4. Jh. sind Bischofsnamen in den alten Römerstädten an Rhein und Mosel überliefert. Allein der Trierer Dom ist noch als sakraler Großbau dieser Zeit weitgehend erhalten, während andernorts nur mehr oder weniger eindeutige Fundamentreste archäologisch fassbar sind. Neben Trier besaßen die Hauptstädte von Ober- und Niedergermanien, Köln und Mainz, sowie die Hauptorte Worms und Speyer Bischofssitze.

Nach dem Zusammenbruch römischer Herrschaft in Deutschland Mitte des 5. Jh. waren es gerade diese kirchlichen Organisationsformen, die als Bindeglied zwischen Antike und Frühmittelalter fungierten. Nicht nur das Latein als Kirchen- und Gelehrtensprache, römische Amtstrachten als Bischofs- und Priestergewänder, Liturgie und antike Bauformen retteten sich so hinüber. Auch die alten Römerstädte behielten dank der Bischöfe ihre zentralörtliche Funktion, wenn sich auch ihr Erscheinungsbild stark wandelte. Besonders verehrte Gräber auf den römischen Friedhöfen, die außerhalb der Mauern entlang der Hauptstraßen lagen, bildeten sich als zusätzliche Zentren zu den Bischofskirchen heraus. Priestergemeinschaften, aus denen sich später die Stifte entwickeln sollten, betreuten die Heiligengräber. Auch spätere Bischofssitze wie Konstanz, Augsburg, Regensburg, Passau und Salzburg entstanden innerhalb antiker Mauern.

Eine äußerst wichtige Etappe auf dem Weg vom Frühchristentum hin zur Reichskirche war der Übertritt des fränkischen Königs Chlodwig zum katholischen Glauben, nachdem er dies nach seinem Sieg über die Alamannen in der Schlacht bei Zülpich 496 gelobt hatte. Die merowingischen Hausmeier kümmerten sich anstelle der machtlosen Könige im späten 7. und frühen 8. Jh. um die Verbreitung des Christentums auf dem Land, indem sie angelsächsische Missionare herbeiriefen. So verbreiteten z. B. der hl. Willibord von Echternach, der hl. Suitbert von Düsseldorf-Kaiserswerth, der hl. Kilian in Würzburg, der hl. Emmeram in Regensburg sowie die hl. Geschwister Willibald, Wunibald und Walburga von Eichstätt und Umgebung aus den »wahren« Glauben. Am bedeutendsten sollte jedoch der hl. Bonifatius werden, da er im Auftrag des Papstes und des Herrschers Karl Martell nicht nur missionierte, sondern auch die kirchliche Organisation Deutschlands bis zu seinem Tod 754 neu ordnete.

Karl der Große eroberte Sachsen und ließ die Menschen mit dem Schwert bekehren. Neue Bistümer wie Paderborn, Münster, Osnabrück, Bremen, Verden und Minden sollten den neuen Glauben sichern helfen. Halberstadt, Hildesheim und Hamburg fügte sein Sohn Kaiser Ludwig der Fromme im frühen 9. Jh. hinzu. Karl der Große ließ die Bistümer in Kirchenprovinzen zusammenfassen, indem er Mainz, Köln, Trier, Salzburg und Hamburg zu Erzdiözesen erhob. Kaiser Otto I. setzte Karls Vorstoß nach Osten durch seine Slawenkriege fort und gründete für die Zwangschristianisierten neue Bistümer unter der Leitung des Erzbistums Magdeburg. Der letzte Ottone, Kaiser Heinrich II., setzte zusammen mit seiner Gattin Kunigunde Gott als Erben ihrer kinderlosen Ehe ein. Beide stifteten aus ihrem Besitz gegen den Widerstand der umliegenden Diözesen das Bistum Bamberg. Unter dem Sachsenherzog Heinrich dem Löwen entstanden die letzten Bistümer Ratzeburg, Lübeck und Schwerin.

Im Vergleich zu Frankreich und vor allem Italien, wo fast jede Stadt einen eigenen Bischof besaß, gab es im Deutschen Reich zwar weniger Bistümer, doch waren sie ungleich größer. Die Ausdehnung konnte jedoch erheblich schwanken zwischen den kleinsten Diözesen wie Worms und Merseburg (3000 bzw. 2000 km²) und den umfangreichsten wie Konstanz (36 000 km²). Der Bischof konnte nicht überall präsent sein, zumal er im Mittelalter zusätzlich erhebliche Pflichten als Reichspolitiker und Landesherr hatte. Deshalb waren die meisten Bistümer in Archidiakonate unterteilt, wo Stellvertreter des Bischofs nach dem Rechten sahen, Einkünfte einforderten und geistliche Gerichte leiteten.

Stützen der Macht

Von den Karolingern bis hin zu den Staufern verstand sich der deutsche König als Stellvertreter Christi auf Erden, der zudem von Gott als Schutzherr und weltliches Haupt der Kirche bestimmt war. Daher hielten sich immer einige hochgebildete Kleriker am umherziehenden Königshof auf, die sogenannte Hofkapelle. Hier waren weniger Frömmigkeit als Klugheit und politische Tatkraft gefragt. Wer sich bewährt hatte, dem verschaffte der König einen Bischofssitz. Dort mussten sich die Vertrauensmänner des Herrschers in einer anspruchsvollen Doppelrolle bewähren: Sie waren nun oberste Leiter einer Diözese, vor allem aber als Reichsbischöfe die wichtigsten Verbündeten und Stützen der Königsmacht. Dies war für den Herrscher umso vorteilhafter, als sie aufgrund der geforderten Ehelosigkeit und Keuschheit keine legitimen Nachkommen und Erben besaßen. So entwickelten sich im Gegensatz zum weltlichen Hochadel keine

rechts Der Trierer Dom besteht zu großen Teilen aus der im späten 4. Jh. errichteten frühchristlichen Bischofskirche. Die Westfront gehört dem 11. Jh. an, während die benachbarte Liebfrauenkirche ab 1235 als eine der ersten gotischen Kirchen Deutschlands entstand. Verbunden durch einen frühgotischen Kreuzgang bilden beide Kirchen eines der schönsten mittelalterlichen Ensembles.

links 968 erhob Kaiser Otto I. Magdeburg zum Erzbistum und ließ sich auch hier begraben. Erzbischof Albrecht II. ersetzte den 1207 abgebrannten Dom Ottos ab 1209 mit einem gotischen Neubau. Nach dem Vorbild nordfranzösischer Kathedralen entstand mit dem Chor des Domes eines der ersten Bauwerke der Gotik auf deutschem Boden.

familiären Eigeninteressen, die den Ansprüchen des Königs entgegenstehen konnten. Zudem waren sie dem König, der ihre Karriere so gefördert hatte, besonders dankbar und durch Treueschwur ergeben. Von einem regelrechten »Reichskirchensystem« kann man hierbei aber nicht sprechen, da es dem König nicht immer und überall gelang, den eigenen Kandidaten gegen Domkapitel und lokale Adelsfamilien durchzusetzen. In den Wirren des Investiturstreits erwiesen sich die vom König protegierten Bischöfe nicht immer so loyal gegenüber dessen Reichspolitik wie erwartet, da diese nun die Interessen ihrer eigenen und der Gesamtkirche höher setzten. Dennoch spielte der Einfluss des Königs auf die Bischofsbesetzungen innerhalb Europas im Deutschen Reich die größte Rolle. Über die Lebenswelt der bedeutendsten Reichsbischöfe sind wir dank ihrer mittelalterlichen Biographien informiert, wobei damals vom Autor, meist ein Mönch aus einer nahestehenden Abtei, verständlicherweise Vieles geglättet und geschönt wurde. Die überwiegende Zahl erwies sich als tatkräftig und fähig, ihr anspruchsvolles Amt bestens auszufüllen. Denn der König betrieb bei der Besetzung der Bischofsstühle keine reine Günstlingswirtschaft. Vielmehr achtete er auf den Rat der anderen Reichsbischöfe, einen möglichst klugen Kopf auszuwählen oder kannte seinen Kandidaten persönlich gut. Die Vergabe von Bischofssitzen durch den König war für diesen eine bedeutende Einnahmequelle durch die Antrittsgelder, die der Neugewählte zu zahlen hatte. Doch zeigte sich der Herrscher gegenüber treuen Weggefährten immer wieder spendabel durch Besitzübertragungen oder Schenkungen zum Bau und zur Ausstattung der Kathedrale. Beim Einzug eines Königs in die Bischofsstadt waren wiederum für diesen kostbare Geschenke gefällig – ein typisch mittelalterliches Sich-gegenseitig-Bestätigen innerhalb des rein auf persönlichen Beziehungen bestehenden Staates.

Die Reichsbischöfe 43

Seine Ausbildung erhielt der hohe Klerus im Hochmittelalter vorrangig in den Domschulen, die sich zu wahren Eliteschmieden des Reiches entwickelten. Im Verlauf des 12. Jh. besuchten danach viele der späteren Bischöfe berühmte Universitäten wie diejenige in Paris und kamen so mit den aktuellen theologischen Fragestellungen ihrer Zeit in Kontakt.

Die Reichsbischöfe zogen mit dem König nicht nur zur Kaiserkrönung nach Rom, sondern weitaus öfter mit eigenen Ritterkontingenten mit dem Herrscher in den Krieg. So fanden nicht wenige Bischöfe auf den Schlachtfeldern des Mittelalters ihren Tod. Besonders fähige Oberhirten betraute der König mit dem Kanzleramt. Die drei rheinischen Erzbischöfe nahmen nicht nur innerhalb der kirchlichen Hierarchie, sondern auch in der Reichspolitik eine besondere Stellung ein. Sie dienten ihrem Herrn als Erzkanzler für das Reich (Mainz), Italien (Köln) und Gallien (Trier). Daher nahmen sie unter den Königswählern schon immer einen besonderen Rang ein, bis sie schließlich im 13. Jh. zum exklusiven Kreis der sieben Kurfürsten zählten, die den deutschen König bestimmten. Der Anspruch des Herrschers, als Stellvertreter Christi die deutsche Reichskirche zu führen, zeigt sich auch in den Reichssynoden, die nicht die Bischöfe, sondern er einberief.

Kaiser oder Papst – der Investiturstreit

Als Schutzherr der Kirche berührte den Kaiser der desolate Zustand des Papsttums. Hier klafften im frühen 11. Jh. Anspruch und Wirklichkeit besonders krass auseinander. Das hohe Amt wurde unter den konkurrierenden Adelssippen Roms unter unwürdigsten Umständen verschachert. Die so kreierten Päpste und Gegenpäpste erwiesen sich daher meist als unfähig und korrupt. Ihre oft nur kurze Karriere endete nicht selten durch Mord oder Absetzung. Kaiser Heinrich III. (1039–1056), ein persönlich tieffrommer Mann, griff in dieses Chaos energisch ein.

rechts Dom und Benediktinerabtei St. Michael bilden dank ihrer Hügellage bis heute die bekrönenden Hauptakzente der Bamberger Altstadt, die als Musterbeispiel einer geistlichen Residenz gelten kann. Der spätromanische Dom hat seine alte Umgebung mit Kreuzgang, Kapellen, Domherrenhäusern und Pfalz vollständig bewahrt.

Die Reichsbischöfe

Um den zerstörerischen Einfluss der römischen Adelscliquen zu brechen, ließ er nacheinander vier deutsche Reichsbischöfe zu Päpsten erheben, die für Ordnung sorgen sollten. So verbreitete sich auch im »Sündenbabel« Rom der weit verbreitete Gedanke einer Kirchenreform.

Leider bekam es der Sohn des Ordnungsstifters, Kaiser Heinrich IV. (1056–1106), als Kehrtwende nicht nur mit einem erstarkten, sondern auch politisch äußerst ambitionierten Papsttum zu tun. Vor allem Papst Gregor VII. (1073–1085) bekämpfte nun im sogenannten Investiturstreit massiv den Anspruch des Kaisers, Bischöfe einzusetzen. Er ging sogar so weit, zu behaupten, dass der Kaiser nichts als ein Lehensmann des Papstes sei und demnach auch von ihm abgesetzt werden könne. Gregor argumentierte dreist mit der sogenannten Konstantinischen Schenkung, einer plumpen Fälschung. Darin wurde behauptet, dass Kaiser Konstantin im 4. Jh. nach einer Heilung von der Lepra dem Papst das gesamte weströmische Reich geschenkt habe, bevor er seine Residenz nach Konstantinopel verlegte.

Die Situation eskalierte Anfang 1076. Erst verkündete Heinrich IV. die Amtsenthebung Gregors, woraufhin der Papst den Kaiser exkommunizierte und absetzte. Dieses unerhörte Ereignis wurde für den Kaiser lebensgefährlich, denn als aus der Kirche Ausgestoßener war er gleichsam vogelfrei. Seine Gegner erhoben unmittelbar einen Gegenkönig. Heinrich konnte sich im folgenden Jahr durch den sprichwörtlich gewordenen Gang nach Canossa mittels einer Bußübung vor dem Papst vom Bann lösen.

Doch erst das Wormser Konkordat 1122 brachte einen Kompromiss zwischen den verhärteten Fronten zustande: Der Kaiser verzichtete auf die geistliche Einsetzung des Bischofs mit Ring und Stab, verlieh aber weiterhin dem neugewählten Bischof dessen weltliche Rechte und Besitzungen. Die Reichsbischöfe wurden nun zu Lehensmännern des Herrschers. Die Staufer, die das deutsche Kaiserreich zum Höhepunkt seiner Ausdehnung und Macht führten, gaben den Anspruch ihrer Amtsheiligkeit nicht auf und lieferten sich weitere Machtkämpfe mit dem Papst.

Mit Krummstab und Schwert – geistliche Landesherren

Der letzte mächtige Staufer, Kaiser Friedrich II. (1210–1250), dessen Interessen mehr in seinem mütterlichen Erbreich Sizilien denn im Deutschen Reich nördlich

links 1322 gelangten die Bischöfe von Augsburg in den Besitz von Füssen, das den Eingang der wichtigen Fernhandelsstraße Augsburg-Italien in die Alpen kontrollierte. Die alte Burg wandelten sie 1490–1503 in ein prächtiges spätgotisches Residenzschloss um. Höchst sehenswert sind die aufwendige Kassettendecke im Festsaal und die wiederhergestellte Fassadenmalerei, beides aus der Erbauungszeit.

te Bischofssitze, da sie ihre überzähligen Söhne in den Domkapiteln unterbrachten. Im Spätmittelalter und der Neuzeit etablierten sich Wittelsbacher und Habsburger auf vielen geistlichen Thronen. Als Landesfürsten standen sie ihren weltlichen Standesgenossen in nichts nach. Ihr weltliches Territorium, das Hochstift, das nicht deckungsgleich und weitaus kleiner als ihr geistliches Einflussgebiet, die Diözese war, wurde mit Landesburgen und Stadtgründungen gefestigt. Die alten romanischen Bischofspfalzen genügten dem gestiegenen Repräsentationsbedürfnis nicht mehr und wurden zugunsten neuer, prachtvoller Residenzen aufgegeben. Diese lagen meist außerhalb der Bischofsstädte, von denen sich viele zunehmend von ihrem Stadtherrn emanzipierten.

Diener zweier Herren

Unter der Vielzahl der Reichsbischöfe ragen einige ganz besonders hervor. Ihr Leben zeigt beispielhaft ihre enorme Bedeutung für den König und dessen Reichspolitik, aber auch ihre Sorge um das ihnen anvertraute Bistum.

Ulrich von Augsburg (923–973)

993, nur zwanzig Jahre nach seinem Tod, wurde der Augsburger Bischof Ulrich auf Initiative seines Nachfolgers vom Papst heilig gesprochen. Nachdem es bisher üblich gewesen war, dass die Ortsbischöfe alleine die Verehrung eines neuen Heiligen bestimmen konnten, war dies die erste päpstliche Heiligsprechung – schließlich sollte es im 12. Jh. alleiniges Vorrecht des Papstes werden. Ulrich wurde als Musterbeispiel eines Bischofs betrachtet, der bescheiden und fromm seine Diözese leitete, treu zum Herrscher stand und schließlich seine Stadt gegen die Ungläubigen verteidigte.

Er stammte aus vornehmster schwäbischer Familie, denn zu seinen Vorfahren zählten wohl die alemannischen Herzöge. Um 890 geboren, brachten seine Eltern den zehnjährigen Knaben zur Erziehung ins berühmte Kloster St. Gallen, damals ein Zentrum der Wissenschaften und der Bildung. Von dort holte ihn Bischof Adalbero nach Augsburg und übertrug ihm die wirtschaftliche Leitung der Diözese. Unter dessen Nachfolger wollte Ulrich nicht mehr dienen, da dieser minder vornehm war. Wohl ziemlich gekränkt, vielleicht weil er sich übergangen fühlte, verwaltete

oben Würzburg wird bis heute beherrscht von der bischöflichen Festung Marienberg, die jahrhundertelang jedes Freiheitsbestreben der Bürger gegen ihren Stadtherrn unterdrückte. Hervorgegangen aus einer Herzogsresidenz des 8. Jh. wurde bis ins 18. Jh. immer wieder an ihr gebaut. Ältester Teil ist der Rundbau der Marienkapelle.

der Alpen lagen, verzichtete endgültig auf die Mitwirkung des Herrschers bei den Bischofswahlen. Diese wurden nun faktisch zu Landesherren eines geistlichen Fürstentums, das ihnen bei Amtsantritt ohne Verleihung durch den König zufiel. Ab der Mitte des 13. Jh. blieb das deutsche Königtum dauerhaft geschwächt. Handlungsspielraum erhielten die Herrscher nun vor allem durch das Hausmachtgebiet ihrer eigenen Dynastie. Bischöfe als verlässliche Träger der Reichspolitik hatten ausgedient. Sie waren nun vor allem ihren Interessen als Landesfürsten und dem Ausbau ihres Territoriums verpflichtet.

Nicht mehr der König setzte sie ein, sondern das Domkapitel wählte sie. Seine Mitglieder bestanden aus nachgeborenen Söhnen mächtiger Adelsfamilien, die nun um das Bischofsamt konkurrierten. Als geistliche Reichsfürsten konnten sie Ruhm, aber vor allem Einfluss und Macht ihrer Familie mehren. Anstelle des Kaisers erhielt nun der Papst hohe Geldzahlungen als Gebühr bei der Amtsübernahme. Manche Familien hatten geradezu ein Monopol auf bestimmer 14 Jahre lang die Güter seiner verwitweten Mutter. St. Gallen hätte ihn gerne als Abt gehabt, doch lehnte er dies ab. Auf Vorschlag des Schwabenherzogs erhob König Heinrich I. Ulrich 923 schließlich doch noch zum Augsburger Bischof.

Hier musste er zunächst eine umfangreiche Aufbauarbeit in Angriff nehmen, da Stadt und Diözese unter den wiederholten Angriffen und Plünderungszügen der Ungarn stark gelitten hatten. Auch den Dom ließ er neu errichten. Obwohl er als Reichsbischof stark durch den König in Anspruch genommen wurde, fand er immer Zeit, sich intensiv um die geistlichen Belange seiner Diözese und die Armen zu kümmern. Zwei große politische Bewährungsproben bestand er glänzend. So unterstützte er König Otto den Großen erfolgreich im Kampf gegen dessen Sohn Liutolf, der einen gefährlichen Aufstand im Reich gegen seinen Vater angezettelt hatte. 955 konnte er bei einem Angriff der Ungarn Augsburg so lange halten, bis das Heer Ottos des Großen nahte und in der Schlacht auf dem Lechfeld die Feinde für alle Zeiten vertrieb.

Ulrichs Amtszeit, die genau ein halbes Jahrhundert andauerte, wurde nur von einer Sache getrübt. Mit fortschreitendem Alter stütze er sich immer mehr auf seinen Neffen Adalbero, den er gerne als seinen Nachfolger gesehen hätte, während er sich in ein Kloster zurückziehen wollte. Adalbero trat sogar schon mit dem Bischofsstab auf, was Erbitterung bis hin in höchste Kreise hervorrief. Auf einer Reichssynode in Ingelheim wurde Ulrich dazu verdonnert, bis zum Lebensende im Amt zu bleiben. Erst dann könne sein Neffe nachrücken. Doch starb dieser noch vor seinem Onkel. Ulrich fand wie seine Vorgänger sein Grab in der Kirche der Augsburger Märtyrerin Afra und wurde bald neben ihr als zweiter großer Heiliger der Stadt verehrt.

Willigis von Mainz (975–1011)

Willigis stammte im Gegensatz zu seinen Amtskollegen aus niederem Adel. Die Legende machte aus ihm den Sohn eines Fuhrmanns und erklärte daraus das Mainzer Wappen, ein Rad, das Willigis als stete Erinnerung an seine bescheidene Herkunft eingeführt habe. Unter Kaiser Otto dem Großen stieg er zum Mitglied der Hofkapelle, zum Kanzler und schließlich 975 unter Otto II. als Mainzer Erzbischof zur höchsten geistlichen Würde im Reich auf, denn mit 15 abhängigen Bistümern war die Mainzer Erzdiözese die größte und mächtigste in Europa. Wie kein zweiter vergalt Willigis diese Karriere mit unbedingter Treue zum ottonischen Haus, dessen Geschicke er entscheidend mitlenkte. Nach dem Tod Ottos II. 983 sicherte er dessen dreijährigem Sohn Otto III. die Krone und stützte maßgeblich die Regenschaft der Kaiserinnen Theophanu und Adelheid gegen viele Widerstände. Nach dem frühen Tod Ottos III. 1002 in Italien sorgte er dafür, dass sich die sich anbahnenden Thronwirren rasch zugunsten Heinrichs II. klärten.

Entsprechend seiner überragenden politischen Bedeutung betätigte sich Willigis als tatkräftiger Bauherr. In seiner Hauptstadt schuf er einen gewaltigen Domneubau, der innerhalb des Reiches völlig neue Maßstäbe setzte. Östlich des alten Domes, der als Stiftskirche St. Johannes in die Baugruppe miteinbezogen wurde, ließ er eine kreuzförmige Basilika errichten, der ein Atrium mit Marienkirche vorgelagert war. Hierbei orientierte er sich an St. Peter in

unten St. Michael in Hildesheim gehört zu den wertvollsten romanischen Kirchenbauten Deutschlands. Bischof Bernward ließ die doppelchörige Abteikirche im frühen 11. Jh. errichten. Zweihundert Jahre später erhielt das Mittelschiff eine neue, reich bemalte Flachdecke, die einzige ihrer Art, die sich aus dieser Zeit in Mitteleuropa erhalten hat.

rechts Mit 43 Metern Gewölbehöhe gehört der Kölner Dom zu den höchsten Kirchenbauten des Mittelalters. Der Chor erhielt im frühen 14. Jh. seine bis heute größtenteils erhaltene Ausstattung mit Chorgestühl, Wandmalereien und vor allem den Glasfenstern mit Königsdarstellungen. Zentrum blieb bis heute der Schrein der Heiligen Drei Könige.

Rom, womit er den Mainzer Anspruch als Primas der deutschen Reichskirche sowie das ihm verliehene Krönungsrecht verdeutlichen wollte. Leider brannte die gesamte Anlage ausgerechnet am Vorabend der Schlussweihe 1009 vollständig nieder. Der Erzbischof nahm zwar noch die Wiederaufbauarbeiten in Angriff, verstarb aber zwei Jahre später. Gerettet werden konnte das aus 600 Pfund Gold bestehende Kreuz, das Willigis aus dem vom Kaiser auf 30 Jahre verliehenen Tribut der Lombardei anfertigen ließ. Seine Nachfolger entfernten immer wieder ein Stückchen, um Sonderausgaben finanzieren zu können, bis schließlich nichts mehr davon übrig war.

Bernward von Hildesheim (993–1022)

Bernsward stammte aus hochadeliger, niedersächsischer Familie. Sein Onkel Folkmar, der später Bischof von Utrecht wurde, holte ihn nach Hildesheim, wo er Diakon war. In der Domschule erhielt Bernward, dessen große geistige und künstlerische Begabung rasch erkannt wurde, eine umfassende Ausbildung. Später zog Kaiser Otto II. ihn an seinen Hof, wo er nach dem Tod des Herrschers die ehren- und verantwortungsvolle Aufgabe übertragen bekam, als Lehrer des kleinen Otto III. zu wirken. Am kaiserlichen Hof, der quer durch das Reich unterwegs war, traf der hoch gebildete Mann auf ein höchst inspirierendes Umfeld. 993 erhielt er als Dank für seine Verdienste den Hildesheimer Bischofsstuhl. Die Weihe gab ihm Erzbischof Willigis von Mainz, mit dem er später wegen der Aufsicht über das Damenstift Gandersheim lange Jahre im Streit liegen sollte. Otto III. verzichtete bis zu seinem frühen Tod nicht auf die Dienste seines Lehrers, der ihn auch nach Rom begleitete.

Dreißig Jahre lang entfaltete Bernward aber auch ein höchst segensreiches Wirken für seine Diözese und für Hildesheim. Er ließ den abgebrannten Dom wieder aufbauen, beschaffte neue Bücher für die zerstörte Bibliothek und umgab den Dombezirk mit einer Wehrmauer. Große Mühe verwendete Bernward auch auf die Erweiterung der materiellen Basis seines Bistums durch Kauf und Schenkungen. Zu Beginn des 11. Jh. gründete er in seiner Domstadt die Benediktinerabtei St. Michael, wo er sich auch begraben ließ. Er errichtete hier eine der bedeutendsten romanischen Kirchen Deutschlands, wie überhaupt sein Nachruhm bis heute auf seiner großen Förderung der Künste beruht. In mehreren künstlerischen Techniken selbst bewandert, holte er sich viele Meister an seinen Hof. So erhielt Hildesheim dank Bernwards Engagement einzigartige Stücke ottonischen Kunstschaffens, die bis heute in Staunen versetzen.

Anno II. von Köln (1056–1075)

Erzbischof Anno von Köln gehört zu den faszinierendsten Gestalten des Mittelalters. Als Reichsbischof und Stadtherr war er ein skrupelloser und gewalttätiger Machtmensch, sorgte sich aber auf extreme Weise um die Gewinnung himmlischer Fürsprecher und um sein Seelenheil. Um 1010 wurde er als Sohn adeliger Eltern nahe Ehingen in Schwaben geboren. Ein Onkel holte ihn ins Bamberger Domkapitel, wo er sich bis zum Leiter der Domschule hocharbeitete, einer hochkarätigen Ausbildungsstätte. König Heinrich III. war auf Anno aufmerksam geworden,

Die Reichsbischöfe 49

ließ ihn an seinen Hof kommen und machte ihn 1056 zum Erzbischof von Köln, bevor er noch im selben Jahr starb. Die folgenden Jahre führte zunächst Heinrichs Witwe, Kaiserin Agnes, mit wenig Erfolg die Regentschaft für den noch unmündigen Heinrich IV. Schließlich entriss ihr Anno 1062 auf spektakuläre Weise den Sohn und damit die Regierung. Der Erzbischof und Erzkanzler lockte den zwölfjährigen Heinrich auf sein Schiff, mit dem er zur Pfalz Kaiserswerth den Rhein hinuntergefahren war, und ließ ablegen. Der Junge stürzte sich noch ins Wasser, wurde aber wieder aufs Schiff gezogen. Anno übernahm nun mit anderen wichtigen Bischöfen und Herzögen die Regentschaft, zerstritt sich darüber jedoch heftig mit seinem Amtsbruder Erzbischof Adalbert von Bremen. Schließlich wurde 1065 Heinrich IV. volljährig, übernahm die Regierung und schaltete den ihm verhassten Anno in der Reichspolitik weitgehend aus.

Anno nutzte seine Machtstellung auch zur Förderung der eigenen Verwandtschaft aus. So setzte er seinen Neffen als Bischof von Halberstadt, seinen Bruder als Erzbischof von Magdeburg durch. Einen weiteren Neffen ließ er gegen den heftigen Widerstand von Domkapitel und Stadt Trier zum dortigen Erzbischof erheben, doch wurde dieser noch vor Amtsantritt ermordet. Den bischöflichen Machtbereich rund um Köln weitete Anno durch einen erbitterten Machtkampf mit den letzten Ezzonen aus, die er besiegte. Anstelle von deren Burg errichtete er die Benediktinerabtei Siegburg, die sich zu einem Reformzentrum entwickelte. Die Leiche der Ezzonin Richeza, verwitwete Königin von Polen, die in ihre Heimat zurückgekehrt war, bestattete er entgegen ihrem Wunsch nicht in ihrem Familienkloster Brauweiler, sondern in Köln, um sich ihr Erbe zu sichern. Vier weitere Stifte und Klöster rief Anno in den nächsten Jahren noch ins Leben. Um sie mit Reliquien ausstatten zu können, griff er auf seinen politischen Reisen manchmal zu recht unfrommen Mitteln. So bestach er z. B. im berühmten Heiligtum des hl. Mauritius und seiner Gefährten im Wallis den Wächter, um nachts alleine in der Kirche bleiben zu können. Doch betete er nicht, sondern stahl wertvolle Heiligengebeine.

In Köln machte sich der Erzbischof und Stadtherr durch sein selbstherrliches Auftreten und seine rücksichtslose Art immer unbeliebter. Die Situation eskalierte 1074, als Anno einfach ein Schiff eines Kölner Fernhändlers beschlagnahmen ließ, um seinem Amtsbruder aus Münster eine bequemere Heimreise zu ermöglichen. Es kam erstmals zu einem Aufstand der Bürger, die den Dombereich stürmten. Anno gelang in letzter Minute die Flucht durch einen Geheimgang. Nach drei Tagen kehrte er mit Truppen zurück, schlug den Aufstand nieder und bestrafte die Anführer grausam. Kurz vor seinem Tod im folgenden Jahr verzieh er den Kölnern. Zur Stärkung für seine letzte Reise ließ er alle großen Reliqienschreine der Kölner Kirchen in den Dom bringen, damit ihm die Heiligen bei seinem Tod beistehen sollten.

rechts Dank seiner Neudatierung in die Jahre zwischen 1125/30 und 1181, die erst 1979 gelang, gilt der Wormser Dom als prägender Bau der Spätromanik im Südwesten Deutschlands und im Elsass. Höhepunkt ist der völlig einzigartige Westchor.

links Bischof Bernward ließ um 1000 die berühmten Bronzetüren gießen, die sich heute im Westbau des Hildesheimer Domes befinden. Aus den reich mit Reliefs verzierten massiven Türflügeln ragen sehr expressiv die Köpfe hervor.

Seine Bestattung hatte er noch wie einen geistlichen Triumphzug geplant. Acht Tage lang wurde seine Leiche durch Köln geführt und in den bedeutendsten Kirchen aufgebahrt, bevor sie ein Schiff in seine Gründung Siegburg brachte. Dort fand er als Stifter vor dem Chor sein Grab. Wunder geschahen und wurden aufgezeichnet, die Wallfahrer zu seinem Grab mehrten sich, bis schließlich die Mönche 1183 seine offizielle Heiligsprechung erreichten. So wurde der passionierte Sammler heiliger Knochen selbst zur Reliquie. Seine Gebeine wurden damals in einen der prachtvollsten Schreine des Mittelalters umgebettet, der sich mit Ausnahme der Figuren bis heute in der von Benediktinern wiederbesiedelten Siegburger Abtei erhalten hat.

Abbild der Himmelsstadt

Die Bedeutung der Reichsbischöfe als zentrale Stützen kaiserlicher Macht zeigt sich am deutlichsten in den gewaltigen romanischen Kathedralen, die vom 10.–12. Jh. in allen Bischofsstädten empor wuchsen. Im Vergleich zu ihren doch recht kleinen Vorgängerbauten nahmen sie nun riesige Dimensionen an. Erstmals seit der Römerzeit entstanden in Deutschland wieder Monumentalbauten inmitten neu aufblühender Städte. Gerade die bedeutendsten Reichsbischöfe betätigten sich auch als Bauherren, da sie ihre doppelte Verpflichtung sowohl gegenüber ihrer Diözese als auch dem Kaiser sehr ernst nahmen. Zudem konnte man sich so zusätzliches Prestige erwerben und das Seelenheil sichern. Nicht allein der Dombau, der meist zwei bis drei Generationen dauerte, wurde von den Bischöfen betrieben. Die Diözesanhauptstadt wurde zusätzlich mit Neugründungen von Stiften und Klöstern bereichert. In Städten wie z. B. Bamberg, Paderborn und Konstanz wurden sie sogar kreuzförmig um die Kathedrale angeordnet als unübersehbarer Hinweis auf die Endbestimmung allen Erdenlebens.

Leider sind die meisten Dome der Ottonen- und Salierzeit, allen voran die nach ihren bischöflichen Bauherren benannten Kirchen Willigis-Dom in Mainz, Burchard-Dom in Worms sowie das Wernher-Münster in Straßburg, im 12. und 13. Jh. neu errichtet worden und daher nur noch archäologisch in ihren Dimensionen und Bauformen fassbar. Dank seiner unübertroffenen Länge und Höhe sowie dem architektonischen Gesamtsystem nimmt hier der Speyerer Dom eine absolute Spitzenposition ein. Darüber hinaus wagten die Baumeister in Speyer erstmals, alle Bauteile einzuwölben. Allerdings geht der 1025/30 bis nach 1106 errichtete Dombau allein auf die Initiative der neuen salischen Herrscherdynastie zurück. Bei den anderen großen Dombauten beteiligten sich die Herrscher zwar immer wieder mit Geld- und Besitzzuweisungen, doch waren hier die Reichsbischöfe zusammen mit ihren Domkapiteln die eigentlichen Bauträger. Die gotischen Kathedralen, die ab dem 13. Jh. nach französischem Vorbild vereinzelt in Deutsch-

links Erfurts Altstadt, die größte Ostdeutschlands, wird überragt von der Doppelkirchenanlage aus Dom und St. Severi. Besonders beeindruckend ist der 1349–1372 erbaute gotische Domchor, der sich dank aufwendiger Substruktionen weit in den Domplatz vorschiebt und so noch gewaltiger wirkt. Eine breite Freitreppe führt zum Hauptportal, das von einer dreieckigen Vorhalle geschützt wird.

unten Der 1021 verstorbene Reichsbischof Heribert von Köln wurde schon bald als Heiliger verehrt. Die Mönche der von ihm gegründeten Benediktinerabtei in Köln-Deutz gaben in der zweiten Hälfte des 12. Jh. den bis heute erhaltenen Schrein in Auftrag, der dank seines reichen Emailschmucks zu den besterhaltenen und schönsten Reliquienschreinen der Romanik zählt (heute in Neu-St. Heribert).

land entstanden, wie die Dome von Köln, Straßburg, Magdeburg, Halberstadt und Regensburg, waren nun Werke der Domkapitel sowie der reichen Patrizier in den jeweiligen Städten. Die überragende Rolle der Bischöfe als Bauherren wie als Reichspolitiker hatte sich überlebt.

Die Reichsbischöfe sorgten sich nicht nur um einen möglichst würdigen Neubau ihrer Kathedralkirche, sie kümmerten sich auch um eine reichhaltige Ausstattung. Der Dom als Mutterkirche des Bistums sollte Abbild der Himmelsstadt sein, wie sie in der Apokalypse des Johannes geschildert ist. Kostbare Bronzetore wie z. B. in Mainz und Hildesheim verschlossen das Hauptportal. Maler schmückten die Wände und Decken mit Fresken der Heilsgeschichte, wie es am vollständigsten noch in der Oberzeller Kirche des 10. Jh. auf der Reichenau zu sehen ist. Auch Flachdecken verzierte man mit aufwendiger Malerei, doch blieb allein in der Hildesheimer Abteikirche St. Michael eine solche erhalten. In den Fenstern leuchteten Heilige und Propheten wie im Glanz von Edelsteinen auf. Die ältesten erhaltenen mittelalterlichen Glasmalereien finden sich im Augsburger Dom. Die Fußböden schmückten Mosaike und Mar-

Die Reichsbischöfe

morböden, wobei römische Ruinen gerne zur Materialbeschaffung ausgeschlachtet wurden. Reliquien der Märtyrer und Heiligen wurden in reich mit Gold und kostbaren Steinen geschmückten Schreinen innerhalb der Kirche aufbewahrt. Ähnlich kostbar waren Leuchter und liturgische Gefäße gestaltet. Als Symbol der Himmelsstadt hingen riesige Radleuchter mit Engels- und Heiligengestalten inmitten der Kirche. Die Altäre wurden mit vergoldeten Metalltafeln geschmückt. Im Aachener Münster und der Abteikirche in Großcomburg finden sich allein noch solche prachtvollen Ensembles aus Altarverkleidung und Radleuchter. Gerade bei der Ausstattung mit Metallgegenständen konnte sich der König gegenüber seinen treuesten Beamten erkenntlich zeigen und sich selbst als besonders fromm präsentieren. Doch leider dienten die Kirchenschätze in Notzeiten immer wieder als letzte Reserve, aber auch ein Geschmackswandel konnte dazu führen, dass liturgisches Gerät eingeschmolzen und modern aus dem Altmetall gearbeitet wurde. Schließlich waren auch die Pontifikalgewänder des Bischofs, in denen er die Messe feierte und offiziell auftrat, sehr kostbar aus feinen Seidenstoffen gearbeitet. Ring, Stab und Mitra wurden reich mit Gold und Edelsteinen verziert. Bischofsgewänder der Ottonen- und Salierzeit haben die Jahrhunderte dank der Sitte überdauert, die Oberhirten in ihren Amtsgewändern zu bestatten. Am besten blieben allerdings jene Stücke erhalten, die als Berührungsreliquien sorgfältig aufbewahrt wurden, da man ihren Träger als Heiligen verehrte, wie z. B. bei den Bischöfen Heribert und Anno von Köln.

Im Laufe des Mittelalters füllten sich die Kathedralen mit immer aufwendigeren Grabmälern der Bischöfe. Aus den schlichten Grabplatten der Romanik wurden ab dem 13. Jh. repräsentative Hochgräber, auf denen der Verstorbene vollplastisch in Pontifikalgewändern und mit den Zeichen seiner Würde, Ring und Stab, dargestellt wurde. In ihrem Aufwand orientierten sich die Grablegen unmittelbar am Vorbild hochadeliger Landesfürsten, denen die Bischöfe ranggleich waren. Die umfangreichsten Ensembles mittelalterlicher Bischofsgrabmäler haben sich in Deutschland in Köln und Mainz erhalten. Ließ sich ein Bischof einmal nicht in seinem Dom bestatten, hatte dies immer besondere Gründe. In Sorge um das eigene Seelenheil betätigten sich nicht wenige als Klostergründer, da hier ein möglichst großer Konvent exklusiv für sie am Grab betete. Den oft verweltlichten Domkapiteln misstraute man in dieser Hinsicht, zumal man dort auch nur ein hochrangiger Verstorbener unter vielen war. Einige Bischöfe mussten sich allerdings unfreiwillig außerhalb ihrer Diözesanhauptstadt begraben lassen, da sie aufgrund politischer Konflikte mit Papst, Kaiser oder den eigenen Bürgern nicht einmal nach ihrem Tod zurückkehren durften.

Die Dome standen im Mittelalter nicht wie heute frei und denkmalhaft durch Plätze und Grünanlagen isoliert. Bis weit ins 19. Jh. hinein waren sie Teil eines ganzen Kirchen- und Gebäudeensembles inmitten der vom Rest der Stadt durch Mauern und Tore abgetrennten Domimmunität. Wichtigstes Gebäude nach dem Dom war die Bischofspfalz, die im Hochmittelalter dem Oberhirten, aber auch dem durchreisenden König als Wohnung diente. Errichtet wurden diese Pfalzen nach dem Vorbild der romanischen Königspfalzen und waren entsprechend aufwendig angelegt sowie mit einem großen Saal versehen. Den meisten Raum innerhalb der Domimmunität beanspruchten die Domherren. Sie lebten in einem Stift bei der Kathedrale, in deren Innern sie ihre Chorgebete abhielten. Ursprünglich waren sie in Gemeinschaftsräumen untergebracht, die durch einen Kreuzgang untereinander und mit dem Dom verbunden waren. Später errichteten sie sich innerhalb der Immunität einzelne Palais, in denen sie umsorgt von ihrer Dienerschaft wohnten. Über den Dombezirk verteilt erhob sich eine Vielzahl an Kirchen und Kapellen unterschiedlichster Funktion und Entstehungszeit. Meist gab es eine eigene Dompfarrkirche für die nichtgeistlichen Bewohner der Domimmunität. Aufgrund der christlichen Grundpflicht zur Barmherzigkeit unterhielten Bischof und Domkapitel ein Hospital.

Einen guten Eindruck vom Umfang und der Vielgestaltigkeit eines mittelalterlichen Dombezirkes erhält man in Bamberg, Regensburg, Eichstätt und Magdeburg. Rund um die stadtbeherrschende Kathedrale drängen sich hier die verschiedenen Kapellen und Gebäude der Domimmunität.

rechts Machtvoll beherrscht der gotische Dom die Regensburger Altstadt, seit kurzem UNESCO-Weltkulturerbe. Im Vordergrund die romanische steinerne Brücke, eine technische Meisterleistung des 12. Jh.

Die Reichsbischöfe

Erlebnis KATHEDRALEN

Mainzer Dom

Der Dom, Sitz des Erzbischofs, Kurfürsten und Primas der deutschen Kirche, präsentiert sich inmitten der kleinteiligen Altstadt besonders eindrucksvoll. Im Gegensatz zu den beiden anderen Kaiserdomen Speyer und Worms hat er wichtige Teile des Dombezirkes erhalten. So bewahrt die westlich gelegene Johanneskirche größere Reste des um 900 errichteten alten Domes. Vom nördlichen Querhaus des heutigen Domes ist die 1137 geweihte Godehardkapelle zugänglich, einst Kapelle der bischöflichen Pfalz und und einer der ältesten erhaltenen Doppelkapellen. Auf der Südseite erstreckt sich der doppelgeschossige spätgotische Kreuzgang, von wo aus das Dom- und Diözesanmuseum in den mittelalterlichen Räumen des Domkapitels zugänglich ist. Zu den bedeutendsten Werken, die hier ausgestellt sind, gehören die Fragmente des frühgotischen Westlettners, geschaffen vom Naumburger Meister.

Der heutige Dom wurde kurz nach 1100 unter Förderung Kaiser Heinrichs IV. begonnen, war aber nach längerer Bauunterbrechung wohl erst bei der Weihe 1239 vollendet. Nach dem Vorbild von Alt-St. Peter in Rom liegt der Hauptchor im Westen und wurde entsprechend aufwendig gestaltet. An kostbaren Ausstattungsstücken blieb das um 1000 gegossene Bronzeportal Erzbischof Willigis, das aus dem Vorgängerbau übernommen wurde, und vor allem die Fülle an mittelalterlichen Grabmälern der Erzbischöfe erhalten. Heute an den Pfeilern des Langhauses aufgestellt zeigen sie Macht und Anspruch der Kirchenfürsten wie in einem steinernen Geschichtsbuch.

Dom- und Diözesanmuseum geöffnet von Dienstag bis Sonntag: 10 –17 Uhr, Montags und an kirchlichen Feiertagen geschlossen
www.bistummainz.de
www.dommuseum-mainz.de

Wormser Dom

Der 1125-1190 errichtete Dom ist wohl das schönste und außergewöhnlichste Zeugnis spätromanischer Architektur. Worms gehörte unter den Saliern und vor allem den Staufern zu den politischen Zentren des Reiches. Nach der Zerstörung der mittelalterlichen Stadt 1689 durch die Truppen Ludwigs XIV. von Frankreich erinnert allein noch der Dom an diese einstige Blütezeit. Er ersetzt den nur einhundert Jahre lang bestehenden Bau des bedeutenden salischen Reichsbischofs Burchard, der als nicht mehr angemessen angesehen wurde. Während die Ostteile das Vorbild des gerade vollendeten Speyerer Domes variieren, ist der Westchor innerhalb der deutschen Romanik einzigartig. Insgesamt zeichnet sich der Wormser Dom durch eine kraftvolle, höchst plastische Architektursprache aus. Bis zum Abbruch im frühen 19. Jh. erhob sich vor seiner Südseite der spätromanische Zentralbau der Dompfarrkirche St. Johannes, errichtet von der Bauhütte des Westchores und ähnlich eindrucksvoll. Seitlich lagen um den Kreuzgang die Gebäude des Domkapitels, während sich auf der Nordseite an den Dom die Bischofspfalz mit eigener Kapelle anschloss. Ein Modell im Querhaus des Doms veranschaulicht die mittelalterliche Gestalt dieser geistlichen Stadt in der Stadt.

Tagsüber geöffnet von Apr. bis Okt.: 9 – 18 Uhr, Nov. bis März: 9 – 17 Uhr
www.wormser-dom.de
www.worms.de

Bamberger Dom

Das Weltkulturerbe Bamberg ist ein Musterbeispiel einer geistlich geprägten Residenzstadt. Wenn auch das Stadtbild barock überformt wurde, so blieb mit dem Dom einer der bedeutendsten Sakralbauten der Stauferzeit unverfälscht erhalten. Der letzte Herrscher aus ottonischem Haus, Kaiser Heinrich II., stiftete 1007 zusammen mit seiner Gattin Kunigunde das Bistum Bamberg und ließ auf einem der sieben Hügel der Stadt einen Dom samt benachbarter Pfalz errichten. 1146 wurde Heinrich, 1200 Kunigunde heilig gesprochen, wodurch der Dom zu einem bedeutenden Wallfahrtsort wurde. Unter dem politisch ehrgei-

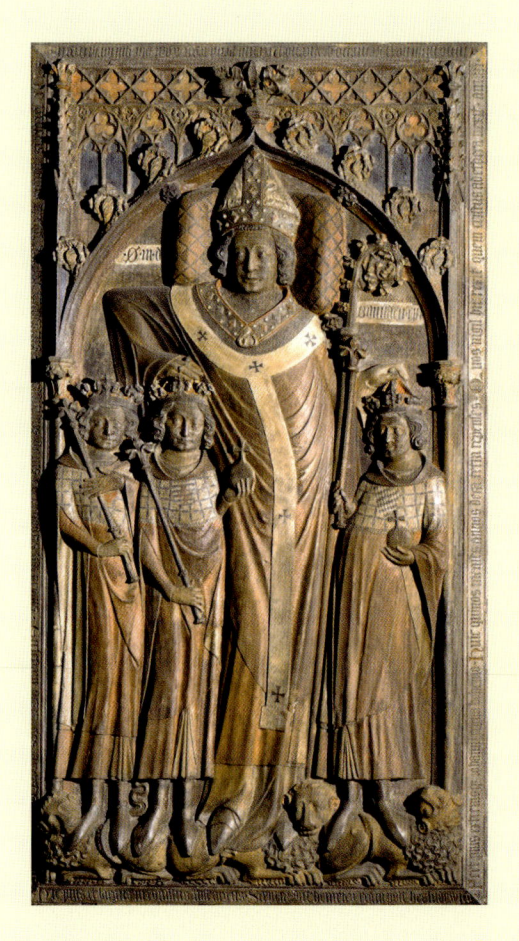

---

rechts Peter von Aspelt (gest. 1320) ist auf seinem Grabmal im Mainzer Dom als Königsmacher dargestellt, wie er seine drei Kandidaten krönt. Als politisches Denkmal war es ein Affront gegen das traditionelle Krönungsrecht des Kölner Erzbischofs.

oben rechts Mitte des 12. Jh. entstand als Mausoleum eines Bischofs die Allerheiligenkapelle im Kreuzgang des Regensburger Doms.

zigen und mächtigen Bischof Ekbert von Andechs-Meranien entstand bis zur Weihe 1237 im frühen 13. Jh. ein doppelchöriger Neubau. Der zur Stadt gewandte Georgschor zeigt die ganze Pracht der Spätromanik, während der Hauptchor im Westen in engem Zusammenhang mit der nahen Zisterzienserabteikirche Ebrach in frühgotischen Formen errichtet wurde. Die Türme folgen dem Vorbild der Kathedrale von Laon in Nordfrankreich. Hervorragend ist der Portalschmuck, allen voran das Fürstenportal mit seinem beeindruckenden Weltgericht. Dessen Bildhauer kamen aus Nordfrankreich und schufen auch im Innern des Domes hervorragende Figuren wie den berühmten Bamberger Reiter. Bedeutendstes Zeugnis des Heinrich- und Kunigunde-Kultes ist deren spätgotisches Hochgrab, geschaffen von Tilman Riemenschneider. In der reichhaltigen Schatzkammer wird der prachtvolle Sternenmantel Heinrichs II. verwahrt, eines der schönsten Gewänder des Mittelalters. Kurien und Kreuzgang der Domherren sowie die Alte Hofhaltung mit den Resten der Kaiserpfalz runden das geschlossene mittelalterliche Gesamtbild ab.

Dom geöffnet von Apr. bis Okt. 8–18 Uhr, von Nov. bis März: 8–17 Uhr
www.kulturpfad-franken.de

Dom und Dombezirk Regensburg

Hier hat sich nicht nur das eindrucksvollste Gefüge einer mittelalterlichen Großstadt erhalten, sondern auch das vollständigste Ensemble eines mittelalterlichen Dombezirks. Rund um den im späten 13. Jh. begonnenen gotischen Neubau, der mit seinen Glasfenstern und Baldachinen hochrangige Zeugnisse einer mittelalterlichen Kirchenausstattung birgt, erheben sich Gebäude vielfältigster Nutzung. Unmittelbar hinter dem Ostchor ragt die Dompfarrkirche St. Ulrich auf, deren ungewöhnliche Form nordfranzösische Vorbilder verarbeitet. Zwischen ihr und dem Domkreuzgang lag einst ein Friedhof, an den noch die gotische Totenlaterne erinnert. Da der Domneubau etwas nach Westen versetzt wurde, liegt der romanische Kreuzgang etwas abgetrennt von ihm. Er ist durch die Mittelhalle, der Begräbnisstätte der Domherren, in zwei Teile aufgeteilt. Auch ihr Kapitelsaal blieb erhalten. Zwei außergewöhnliche romanische Sakralbauten, die Allerheiligenkapelle in Form eines Zentralbaus mit wertvollen Resten der Ausmalung und die Stephanskapelle mit einem wohl noch karolingischen Altar, der vielleicht noch aus dem Alten Dom stammt, sind äußerst sehenswert. Nördlich des Domes erhebt sich die Bischofspfalz, die das Nordtor des römischen Legionslagers mit einbezog, das dadurch erhalten blieb. Unmittelbar vor der Westfassade des Domes erhebt sich die barock überformte Stiftskirche St. Johann, die aus der romanischen Taufkirche des Dombezirks hervorging. Vor der Westfassade liegt noch in seinen mittelalterlichen Abmessungen der Domplatz, der teilweise von gotischen Patrizierhäusern und -türmen umstanden wird.

Dom St. Peter geöffnet von Apr. bis Okt.: 6.30–18 Uhr, von Nov. bis März 6.30–17 Uhr
www.regensburg.de

Erlebnistipp: **Hildesheim**

Trotz schwerer Zerstörungen in den letzten Wochen des Zweiten Weltkriegs kann Hildesheim als Musterbeispiel einer mittelalterlichen Bischofsstadt gelten. Da die kostbare Ausstattung von Dom und St. Michael ausgelagert war, blieben zudem einzigartige Kunstwerke der Romanik erhalten. Der in romanischen Formen wieder aufgebaute Dom birgt im Westportal das im Auftrag des ottonischen Reichsbischofs Bernward 1015 geschaffene Bronzeportal. Bernward gab auch den Auftrag für die heute nach ihm genannte Säule im Querhaus, die in dessen Todesjahr aufgestellt werden konnte. Nach dem Vorbild der Trajanssäule entstand eine Siegessäule Christi, bei der die einzelnen Stationen des Lebensweges Jesu spiralförmig angeordnet sind. Ein späterer, aber gleichrangiger Nachfolger dieser einzigartigen Bronzewerke ist das um 1225 entstandene Taufbecken, das ebenfalls mit zahlreichen Reliefs geschmückt ist. Der Hildesheimer Dom besitzt außerdem noch zwei der einst im Mittelalter in den großen Kirchen beliebten Radleuchter, Abbild der Himmelsstadt. Nur noch im Aachener Münster und auf der Großcomburg sind weitere Beispiele erhalten. Im Hochaltar und in der Krypta befinden sich zwei romanische Reliquienschreine, während die übrigen kostbaren liturgischen Geräte im Domschatz gezeigt werden. An das Querhaus schließt sich der doppelgeschossige romanische Kreuzgang an, der die Apsis mit dem tausendjährigen Rosenstock umfasst.

Bischof Bernward legte 1007 den Grundstein zur Kirche der Benediktinerabtei St. Michael, die 1033 vollendet war. Sie ist eines der prägenden Bauwerke deutscher Romanik. Wohl erstmals wurden im Mittelschiff der sächsische Stützenwechsel und das Würfelkapitell verwendet. Im späten 12. Jh. wurde die Kirche mit prächtig verzierten Kapitellen erneuert. Damals entstanden mit den Stuckreliefs der Chorschranken und des südlichen Seitenschiffes Höhepunkte sächsischer Bildhauerkunst. Das Mittelschiff wird von der einzigen in Deutschland erhaltenen bemalten Holzdecke des Mittelalters abgeschlossen.

Dom geöffnet von 1.Apr. bis 31.Okt.: Montag bis Samstag 9.30–17 Uhr; Sonntag 12–17 Uhr, von 1.Nov. bis 31.März: Montag bis Samstag 10–16.30 Uhr; Sonntag 12–17 Uhr
www.hildesheim.de
www.st-michaelis-hildesheim.de

Erlebnis **KATHEDRALEN**

Die Reichsbischöfe

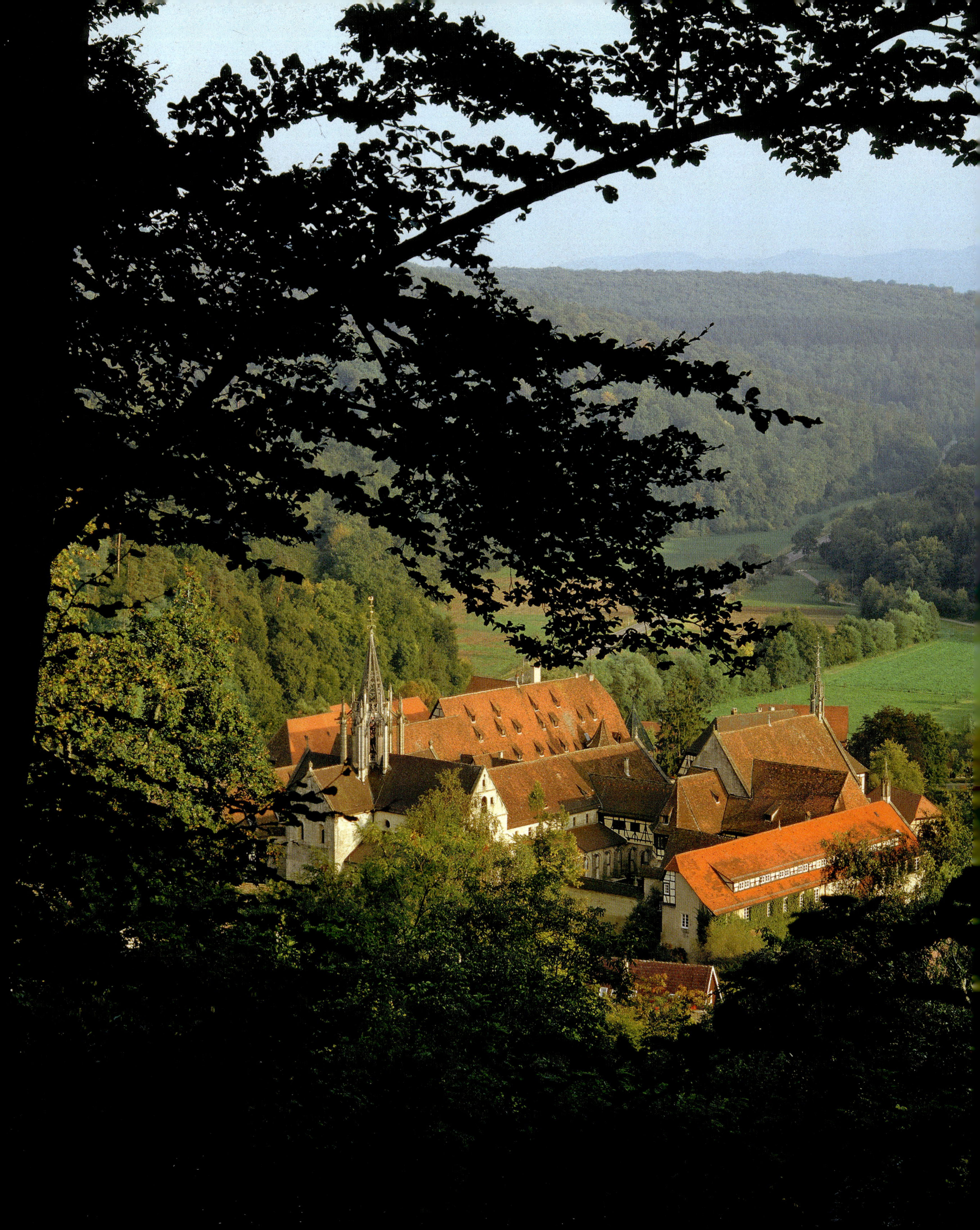

Die Klöster

Der Welt gestorben?

Das mittelalterliche Deutschland war durchsetzt mit Hunderten von Männer- und noch mehr Frauenklöstern. Entstanden durch mehr oder weniger frommen Stifterwillen, entwickelten sie sich zu erstrangigen Wirtschafts-, Kult-, Kunst- und Kulturzentren. Anfänglich waren sie für viele Gläubige sichere Zufluchtsorte vor der sündhaften Welt, wurden aber zunehmend zu Versorgungsanstalten hauptsächlich des Adels. Noch heute faszinieren ihre romantischen Ruinen, stillen Kreuzgänge und feierlich-ernsten Kirchen.

links Die ehemalige Zisterzienserabtei Bebenhausen bei Tübingen bietet mit dem kathedralhaften Vierungsturm ein wahres Kabinettstück deutscher Gotik. Im 20. Jh. zog sich hierhin das abgesetzte letzte Königspaar von Württemberg zurück und nach dem Zweiten Weltkrieg tagte hier zunächst der Landtag von Württemberg-Hohenzollern.

Aussteiger um Christi Willen

Wer die Lehren von Jesus, etwa in Bezug auf Reichtum, wirklich ernst nahm, musste schnell erkennen, dass in einem normalen Leben überall die Fallgruben der Sünde lauerten. Eine radikale Abkehr durch konkrete Ausrichtung am Leben Christi und seiner Apostel erschien Vielen als einzige Rettung, um das Ewige Leben zu erlangen. Diese Entwicklung lässt sich schon im 4. Jh. in Ägypten erkennen. Zahlreiche Menschen gaben alles auf, um fernab der Siedlungen als Einsiedler in der Wüste ganz Gott zu dienen und alle menschlichen Bedürfnisse durch Askese abzutöten. Rund um die Führungspersönlichkeit des hl. Antonius des Einsiedlers (gest. 356) bildeten sich große Eremitenkolonien. So konnten sich die Einzelnen gegenseitig moralisch stützen, aber auch den Verkauf handwerklicher Produkte zur Sicherung des minimalen Lebensunterhalts besser organisieren.

Gleichzeitig entstanden unter dem hl. Pachomius (gest. 346) schon die Vorläufer der Klöster. Als ehemaliger römischer Offizier organisierte er das religiöse Gemeinschaftsleben nach straffem militärischen Vorbild in kasernenartigen Bauten, umgeben von einer Mauer. Geleitet wurde die Mönchsgemeinde von einem Abt. Handarbeit war neben Gebeten für alle Pflicht. Was erwirtschaftet wurde, gehörte nicht dem Einzelnen, sondern der Gemeinschaft. Damit folgte man dem Vorbild der Jerusalemer Urgemeinde. Pachomius gründete wohl auch die ersten Nonnenklöster und gab damit erstmals Frauen die Möglichkeit, außerhalb von Ehe und Familie ein abgesichertes religiöses Leben zu führen.

Der hl. Augustinus (354–430), der sich nach längerem Lotterleben durch die unablässigen Ermahnungen seiner Mutter bekehrt hatte, gründete als Bischof im nordafrikanischen Hippo erstmals ein Kloster nur für Kleriker. Seine Regel, die er ihnen gab, sollte im Mittelalter große Bedeutung erhalten. Darin sind neben der Forderung nach persönlicher Armut, sexueller Enthaltsamkeit und Gemeinschaftsleben nun auch feste Gebetszeiten vorgegeben. Der regelmäßige Wechsel von Gebet und Arbeit wurde von nun an Leitgedanke des abendländischen Mönchtums.

In Europa wurde der neuartige Kloster-Gedanke wohl zuerst um 400 in Italien und Südfrankreich vereinzelt verwirklicht. Eine zentrale Gestalt war hier der hl. Martin von Tours (316–397), der vor seiner Bekehrung römischer Offizier war. Seine Mantelteilung mit dem frierenden Bettler, der Christus selber war, gehört zu den eindrucksvollsten Bildern christlicher Nächstenliebe. Als Klostergründer gab der Bischof seinen Mönchen einen missionarischen Auftrag mit, den auch die irischen und angelsächsischen Mönche und Nonnen besaßen. Letztere wirkten ab dem 6. Jh. verstärkt im Merowinger- und Frankenreich und damit im Gebiet des heutigen Deutschland.

Richtig in Schwung kam der Kloster-Gedanke bei uns allerdings erst ab dem frühen 8. Jh. Die Karolinger und ihre Vorfahren erkannten die vielfältigen Möglichkeiten, die eine Klostergründung oder deren Förderung bot. Denn Klöster waren ideale Missionsstützpunkte und Ausbildungsstätten sowie politisch verlässliche Partner im Zuge der Herrschaftsfestigung und -erweiterung. Auch die großen Stammesherzöge wussten dies zu nutzen. Der Sohn Karls des Großen, Ludwig der Fromme, verhalf schließlich der Benediktsregel zum Siegeszug in Deutschland. Auf der Aachener Synode 816/17 setzte er deren allgemeine Verbindlichkeit durch, um zu verhindern, dass jedes Kloster seine eigenen und damit recht unterschiedlichen Lebensgewohnheiten entwickelte.

Die Benediktsregel war vom hl. Benedikt von Nursia (um 480–547) für seine Mönchsgemeinschaft auf dem Monte Cassino verfasst worden. Seine Schwester Scholastika leitete einen Nonnenkonvent, so dass der Orden von vornherein beide Zweige in sich vereinte. Die um 530 entstandene Regel formuliert in 73 Kapiteln allgemein gehaltene Grundsätze des religiösen Gemeinschaftslebens. Ihr Erfolg bestand darin, dass sie nicht alles bis ins kleinste Detail regelte, sondern zur eigenständigen Anpassung an die klimatisch und landschaftlich recht unterschiedlichen Klosterorte aufforderte. Benedikt milderte die zuvor geforderte asketische Strenge auf ein menschliches Maß und forderte zur Rücksichtnahme auf die doch recht verschiedenen Möglichkeiten des Einzelnen auf. Der Stellung des Abtes kam bei ihm eine Schlüsselfunktion zu, da dieser wie ein weiser und gütiger Vater allen gerecht werden sollte. Benedikt, der viele Passagen aus einer anderen Regel übernahm, führte als stabilisierenden Faktor die Ortsbeständigkeit ein, um zu verhindern, dass unzufriedene Mönche von Kloster zu Kloster wechselten, bis sie ein ihnen genehmes gefunden hatten. Der Welterfolg der Regel ist einem seiner Schüler, Papst Gregor dem Großen, zu verdanken. Er verfasste Ende des 6. Jh. eine Lebensbeschreibung Benedikts und rückte ihn und sein Werk damit in den damaligen Mittelpunkt der christlichen Welt.

Für immer ausgesorgt – die Stifte

Wohl im 6. und 7. Jh. entstanden an zahlreichen Heiligengräbern Klerikergemeinschaften unter einem Abt. Auch an den Bischofskirchen bildeten die Geistlichen eine Gemeinschaft. Doch entwickelte sich aus ihnen keine klösterliche Lebensform, sondern Stifte. Bis zur Säkularisation 1803 bildeten sie, wenn auch rein zahlenmäßig in einem deutlich geringeren Umfang, die zweite wichtige Säule religiösen Gemeinschaftslebens. Klöster wie Stifte hatten die Verpflichtung zur Abhaltung des Stundengebetes. Im Unterschied zu den Mönchen legten die Stiftsherren (Kanoniker) aber keine ewigen Gelübde ab. Sie mussten sich beim Eintritt nur zur Einhaltung der jeweiligen Statuten des Stiftes verpflichten, dem Vorsteher (Propst) gehorchen und keusch leben. Im großen Unterschied zu den Mönchen lebten die Stiftsherren nicht in persönlicher Armut, sondern erhielten einen beträchtlichen Anteil am Stiftsvermögen (Pfründe) zur lebenslangen, persönlichen Verwendung.

Im Laufe der Jahrhunderte verkamen die Stifte allerdings zu reinen Versorgungsanstalten nachgeborener Söhne des Adels. Die Familien kungelten heftig, um einen der begehrten Plätze zu erhalten. Teilweise konnten auch Kaiser und Papst ihre Günstlinge hier versorgen. Aufgrund seiner bedeutenden Einkünfte war das Amt des Propstes natürlich besonders begehrt. Ab dem hohen Mittelalter hielten sich die Pröpste fast nie in ihrem Stift auf, da ihnen wichtige kirchliche und politische Funktionen am Hof der Bischöfe und Erzbischöfe übertragen wurden. Im Spätmittelalter verkam das Amt des Propstes zu einer einträglichen Würde, die Erzbischöfe, Kaiser und Papst an ihre Günstlinge verteilten. Daher übernahm in den meisten Stiften der Dechant (Dekan) die eigentliche Leitung. In Universitätsstädten wurden Professorenstellen dadurch finanziert, dass hierfür einige Pfründe von den Stiften bereitgehalten werden mussten.

Die allerwenigsten Stiftsherren machten sich noch die Mühe, Theologie zu studieren und sich zum Pries-

rechts Vor den Toren Kölns erheben sich die Gebäude der ehemaligen Benediktinerabtei Brauweiler, einer Stiftung der lothringischen Pfalzgrafen der Ezzonen. Die im 12. Jh. neu errichtete Klosterkirche war dank bedeutender Reliquien einst ein viel besuchtes Wallfahrtsziel.

ter weihen zu lassen. Die meisten besaßen gerade einmal die Subdiakonsweihe. Um aber die ständig steigenden Messverpflichtungen erfüllen zu können, stellte das Stift Vikare an. Diese waren Priester und mussten für ein meist sehr geringes Gehalt die ganze Arbeit erledigen. Die Stiftsherren gaben zunehmend das Gemeinschaftsleben auf und errichteten sich rund um die Stiftskirche Privatwohnungen (Kurien), wo sie von Dienstpersonal umsorgt wurden. Oft wurden die schon recht großzügigen Urlaubsmöglichkeiten ungefragt ausgedehnt. Auch kam es zu Ämterkumulationen, d. h. ein Stiftsherr hatte von seiner Familie gleich mehrere Pfründe in verschiedenen Stiften zugeschanzt bekommen. Dort tauchte er nie auf, ließ sich aber penibel die ihm zustehenden Einkünfte nachsenden. Um das gemeinsame Stundengebet nicht allein mit den Vikaren zu bestreiten, gaben Stifte zusätzlich Präsenzgelder aus, die die Stiftsherren motivieren sollten, doch öfter wieder einmal in der Kirche zu erscheinen. Stiftsherren unterschieden sich auch äußerlich gravierend von den Mönchen. Sie trugen anstelle einfacher Kutten teure, weiße Chorhemden sowie Überwürfe aus Samt und Pelz. Ihren Kopf zierte ein schwarzer Hut, Birett genannt.

Vielfalt der Orden

Mit dem Zerfall des Karolingerreiches und den Plünderungszügen der Normannen und Ungarn gerieten die meisten Klöster im 9. und 10. Jh. in eine schwere Krise. Einen enormen Schub an Klosterneugründungen und -erneuerungen brachte erst die Reformbewegung von Cluny. Das 910 in Burgund gegründete Kloster hatte sich als erstes überhaupt von jeder weltlichen und bischöflichen Herrschaft befreit, da deren dauernde Einmischung mit zur allgemeinen Klosterkrise beigetragen hatte. Mit einer äußerst umfangreichen, prachtvollen Liturgie, die den Lobgesang der Engel im Himmel nachbilden sollte, sowie einem ausführlichen Totengedächtnis wurde Cluny für viele weltliche Adelige attraktiv, die dem Kloster ihre Gründungen übertrugen. Die besonderen Lebensgewohnheiten, die dort rund um die Benediktsregel entwickelt wurden, waren äußerst ausführlich gefasst, da jede Abweichung die Reform aufgeweicht hätte. Über Hirsau, das sich für ein halbes Jahrhundert selbst zum Reformzentrum entwickelte, fanden sie im späten 11. Jh. Eingang nach Deutschland. Gorze, St. Blasien und Siegburg waren weitere Zentren der Klosterreform des 11. Jh. Sie geriet zudem in das Spannungsfeld des Investiturstreits zwischen Kaiser und Papst.

Im späten 11. Jh. stießen Verweltlichung, Prachtentfaltung und politischer Einfluss Clunys viele religiös suchende Menschen immer mehr ab. Als Gegenbewegung entstanden zahlreiche Erneuerungsversuche mönchischen Lebens. Am erfolgreichsten entwickelte sich der Zisterzienserorden, der sich die Rückführung der Benediktsregel auf ihre ursprüngliche Form zum Programm gemacht hatte. 1098 im burgundischen Cîteaux (deutsch: Zisterz, daher Zisterzienser genannt) gegründet, verbreitete er sich bis zur Mitte des 12. Jh. mit Hunderten von Gründungen über ganz Europa. Zum raschen Erfolg trug maßgeblich der hl. Bernhard von Clairvaux bei (1090–1153), der sich selbstkritisch als Mischwesen des Jahrhunderts bezeichnete. Denn obwohl Mönch und damit zur Ortsbeständigkeit in seinem Kloster verpflichtet,

Die Klöster 61

reiste er rastlos predigend und mahnend durch Klöster, Städte und Fürstenhöfe, um für die Erneuerung des Mönchtums zu werben. Doch auch als Kreuzzugsprediger und Diplomat machte er Karriere. Ein jährliches Generalkapitel mit bindenden Beschlüssen, zu dem Mitte September alle Äbte aus ganz Europa ins Mutterkloster kommen mussten, sowie regelmäßige Kontrollen durch den Vaterabt in der jeweiligen Gründung dienten als Neuerungen der Einheitlichkeit und damit der Sicherung des Reformweges.

Die religiöse Aufbruchstimmung des 11. Jh. erfasste auch das sehr freie Leben der Stifte. Kleriker, die es mit ihrer Aufgabe ernst meinten, verließen diese, um gemeinschaftlich nach einer Regel zu leben. Daher werden diese Stifte regulierte Stifte oder Chorherrenstifte genannt. Die Mitglieder nahmen die Augustinus-Regel an und ergänzten diese durch zahlreiche Zusätze und Bestimmungen. Da es von dieser Regel zwei unterschiedlich strenge Auslegungen gab, spaltete sich die Kanoniker-Reform in zwei Lager. 1120 ließ sich ein Xantener Stiftsherr, der hl. Norbert (1080/85–1134), nach einer erfolgreichen Phase als Wanderprediger nahe Laon nieder. Im Tal von Prémontré (lat. praemonstratum, daher Prämonstratenser genannt) gründete er ein Kloster, in dem reformbereite Kleriker nach der strengen Augustinus-Regel leben sollten, ergänzt durch zahlreiche Statuten. Der Prämonstratenserorden sollte gerade in Deutschland recht erfolgreich werden. Rein äußerlich sind diese Augustiner- oder Prämonstratenser-Chorherrenstifte nicht von Klöstern zu unterscheiden.

Im frühen 13. Jh. entstanden Dominikaner (1216) und Franziskaner (1223) als sogenannte Bettelorden. Denn als Kritik an den reichen Mönchsklöstern wollten sie der Armut Christi folgen und nur von dem leben, was ihnen als Almosen gespendet wurde. Die namensgebenden Gründer, die hll. Dominikus und Franziskus, wollten aber kein weltabgewandtes, nur auf Selbstheiligung bezogenes Klosterleben mehr. Von Anfang an gingen sie in die Städte, die im frühen 13. Jh. eine große Wachstumsphase erlebten. Hier kümmerten sie sich um die danieder liegende Volksseelsorge, die ein verweltlichter und oft einfach unfähiger Klerus nicht mehr leisten konnte und wollte. Besonders mit eindringlichen Predigten versuchten sie, die Menschen zu einem christlichen Leben zu bekehren. Ihre Klosterkirchen sind getreu dem Armutsgebot an Schlichtheit nicht zu unterbieten, da sie in erster Linie große Räume für die Volkspredigten sein sollten (daher Predigtscheunen genannt).

Aufgrund des hohen Selbstanspruchs sorgten Dominikaner und Franziskaner für eine solide Ausbildung mittels universitätsähnlicher, ordenseigener Studienhäuser. Die Bettelorden nahmen in der bisherigen mittelalterlichen Klosterlandschaft auch deshalb eine Sonderstellung ein, weil die Mönche nun nicht mehr auf Lebenszeit in ein Kloster eintraten, sondern in den Gesamtorden, und daher regelmäßig versetzt wurden. Auch die Leitungsämter der Klöster wurden in kürzeren Zeitabständen neu besetzt, damit sich kein Missbrauch einschleichen konnte. Die Bettelorden wurden derart beliebt, dass es fast keine mittelalterliche Stadt gab, in der nicht wenigstens einer von beiden vertreten war.

Im 14. Jh. verbreitete sich in Deutschland der Kartäuserorden. 1084 gründete ihn Bruno von Köln im

rechts Die Regensburger Dominikanerkirche gehört neben Esslingen und Köln zu den ältesten erhaltenen Bauten des Ordens in Deutschland, begonnen kurz vor der Mitte des 13. Jh. In ihrer programmatischen Schlichtheit ist sie als bewusstes Gegenstück zum fast zeitgleich errichteten aufwendigen Dom der Stadt zu sehen.

links Die sogenannte Maulbronner Stiftertafel zeigt unter anderem die Mitarbeit der Mönche beim Bau ihres Klosters. Entstanden ist die Tafel im 15. Jahrhundert.

Tal von La Chartreuse (lat. Cartusia, deutsch Kartause, deshalb Kartäuser genannt) bei Grenoble. Er wollte die strenge Askese des Eremitenlebens mit der Stabilität klösterlichen Gemeinschaftslebens verbinden. So zeichneten sich Kartäuserklöster dadurch aus, dass die Mönche in separaten Häuschen mit Garten wohnten und arbeiteten, die durch einen Kreuzgang untereinander und mit der Kirche verbunden waren. Die einzeln lebenden Mönche trafen sich nur zu den Stundengebeten in der Kirche. Nur sonntags wurde gemeinschaftlich gespeist und miteinander gesprochen, während wochentags das Essen durch eine Klappe in das Häuschen geschoben wurde. Deutschlands besterhaltenes Kartäuserkloster befindet sich in Nürnberg, heute beherbergt es das Germanische Nationalmuseum.

Allgemein kann gesagt werden, dass der Eifer der Gründungszeit in den neuen Orden meist nur zwei bis drei Generationen anhielt, bis sich die hohen Ideale an der Wirklichkeit abgerieben hatten. Die Reformorden bestanden zwar weiter, wurden aber nun ihrerseits wieder abgelöst durch neue Orden, die besser den geänderten Anforderungen der jeweiligen Zeit genügten.

Mittelalterliche Kulturzentren

Wer heute ein ehemaliges oder noch bestehendes Kloster besucht, stellt sich allgemein ein weltabgewandtes Leben der Mönche und Nonnen in einer versteckten Nische unserer Gesellschaft vor. Im Mittelalter standen Klöster aber nicht nur mitten im Leben, sondern waren prägende Zentren der Bildung, Kunst, Kultur, Wirtschaft, Technik und Politik. Sie bildeten damit eine tragende Säule mittelalterlicher Entwicklung.

Die ersten großen Abteien der Karolingerzeit, die auf Initiative oder mit großer Unterstützung des Herrscherhauses entstanden, hatten zunächst noch eine Hauptfunktion als Missionsstationen. Einher ging damit die Erziehung nicht nur der Klosterschüler, sondern teilweise auch der künftigen weltlichen Elite. Gerade die karolingischen Reichsabteien besaßen entscheidende Vermittlerfunktion antiken Wissens hinüber in das Mittelalter. Hätten Mönche nicht den überzeitlichen Wert heidnischer römischer und griechischer Autoren erkannt und deren Werke abgeschrieben, wären sie uns nicht überliefert worden! Die Produktion der klostereigenen Schreibwerkstätten brachte dank aufwendiger Buchmalereien zudem Prachtbände hervor, die selbst außerhalb des ihnen einst zugedachten liturgischen Rahmens uns heute noch faszinieren. Leider sind von den Wandmalereien, die den Buchmalereien in nichts nachstanden, nur noch wenige aussagekräftige Reste erhalten. Da die Mönche ihre Gebete sangen, waren sie als Komponisten maßgeblich an der Entwicklung mittel-

unten Die Oberzeller Kirche St. Georg auf der ehemaligen Klosterinsel Reichenau im Bodensee besitzt mit der vollständig erhaltenen Ausmalung des Mittelschiffes aus dem 10. Jh. einen einmaligen Schatz. Sie gibt uns nicht nur ein gutes Beispiel für die Wichtigkeit von Farbe für den mittelalterlichen Kirchenraum, sondern zeigt auch die Qualität der klösterlichen Malschule.

alterlicher geistlicher Musik beteiligt. Auch wenn sich keine Beispiele mehr erhalten haben, so sind in Klöstern neben den Kathedralen die frühesten Orgeln zur Begleitung des Chorgesangs nachgewiesen. Weil Klöster immer ein Krankenhaus für ihre Mönche unterhielten, waren sie Entwicklungszentren mittelalterlicher Kräutermedizin.

Auch in der Architektur waren die Klöster durch ihre strengen Ordensregeln zu besonderen Bauleistungen gefordert. Der berühmte St. Gallener Klosterplan aus dem frühen 9. Jh. gibt eine Vorstellung von der Komplexität und Regelmäßigkeit einer frühen Klosteranlage. Er ist ein Idealplan, d. h. er wurde so nicht umgesetzt, aber als Diskussionsgrundlage für einen künftigen Bauherrn enthielt er alles in wohldurchdachter Anordnung, was ein Benediktinerkloster umfassen sollte. Die streng symmetrische Anordnung der Gebäude rund um die Kirche verweist noch auf den axialen Grundriss antiker Städte, der dem Mittelalter ansonsten weitgehend fremd war.

oben In den Klöstern wurden kostbare Handschriften angefertigt, die noch heute faszinieren. Die hier gezeigte französische Buchmalerei aus einem Psalter (13. Jh.) zeigt Mönche beim Singen der Gebete.

Klöster waren Vermittler antiker Wasserbau- und Heiztechniken, wenn auch bei weitem nicht mehr in römischer Perfektion. Schon in karolingischen Anlagen sind primitive Fußbodenheizungen nachgewiesen, die sich immer wieder bis ins hohe Mittelalter finden, bis sie von Kachelöfen abgelöst wurden. Klöster besaßen Frischwasserleitungen, die seltener aus Blei, in der Regel aus Holz- oder Tonröhren bestanden. Sie führten frisches Quellwasser in die Küche und zu den Brunnen. Besonders die Zisterzienser entwickelten sich zu wahren Spezialisten des mittelalterlichen Wasserbaus. Neben den Frischwasserleitungen besaßen ihre Abteien ein ausgeklügeltes Netz von Brauchwasserkanälen. Mit dessen Hilfe wurden Getreide- und Walkmühlen sowie Hammerschmieden angetrieben. Schließlich spülten sie auch noch Küchenabfälle und Fäkalien in den Latrinen weg. Da sich die Zisterzienser zunächst streng an die Vorgabe der Benediktsregel hielten, kein Fleisch vierbeiniger Tiere zu essen, legten sie ein ganzes System von Fischteichen an. Bis heute prägen diese Anlagen teilweise noch die Landschaft.

Neue landwirtschaftliche Methoden wurden in Klöstern entwickelt und dank ihrer internationalen Verbindungen rasch in Europa verbreitet. Als Großgrundbesitzer hatten sie ein großes Interesse an einem möglichst hohen Ertrag. Dank ihrer auf Jahrhunderte angelegten Existenz dachten Klöster über ihre Zeit hinaus und planten langfristig. Detaillierte Pachtverträge geben uns noch heute ein Bild davon, wie Klöster als landwirtschaftliche Schulen und Mustergüter auf die Bauern einwirkten. Besonders für die Entwicklung des Weinbaus kann der Beitrag der Mönche nicht hoch genug angesetzt werden.

Innerhalb der fest gegeneinander abgeschlossenen mittelalterlichen Gesellschaftsschichten boten Klöster Möglichkeiten des sozialen Aufstiegs. Denn nur hier konnte man aus einfachsten Verhältnissen in Leitungspositionen aufsteigen bis hin zum Abt. Besonders steil war eine solche Karrieremöglichkeit natürlich in Reichsabteien, da dort der Abt zugleich Landesherr war. Viele Klöster schotteten sich aber durch eine Adelsexklusivität gegen eine solche Entwicklung ab. Für den Adel besaßen Klöster eine nicht zu unterschätzende Funktion, da hier überzählige Söhne und Töchter standesgemäß und zugleich günstig versorgt werden konnten. Daneben bekamen sie eine sinnvolle Aufgabe zugewiesen, indem sie für das Seelenheil der Dynastie ein Leben lang beteten. Gerne entledigte man sich auch behinderter Familienangehöriger durch einen Klostereintritt. In dieser geschützten Lebenswelt brachten Behinderte es teilweise zu beachtlichen Leistungen, die ihnen in der normalen Welt verschlossen geblieben wären. Paradebeispiel ist der völlig gelähmte Grafensohn Hermann der Lahme, der sich auf der Klosterinsel Reichenau in der ersten Hälfte des 11. Jh. zum Universalgenie des Mittelalters entwickelte.

Nicht zu unterschätzen ist auch die karitative Leistung der Klöster. Vor ihren Toren versammelten sich täglich die Ärmsten der Armen und erhielten Essen, teilweise auch abgelegte Kleidung. Gerade für mittelalterliche Pilger, die zu Fuß und mit wenig Geld unterwegs waren, besaßen die in jedem Kloster vorhandenen kostenlosen Herbergen existenzielle Bedeutung.

Hinter Klostermauern

Wer in ein Kloster eintrat, war von nun an der Welt gestorben. Mönche und Nonnen legten ihre weltliche Kleidung zugunsten des Ordenshabit ab. Männer wurden bis auf einen Haarkranz kahl geschoren (Tonsur), während die langen Haare der Frauen nur abgeschnitten wurden, da sie unter Schleier und Gebende völlig verschwanden. Ihren Rang innerhalb der Gemeinschaft bestimmte nicht eine vornehme Abstammung, sondern die Anzahl der im Kloster verbrachten Jahre. Abgesehen von den religiösen Aufbruchszeiten in den Gründungsjahren der jeweiligen Gemeinschaften, in denen Männer und Frauen oft gegen den großen Widerstand ihrer Familien eintraten, entschied später meist die Familie, ob Söhne oder Töchter ins Kloster gingen. Da die Eltern auch Heirat und Berufswahl bestimmten, wurde der vorgegebene Weg nicht hinterfragt, zumal die meisten schon als Jugendliche zur Erziehung hierher gebracht wurden. Immerhin gab es vor der endgültigen und unauflöslichen Weihe zum Mönch oder zur Nonne ein einjähriges Noviziat. Doch diente dies mehr dem Kloster zur Prüfung, ob der Kandidat geeignet war, als umgekehrt.

Obwohl innerhalb des Klosters theoretisch alle gleich waren, gab es besonders bei den Zisterziensern eine Aufspaltung des Konvents in Mönche und Laienbrüder bzw. -schwestern bei den Nonnen. Während die Mönche abgeschlossen von der Welt in ihrer Klausur lebten und ihr Leben dem Gebet widmeten, waren die Laienbrüder (Konversen) vor allem für die Landwirtschaft und ihre Betriebe zuständig. Sie hatten aufgrund ihres hohen Arbeitspensums nur ganz geringe Gebetspflichten. Neben jenen, die im Wirtschaftshof des Klosters arbeiteten, lebte die überwiegende Zahl auf den weit gestreuten Besitzungen. Einige von ihnen entwickelten sich zu Spezialisten für Bauwesen, Mühlen oder Handwerk und wurden gerne einmal von den weltlichen Großen ausgeliehen. Besonders verantwortungsvoll war die Leitung der klösterlichen Stadthöfe, die dem Verkauf der auf Überschuss ausgerichteten Produktion dienten. Stammten die Mönche überwiegend aus dem Adel oder dem gehobenen städtischen Bürgertum, so gehörten die Laienbrüder mehrheitlich dem Bauernstand an. Daher lebten sie räumlich streng getrennt vom Konvent. Selbst in der Kirche war ihr Platz im hinteren Teil, abgetrennt durch eine Schranke. Ein interessanter Aspekt sind die zahlreich überlieferten Aufstände von Laienbrüdern gegen ihre schlechte Behandlung durch die Mönche. Ab dem frühen 13. Jh. nahm die

links **In ihrer Versorgung mit Lebensmitteln waren die Klöster weitgehend autonom. Hier kümmert sich ein Mönch um die Getreideernte. (Buchmalerei, Frankreich 12. Jh., Initiale Q aus den Moralia in Iob.)**

rechts **Kloster Blaubeuren erhebt sich in unmittelbarer Nähe des sagenumwobenen Blautopfes. Auch hier blieb dank der Umwandlung zur ev. Klosterschule der mittelalterliche Bestand fast vollständig bewahrt. Wunderbar ist die spätgotische Ausstattung des Chores mit dem Prunkstück des Hochaltars, geschaffen Ende des 15. Jh. von den besten Künstlern des nahen Ulm.**

Zahl der Laienbrüder, die vorher in den großen Zisterzienserabteien bei 200–300 lag, rapide ab. Denn das Aufblühen der Städte und die verstärkte Ostkolonisation bot nicht erbberechtigten Bauernsöhnen nun ganz andere Perspektiven als ein zurückgesetztes Klosterleben. Den Mönchen blieb nun nichts anderes übrig, als den Großteil der Ländereien zu verpachten.

Pächter und weltliche Angestellte im Wirtschaftshof waren als familia mit den Mönchen auch auf einer religiösen Ebene verbunden.

Das wichtigste Amt in einem Kloster, das in der Regel auf Lebenszeit vergeben wurde, war das des Abtes. Gemäß der Benediktsregel sollte er wie ein gütiger und weiser Vater die Gemeinschaft leiten, um

Die Klöster 67

den unterschiedlichen Fähigkeiten seiner Mönche gerecht zu werden. Wie alle Klosterämter wurde der Abt von der Versammlung der Mönche gewählt. Im Mittelalter erhielt er aber immer mehr eine nach außen gerichtete Position, die dazu führte, dass er in einem repräsentativen Abtshaus außerhalb der Klausur residierte. Hier empfing er die zahlreichen Gäste, mit denen er zusammen speiste. Für die Einhaltung der Disziplin innerhalb des Konvents war sein Stellvertreter, der Prior, zuständig. Die wirtschaftliche Leitung unterstand dem Kellerar. Im Spätmittelalter wurde dessen Bedeutung durch den Bursar abgelöst, da nun die Geld- gegenüber den Naturaleinkünften überwogen. Weitere wichtige Ämter waren Novizen- und Krankenmeister. Die Konventstärke konnte in den jeweiligen Hochphasen der einzelnen Orden und Klöster bis zu mehreren Hundert reichen, pendelte sich aber im Spätmittelalter auf 30–60 Mönche ein.

Mit Reichtum gesegnet

Lebensgrundlage jedes Klosters war die Landwirtschaft. Die Ländereien entwickelten sich aus dem Stiftungsgut, das ein Adeliger der Gemeinschaft geschenkt hatte. Urbarmachungen, weitere Schenkungen, Mitgift der Eintretenden, vor allem aber gezielte Kaufs- und Verkaufspolitik rundeten den Besitz zu riesigen, oft weit verstreuten Grundherrschaften ab. Ganze Dörfer gelangten so unter die Herrschaft der Klöster. Das meiste Land verpachteten die Klöster an Bauern, die dafür regelmäßige Abgaben an Naturalien, später zunehmend in Geld an die Mönche liefern mussten. Aufgrund des geringen Aufwands bei hohem Zehntertrag waren Schenkungen ganzer Pfarrkirchen besonders begehrt. Daneben waren Weinberge und Mühlen die einnahmeträchtigsten Quellen klösterlichen Wohlstands.

Nicht vergessen sollte man, dass Bestattungen reicher Gönner im Kloster nur gegen entsprechende finanzielle Gegenleistungen vorgenommen wurden. Im Spätmittelalter, der Blütezeit des Wallfahrtswesens, bemühten sich alle Klöster um Reliquienbesitz. Dieser sollte nicht nur himmlischen Beistand, sondern auch entsprechende Gaben der Pilger sichern.

Eine Vorreiterrolle im mittelalterlichen Wirtschaftsleben nahmen die Zisterzienser ein. Dank ihrer immensen Zahl an Laienbrüdern konnten sie in der Anfangszeit ihre Ländereien in Eigenwirtschaft betreiben, was durch das Privileg der Steuerfreiheit besonders lukrativ war. Zentrale Gutshöfe (Grangien) lieferten die von vornherein auf Überschuss angelegte Produktion in die Stadthöfe, die die Klöster in den für sie jeweils wichtigsten Handelsstädten besaßen. Dort erzielten die klösterlichen Lebensmittel einen höheren Preis, da die aufblühenden Städte einen großen Bedarf daran hatten. Zollbefreiungen, die die Mönche von den Landesherren erhielten, machten sie relativ günstig. Mit den erzielten Einnahmen konnte eine aktive Kaufpolitik zur Erweiterung und Abrundung des Klosterbesitzes erfolgen.

Klosterkrise und -reform

Fast alle Klöster gerieten im späten Mittelalter in eine existenzbedrohende innere und äußere Krise. Zurückgehende Einnahmen beim Übergang von der Natural- zur Geldwirtschaft, nachlässige Verwaltung, erlahmende Regeltreue und gespaltene Konvente setzten, sich gegenseitig bedingend, eine Abwärtsspirale in Gang. Erst in der ersten Hälfte des 15. Jh. sahen Ordensleitung und Landesherren dem Niedergang einst so glanzvoller Abteien nicht mehr tatenlos zu. Einzelne Klöster des Benediktinerordens wie Bursfelde, Melk und Kastl wurden zu Vorreitern und Zentren einer innerklösterlichen Erneuerungsbewegung. Auch in den anderen Orden bildeten sich Reformzentren.

Doch allerorten trafen sie auf den teils erbitterten Widerstand reformunwilliger Mönche und Nonnen, die keinerlei Interesse daran hatten, ihre persönlichen Freiheiten und Bequemlichkeiten aufzugeben. Meist nur auf massiven Druck des Landesherrn wie Zwangsversetzung oder Klosterkerker gelang dann die Reform der Wirtschafts- und der Lebensführung. Klöster, die nur Adelige aufnahmen und daher unter Nachwuchsmangel litten, mussten sich dem Bürgertum öffnen. So standen die meisten Konvente am Vorabend der Reformation keineswegs ermattet, sondern im ursprünglichen Sinne funktionierend da.

Nach einer geglückten inneren Erneuerung folgte meist auch eine bauliche. Vor allem die Konventgebäude als Lebensbereich der Mönche und Nonnen wurden in zeitgemäßen Formen neu gebaut. Bezeichnend ist es, dass in den Klosterkirchen häufig ein neues Grabmal, oft in sehr prächtiger Form, die Erinnerung an die vor Jahrhunderten verstorbenen Klostergründer und damit auch an den ursprüng-

rechts Bad Doberan besitzt mit der Kirche der ehemaligen Zisterzienserabtei einen der bedeutendsten Bauten der Backsteingotik. Als reichstes Kloster Norddeutschlands konnten sich die Mönche eine wahre Kathedrale leisten, die mit dem Dom in Schwerin konkurriert. An die Funktion als Hauskloster der mecklenburger Herzöge erinnern im Innern die aufwendigen Grabmäler der Dynastie.

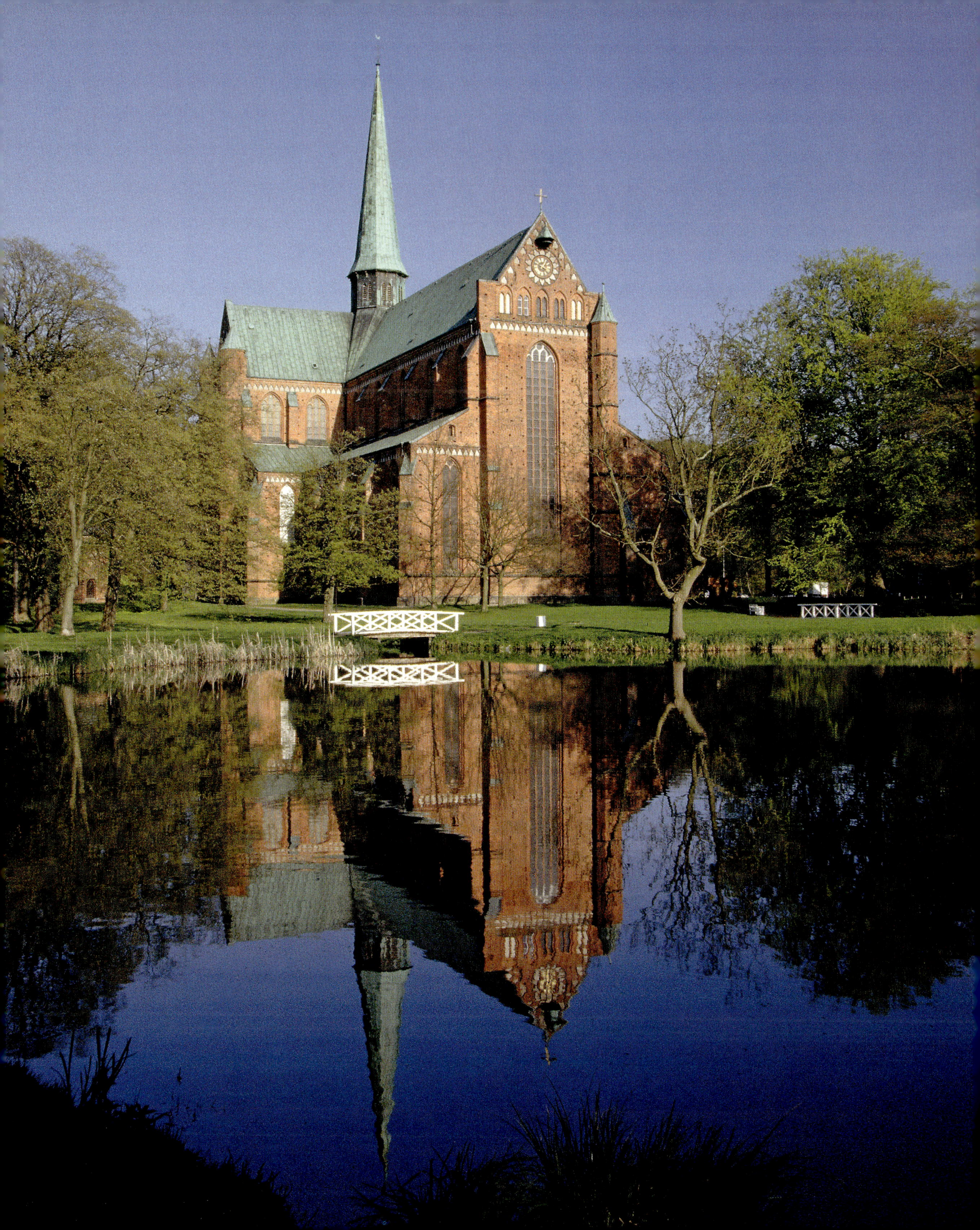

lichen Auftrag wach hielt. Selten erhalten, aber öfter nachgewiesen, sind große Wandfresken, die eindrucks- und absichtsvoll dem Konvent den Stifterwillen mahnend vor Augen hielten.

Reformation und Klöster

Nachdem in der Augsburger Konfession 1555 den jeweiligen Landesfürsten zugestanden wurde, allein die Glaubensrichtung ihrer Untertanen zu bestimmen, bedeutete dies den Untergang all jener Klöster, die nun unter evangelischer Landeshoheit standen. Doch löste der Aufhebungsbescheid keineswegs die erwartete Befreiungseuphorie aus. Viele Klöster leisteten erbitterten Widerstand, lehnten die aufgezwungenen evangelischen Prediger ab und mobilisierten die adelige Verwandtschaft. Nachdem der zähe Kampf gegen den Landesherrn scheitern musste, zogen es einige Konvente vor, geschlossen in katholische Gebiete umzusiedeln. Besonders die in strenger Klausur lebenden Nonnenkonvente verstanden nicht, warum ihr weltabgeschiedenes Leben nun auf einmal so anstößig sein sollte. In einigen Territorien führte dies zur Umwandlung von Frauenklöstern in evangelische Damenstifte, die nun aber reine Versorgungsanstalten für adelige Töchter waren.

Die evangelischen Landesherren hatten bei ihrem Glaubenswechsel weniger religiöse Interessen vor Augen. Gerade die Möglichkeit, alle nicht reichsfreien Klöster des Landes aufzulösen, bedeutete einen erheblichen Macht-, Gebiets- und Finanzzuwachs. Sofort wanderten alle Barschaft sowie die Klosterschätze aus Insignien, liturgischen Gefäßen und Reliquiaren in deren Schatzkammer. Einige Länder nutzten die riesigen, nun leer stehenden Gebäude um. So richtete Hessen in ihnen teilweise Hospitäler und Württemberg Klosterschulen ein, unterhalten vom Grundbesitz der enteigneten Klöster. Dies hatte den positiven Nebeneffekt, dass die mittelalterlichen Gebäude erhalten und dank knapper Staatsfinanzen nicht gravierend umgebaut wurden. So blieben gerade in Württemberg zahlreiche mittelalterliche Klosteranlage erhalten, allen voran Maulbronn. Nur dem Kaiser unterstehende Reichsabteien sowie Klöster mit katholisch gebliebenen Landesherren blieben von dieser Entwicklung unberührt. Ihre Zeit endete erst 1803, als alle Klöster Deutschlands auf staatlichen Beschluss hin aufgelöst wurden.

Ora et labora – bete und arbeite

Hinter den Klostermauern folgte das Leben einem ausgewogenen Rhythmus aus Gebet und Arbeit. Mönche und Nonnen versammelten sich täglich siebenmal in ihrem Chorgestühl in der Kirche zum Gotteslob. Morgens nahmen sie von hier aus an der Konventmesse am Hochaltar teil. Dieses immerwährende Gebet war ihre Hauptaufgabe. Gemäß einem Leit-Satz aus der Benediktsregel, nachdem Müßiggang der Feind der Seele sei, war die dazwischen liegende Zeit der Arbeit gewidmet. Doch wäre in diesen knappen Stunden der effektive Betrieb einer großen Grundherrschaft nicht möglich gewesen. Die Feldarbeit auf den teilweise weit entfernten Besitzungen erledigten Laienbrüder, Lohnarbeiter oder Pächter. Der Abt und einige gewählte Amtsträger unter den Mönchen verwalteten das Ganze. Handarbeit lernten die Mönche eher im Klostergarten oder bei Tätigkeiten innerhalb der Klausur kennen. Vor Erfindung des Buchdrucks war das mühsame Vervielfältigen von Büchern durch Abschreiben ihre Hauptaufgabe. Auch Studium und Lektüre fielen unter den Oberbegriff Arbeit.

Da Gott der zentrale Punkt im Leben eines Mönches war, sollte seine Stimme allein zu dessen Lob erklingen. Darüber hinaus herrschte weitestgehend meditative Stille. Die notwendigen Besprechungen wurden auf ein Minimum beschränkt. Zur lautlosen Verständigung diente eine ausgeklügelte Zeichensprache, die mit bis zu 400 Zeichen auch komplizierte Sachverhalte vermitteln konnte.

Der Tag im Kloster wurde in zwölf Stunden eingeteilt, angefangen vom Sonnenaufgang. Daher blieb im Sommer zwischen den Gebetszeiten mehr Zeit. Getreu dem Bibelwort »Ich lobe Dich des Tages siebenmal und mitten in der Nacht stehe ich auf, Dir zu danken« gab es in allen Klöstern ein nächtliches

links Die Ansicht des Westbaus der Abteikirche Maria Laach mit dem kreuzgangartigen Paradies gehört zu den schönsten Architekturbildern der Romanik. Deutlich ist hier die Anlehnung an das Vorbild des Mainzer Domostchores. Zu den künstlerisch hochstehendsten Zeugnissen romanischer Bildhauerkunst des Rheinlandes zählen die Verzierungen des Paradieses.

Die Klöster

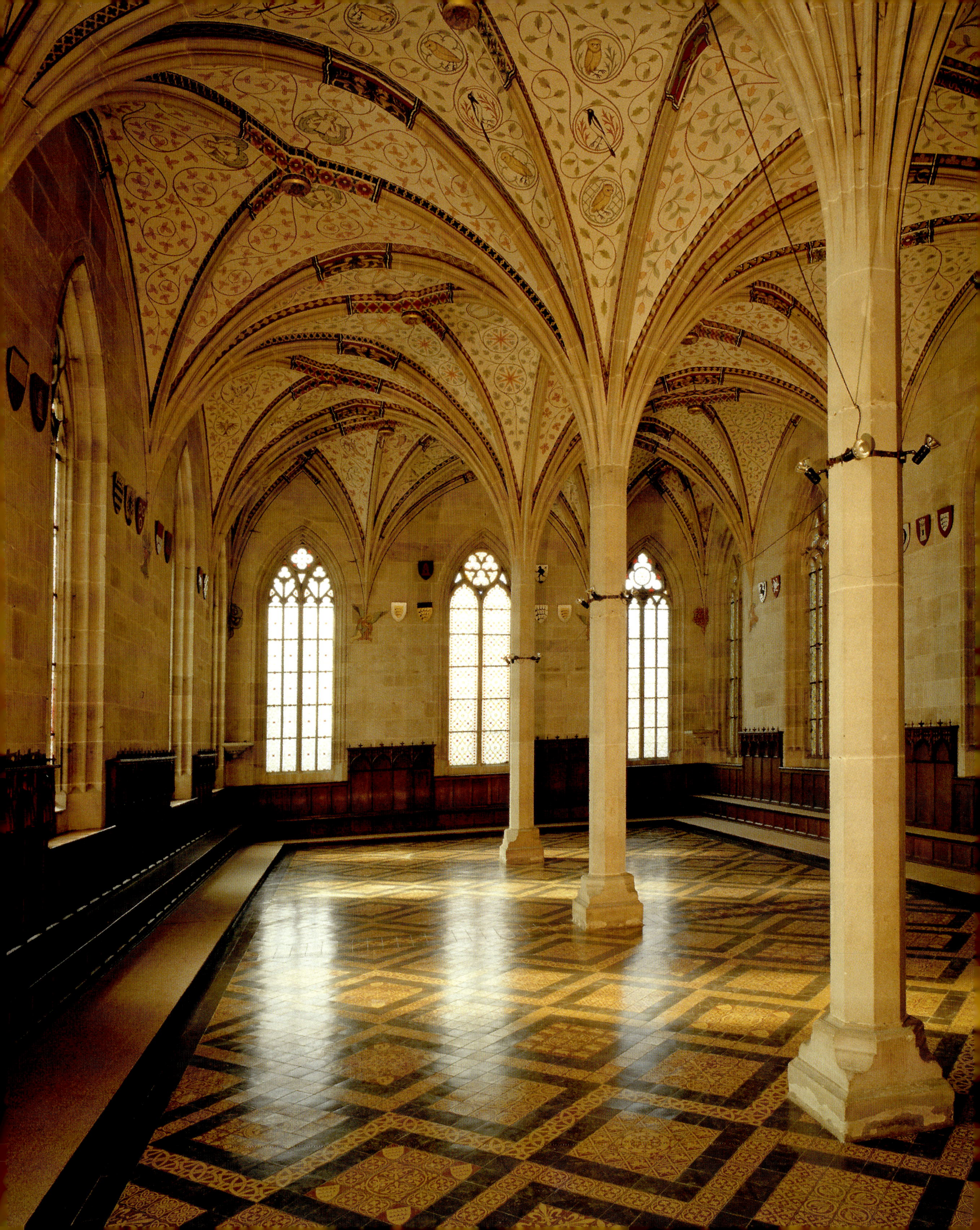

Gotteslob, die Vigilien. Danach ging man wieder schlafen, bis bei Tagesanbruch die Matutin gebetet wurde. Anschließend wurde die Morgentoilette erledigt und ein Frühstückstrunk eingenommen. Nach der Prim, der Gebetszeit in der ersten Stunde des Tages, folgte die tägliche Messe, danach traf sich der Konvent im Kapitelsaal. Dort wurde ein Kapitel der Regel ausgelegt sowie das Organisatorische des Tages besprochen, Verfehlungen bestraft. Terz, Sext, Non und Vesper durchzogen als Gebetszeiten den Tag, bis nach dem klösterlichen Abendgebet der Komplet der Konvent ins Dormitorium schlafen ging.

Täglich gab es zwei gekochte Mahlzeiten, die dem im Mittelalter üblichen einfachen Essen der Menschen entsprachen: viel Gemüse und Brot, Brei, Fisch, Geflügel, Käse und Eier. Obwohl gemäß der Benediktsregel auf das Fleisch vierbeiniger Tiere verzichtet werden sollte, schlich sich ab dem 14. Jh. außerhalb der Fastenzeiten in fast alle Klöster Gebratenes und Gesottenes ein. Als Getränk war Wein üblich. Das meist nicht geringe Maß bestimmte der Abt. Im Sommer folgte nach dem Mittagessen ein gemeinsames Nickerchen im Dormitorium.

Wer im Winter eine mittelalterliche Klosteranlage besucht, wird sich fragen, wie deren Bewohner wohl die andauernde Kälte in den Steinbauten überstanden haben. Schlafsaal und später die Einzelzellen besaßen bis in die Barockzeit keine Öfen. Anfänglich gab es in den Klöstern nur einen heizbaren Raum zum Aufwärmen, nachdem man von den langen Chorgebeten ausgefroren aus der Kirche kam. Im Spätmittelalter zog etwas mehr Komfort ein: Die Kreuzgänge wurden zum Schutz vor der Witterung verglast und Refektorium sowie Arbeitsräume erhielten einen Kachelofen. Daneben konnten Kohlebecken aufgestellt werden. Das Chorgestühl wurde zur Isolation gegen die vom Fußboden aufsteigende Kälte auf ein hölzernes Podium gestellt. Insgesamt zog man sich im Winter wie die übrige Bevölkerung entsprechend dick an.

Wer sich vom strengen Klosteralltag etwas erholen wollte, konnte mit Erlaubnis des Abtes für einige Tage ins klostereigene Krankenhaus übersiedeln. Dort wurde besser geheizt und gekocht. Der Garten lag gleich nebenan. Ab dem Spätmittelalter unterhielten Klöster sogar eigene Sommerfrischen, d. h. ein landschaftlich schön gelegener Gutshof diente kleineren Mönchsgruppen zur zeitweisen Erholung.

Das Leben im Kloster war zwar als Abbild des Lebens der Engel im Himmel gedacht, scheiterte aber oft genug an den allzu irdischen Unzulänglichkeiten des Einzelnen. So gab es immer wieder Zank und Streit, der aber vom Abt oder Prior streng geahndet wurde. Neid und Missgunst waren auch im Kloster keine Fremdworte. Strafen im Kloster gab es unzählige, für ganz Renitente war gar ein Klosterkerker vorhanden. Während der langen Krisenzeit vom 13.–16. Jh. ist in den alten Orden immer wieder von Doppelwahlen der Äbte und in tiefer Feindschaft gespaltenen Konventen die Rede. Gegen große Widerstände gelangen aber meist ordensinterne Reformen.

Abbild der Himmelsstadt

Gemäß der Benediktsregel sollte alles Lebensnotwendige innerhalb der Klostermauern liegen. Daher bestand ein mittelalterliches Kloster nicht nur aus den nur den Mönchen vorbehaltenen Klausurgebäuden samt Kirche, sondern auch aus einem großen Wirtschaftshof. Die gesamte Anlage war von einer Mauer mit einem Tor eingefasst, die aber in der Regel keine Wehrfunktion besaß und nur der Ein- und Auslasskontrolle diente. Zunächst gelangten Besucher in den weiten Wirtschaftshof, in dem Mühle, Scheune, Schmiede, Ställe und Werkstätten lagen. Nahe des Eingangsbereichs erhob sich das Gebäude zur Unterbringung von Gästen, die die Mönche wie Christus selber aufnehmen sollten, so wie es die Benediktsregel fordert.

Die zentrale Stelle innerhalb der Klosteranlage nahm die Abteikirche ein. Hier konzentrierte sich auch der bauliche Aufwand. Ihre gerade bei Mönchsklöstern meist monumentalen Ausmaße beruhen auf der großen Konventstärke der Anfangszeit. Eine Sonderstellung nehmen auch hier wiederum die Zisterzienser ein. Ihre riesigen Kirchen, die durch das

links Das 1335 entstandene Refektorium der Mönche von Kloster Bebenhausen gehört in seiner Leichtigkeit und Eleganz zu den schönsten Saalbauten der Gotik. Schirmartig fächern sich die Gewölbe über den ungemein schlanken Pfeilern auf. Die Wände öffnen sich durch große Maßwerkfenster.

Die Klöster

links Die ehemalige Zisterzienserabtei Eberbach im Rheingau gehört neben Maulbronn zu den am besten erhaltenen mittelalterlichen Klosteranlagen des Landes. Der gotische Schlafsaal der Mönche zeigt durch seine enorme Länge die ursprünglich sehr hohe Mitgliederzahl des Konvents an.

rechts Zum Inbegriff mittelalterlicher Klosterbaukunst wurde der Kreuzgangbrunnen von Kloster Maulbronn.

Gestühl der Mönche und der Laienbrüder vollständig gefüllt wurden, waren Besuchern zunächst verschlossen. Diese wurden in der Torkapelle liturgisch versorgt.

Seitlich an die Kirche schloss sich der Kreuzgang an. Er diente sowohl als überdachter Verbindungsweg zwischen Kirche und den Gemeinschaftsräumen wie als Prozessionsweg. Der Ostflügel der Klausurgebäude, der direkt an die Kirche grenzte, enthielt im Erdgeschoss als wichtigsten Raum den Kapitelsaal. Hier versammelten sich die Mönche jeden Morgen nach der Messe, um ein Kapitel aus ihrer Regel vorgelesen und ausgelegt zu bekommen. Die Sitzbänke waren längs an den Wänden aufgestellt, damit sich alle sehen konnten. Denn hier wurden Wahlen und Beratungen abgehalten sowie Abweichungen von der Klosterregel bestraft. In der Anfangszeit ließen sich hier die Äbte bestatten. Im Obergeschoss des Ostflügels erstreckte sich der oft riesige Gemeinschaftsschlafsaal (Dormitorium). Eine Treppe führte von hier aus in die Kirche, damit die Mönche bei den nächtlichen Gebeten rasch ihr Chorgestühl erreichen konnten. Im Spätmittelalter bauten fast alle Klöster Einzelzellen in den Schlafsaal ein, so dass es nun erstmals einen privaten Rückzugs- und Studierraum für den Mönch gab.

Gegessen wurde gemeinschaftlich im Speisesaal (Refektorium). Die Tische waren meist U-förmig aufgestellt und nur auf einer Seite eingedeckt. Auch dort herrschte Stillschweigen, da die Mönche geistlichen Lesungen lauschen mussten. Der Abt oder dessen Stellvertreter gab jeweils mit einem Glockenzeichen Beginn und Ende der Mahlzeit an. Meist lag dem Eingang in den Speisesaal ein Brunnenhaus gegenüber, wo sich die Mönche vor dem Essen die Hände wuschen. Die Laienbrüder schliefen und aßen in einem separaten Gebäude, wobei nur die Küche für beide gemeinsam war. Arbeitsräume, Schreibstuben, vor allem aber die Bibliothek waren weitere wichtige Räume innerhalb der Klausur. Denn ein Kloster ohne Bibliothek ist wie eine Burg ohne Waffen, wie es schon in der Benediktsregel so anschaulich steht.

Auf der nicht umbauten Seite der Kirche lagen die Friedhöfe für Mönche und Laien sowie Nutzgärten. Östlich der Kirche befand sich meist auch das klösterliche Krankenhaus, dessen Absonderung hygienisch durchaus Sinn machte. Hier lag meist ein Badehaus für die Mönche. Ein wichtiges separates Gebäude in der Nähe der Klausur war das Abtshaus als Residenz des Klostervorstehers.

Wer je eines der großen Klöster betreten hat, weiß, dass es von den Mönchen beileibe nicht als reiner Zweckbau gestaltet wurde. Alles war gebaute Symbolik, die auf den eigentlichen Zweck des Klosterlebens verweist, Vorgriff auf die Himmelsstadt zu sein. Dafür war kein Aufwand zu groß! Der kreuzförmige Grundriss der Kirche, in der die Mönche Tag und Nacht wie die Engelschöre im Himmel ihr Gotteslob sangen, verwies auf den Kreuzestod Christi zur Erlösung der sündigen Menschheit. Wie fast alle mittelalterlichen Kirchen war sie geostet. Der tägliche Sonnenaufgang, den die Mönche mit ihren Gebeten begleiteten, galt ihnen als Symbol der Auferstehung Christi. Von Osten, wo die heilige Stadt Jerusalem lag, sollte er beim Jüngsten Gericht endgültig die Sünder von den Gerechten trennen.

Die Vier als Zahl der Welt war im Kreuzgang mit seinen vier Flügeln verwirklicht. Die Mönche, die hier mit ihren Prozessionen durchzogen oder meditierten, heiligten durch ihr Leben gleichsam die Welt. Der Garten, der vom Kreuzgang umschlossen wurde, war Abbild des ersehnten Paradieses, in dem der Brunnen die Paradiesströme vertrat.

Das Brunnenhaus diente nicht einfach der äußeren Reinigung. Die oft aufwendige, zentralbauartige Architektur, die einen kunstvollen, mehrschaligen Brunnen umfasste, verwies auf die innere Reinigung. Hier sollten sich die Mönche an ihre Taufe erinnern, mit der die Erbsünde von ihnen abgewaschen wurde. So gereinigt konnten sie den Speisesaal betreten, dessen Ausmaße und Architektur der Kirche nur wenig nachstand. Denn das gemeinsame Mahl, das schweigend bei einer geistlichen Lesung eingenommen wurde, war nicht nur Erinnerung an das Letzte Abendmahl, sondern auch Vorwegnahme des himmlischen Mahles.

Auch das Dormitorium der Mönche ging architektonisch weit über einen einfachen Schlafsaal hinaus. Stein- oder Holzgewölbe gaben auch ihm ein sakrales Aussehen. Denn wie im Gleichnis der Klugen und Törichten Jungfrauen sollte Christus die Mönche immer bereit finden, wenn das ständig erwartete Jüngste Gericht anbrechen sollte. Deshalb legten die Mönche auch beim Schlafen nicht ihr Gewand ab. So wusste auch der dem Glauben der Mönche nach allgegenwärtige Teufel immer, wen er vor sich hatte.

Erlebnis KLÖSTER

Eberbach

Neben Maulbronn bietet die ehemalige Zisterzienserabtei Eberbach im Rheingau die vollständigste Klosteranlage in Deutschland. Die international erfolgreiche Verfilmung von Umberto Ecos Roman »Der Name der Rose«, deren Innenaufnahmen zum großen Teil hier gedreht wurden, machte das Kloster einem breiteren Publikum bekannt. Daneben locken die Weinversteigerungen der Hessischen Staatsweingüter, die heute die Weinberge der Mönche betreuen, sowie die Konzerte im Rahmen des Rheingau-Festivals ebenfalls zahlreiche Besucher in das stille Waldtal.

1136 sandte Bernhard von Clairvaux auf Wunsch Erzbischof Adalberts von Mainz den Gründungskonvent aus Frankreich. Eberbachs wirtschaftlicher Erfolg beruhte vor allem auf seinem intensiven und erfolgreichen Weinbau. Eigene Rheinschiffe brachten die Erzeugnisse in den Kölner Stadthof, wo sie verkauft wurden. Dank der reichen Einnahmen konnten sich die Mönche riesige Gebäude errichten. Nicht nur die Abteikirche erhielt monumentale Ausmaße, auch die gewölbten Schlafsäle der Mönche und Laienbrüder gehören zu den größten erhaltenen überhaupt.

Täglich geöffnet von April bis Okt.: 10 – 18 Uhr, Nov. bis März: 11 – 17 Uhr
www.kloster-eberbach.de

Bebenhausen

Das vollständig erhaltene mittelalterliche Zisterzienserkloster schmiegt sich idyllisch in eine Talaue des Naturparks Schönbuch nahe Tübingen. Auch hier blieben die Gebäude nach der Vertreibung der Mönche in der Reformation durch die Umwandlung in eine Internatsschule erhalten. Nach dem Ersten Weltkrieg zog sich das abgesetzte letzte Königspaar von Württemberg nach Bebenhausen zurück, während nach dem Zweiten Weltkrieg bis 1952 im Kloster der Landtag von Württemberg-Hohenzollern tagte und die Abgeordneten kurzzeitig die schlichten Mönchszellen bewohnten. Die 1190 begonnene romanische Anlage erlebte in der Gotik eine umfangreiche Modernisierung, die zu Spitzenleistungen dieser Epoche führte. An erster Stelle muss hier das 1335 errichtete Refektorium genannt werden, dessen schirmartige Gewölbe von wunderbarer Leichtigkeit sind. Aus dem spätgotischen Kreuzgang hat man einen großartigen Blick auf den 1407–1409 aufgesetzten Vierungsturm. Ein Laienbruder aus Kloster Salem am Bodensee errichtete hier ein luftiges Steingebilde nach dem Vorbild der großen Kathedraltürme und umging so auf höchst elegante Weise den Turmverzicht des Zisterzienserordens.

geöffnet von April bis Okt.: Montag 9 – 12 Uhr und 13 – 18 Uhr, Dienstag bis Sonntag 9 – 18 Uhr; von Nov. bis März: Dienstag bis Sonntag 9 – 12 Uhr und 13 – 17 Uhr.
www.schloesser-magazin.de
www.bebenhausen.de

Klosterinsel Reichenau

Im Jahr 2000 erklärte die UNESCO die Klosterinsel zum Weltkulturerbe. Damit würdigte sie nicht nur eine der bedeutendsten Stätten karolingischer Klosterkultur, sondern auch den Beitrag der Mönche zur Kultivierung der Landschaft, die sich bis zum heutigen Gemüseanbau fortsetzt. 724 gründete der iro-fränkische Missionsbischof Pirmin auf der unbewohnten Insel eine Benediktinerabtei als Missionsstützpunkt. Unter den Karolingern und Ottonen entwickelte sich die Reichenau zu einem hochrangigen Bildungs- und Wissenschaftszentrum, dessen Klosterschule wahre Genies wie den vollständig gelähmten Grafensohn Hermann den Lahmen hervorbrachte, der »Wunder des Jahrhunderts« genannt wurde. Die Kaiser holten sich aus dieser Eliteschmiede des Reiches zahlreiche Bischöfe, denen sie politische Funktionen übertrugen. In den Schreibstuben entstanden prachtvolle Werke der Buchmalerei, die noch heute die bedeutendsten Bibliotheken Europas zieren.

Während die Wohngebäude vergangen sind, ragen noch drei romanische Kirchen als Zeugen der glanzvollen Vergangenheit auf. Am bedeutendsten ist St. Georg in Reichenau-Oberzell. Die bescheidene Kirche des frühen 10. Jh. besitzt im Langhaus eine vollständige Ausmalung der Erbauungszeit, die einmalig in Mitteleuropa ist. Ihre Farbenpracht zeigt, wie wichtig Fresken für das Erscheinungsbild

rechts Die gut erhaltene Ausstattung der Bad Doberaner Zisterzienserabtei gehört zu den vollständigsten und wertvollsten einer mittelalterlichen Klosterkirche.

jeder romanischen Kirche waren, aber auch wie qualitätvoll die Reichenauer Malerschule arbeitete.

Kirchen tagsüber geöffnet.
www.reichenau.de
www.schloesser-magazin.de

Bad Doberan

Inmitten eines Landschaftsparks erhebt sich das Doberaner Münster, einst Kirche des reichsten und größten Zisterzienserklosters Norddeutschlands. Sie ist nicht nur ein großartiges Zeugnis der Backsteingotik, sondern bietet auch eine der vollständigsten und wertvollsten Kirchenausstattungen deutschen Mittelalters. Herzog Heinrich der Löwe besiegte den heidnischen Slawenfürsten Pribislav, der zum Christentum übertreten und ein Kloster stiften musste. Nachdem die erste Gründung bei einem Aufstand der Slawen zerstört und der Konvent ermordet worden war, wurde das Kloster 1186 an der heutigen Stelle neu errichtet. Noch im 14. Jh. brachen Spannungen zwischen slawischen und sächsischen Mönchen im sogenannten Doberaner Mönchskrieg gewaltsam aus. Reichtum brachten neben der Landwirtschaft vor allem Anteile an den Salinen in Bad Sülze und Lüneburg. Ab 1291 begann der Neubau des Münsters, der gewaltige Abmessungen erhielt. Das Langhaus wird noch immer ausgefüllt von den Chorgestühlen der Mönche und Laienbrüder, die streng getrennt voneinander lebten und beteten. Zwei großartige, reich vergoldete Schnitzaltäre des 14. Jh., das eindrucksvolle Triumphkreuz in Form eines Lebensbaumes, eines der ältesten Sakramentshäuser und nicht zuletzt die zahlreichen Grabmäler der mecklenburgischen Herzöge machen Doberan zu einem wahren Schatzhaus des Mittelalters.

geöffnet von Mai bis Sept.: Montag bis Samstag 9 – 18 Uhr, Sonntag und Feiertag 11 – 18 Uhr;
März, April, Okt.: Montag bis Samstag: 10 – 17 Uhr, Sonntag und Feiertag 11 – 17 Uhr;
Nov. bis Febr.: Montag bis Samstag 10 – 16 Uhr, Sonntag und Feiertag 11 – 16 Uhr
www.doberanmuenster.de
www.bad-doberan.de

Erlebnistipp: Maulbronn

Die zum UNESCO-Weltkulturerbe erhobene ehemalige Zisterzienserabtei bietet in einmaliger Vollständigkeit ein komplett erhaltenes mittelalterliches Kloster. Das ganze Ensemble blieb nach der Auflösung 1534 in der Reformation durch die Einrichtung einer evangelischen Internatsschule erhalten, da die Schüler ein Leben wie die Mönche führen mussten. Noch heute besteht der Internatsbetrieb, der so bedeutende Köpfe wie Kepler, Hölderlin und Hesse zu seinen Schülern zählte.
Eine turmbewehrte Mauer umschließt den weitläufigen Wirtschaftshof, der die Bedeutung der Landwirtschaft als Haupteinnnahmequelle ahnen lässt. Die 1178 geweihte romanische Kirche wirkt noch so, als seien die Mönche erst vor kurzem ausgezogen. Hauptsehenswürdigkeit ist hier das prachtvoll geschnitzte spätgotische Chorgestühl, in dem sich der Konvent mehrmals am Tag und in der Nacht zum Chorgebet versammelte. Wandernde Bauhandwerker, die in den nordfranzösischen Kathedralen ausgebildet worden waren, errichteten in Maulbronn einige Gebäudeteile, die zum Schönsten gehören, was die Frühgotik in Deutschland zu bieten hat: Die Vorhalle der Kirche, ein Kreuzgangflügel sowie das Herrenrefektorium beeindrucken durch Gliederungsreichtum und feierliche Strenge. Zum Inbegriff mittelalterlicher Klosterbaukunst wurde der dreischalige Kreuzgangbrunnen, der sich in einem gotischen Zentralbau befindet und mit seinem Plätschern die Stille des Kreuzgangs meditativ begleitet.

Öffnungszeiten: Wirtschaftshof frei zugänglich. Kirche und Klausur März–Okt. tägl. 9 – 17.30 Uhr. Nov.–Febr.: Dienstag bis Sonntag 9.30 – 17 Uhr.
www.schloesser-magazin.de
www.maulbronn.de

unten Kloster Maulbronn hat vollständig seinen gotischen Kreuzgang bewahrt.

Erlebnis **KLÖSTER**

Die Klöster 77

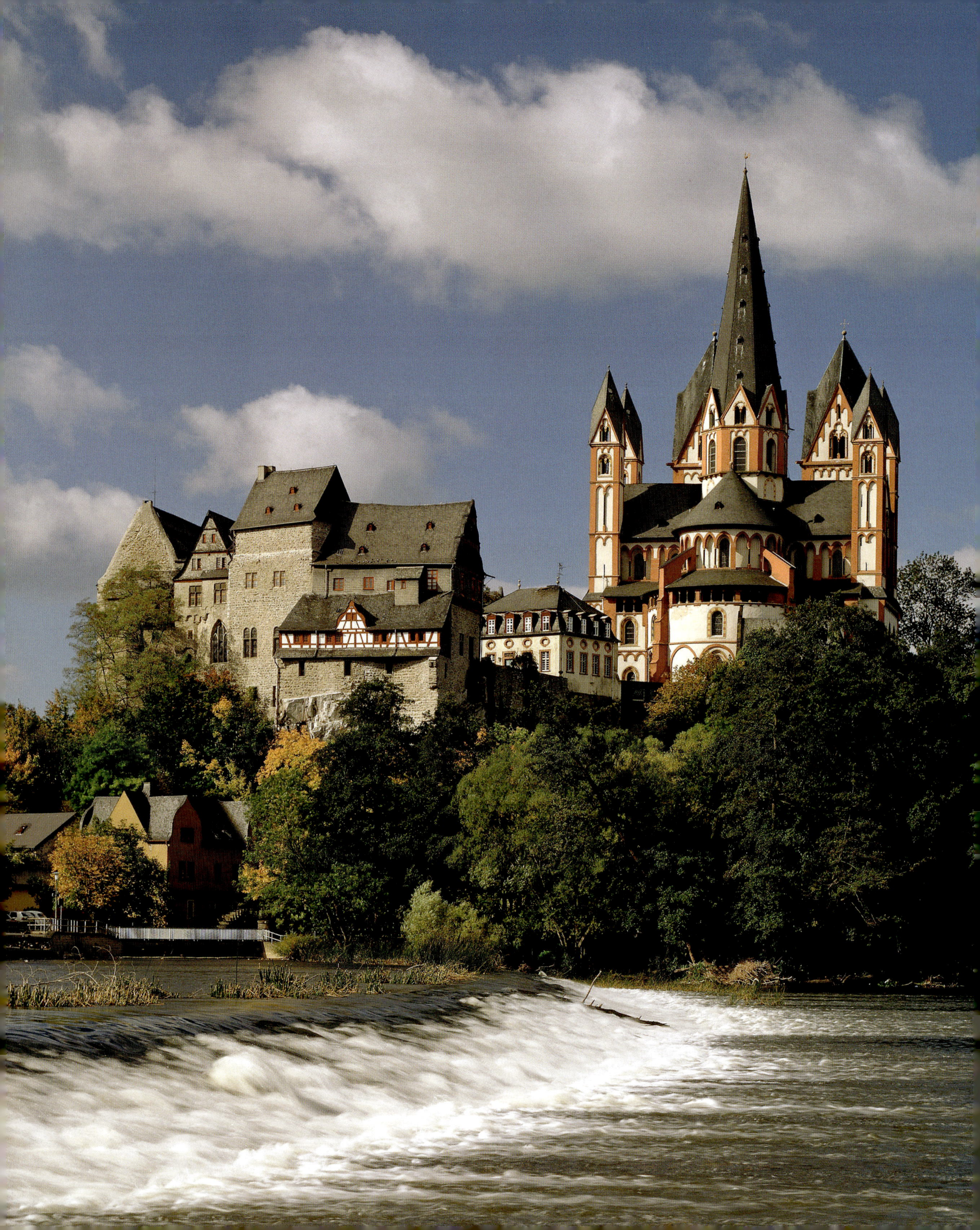

Sorge um das Seelenheil
Himmelslicht und Höllenfeuer

Mit eine der wichtigsten Antriebsfedern mittelalterlicher Menschen war die von der Kirche geschürte Angst vor dem Jüngsten Gericht. Ständig liefen die Gläubigen Gefahr, ihr Sündenkonto weiter aufzufüllen und damit nach dem Tod vom Teufel in die ewige Verdammnis gerissen zu werden. Doch die Kirche schuf auch einen raffinierten Ausweg aus diesem Dilemma: Selbst nach dem Tod konnten Buße, Gebete und fromme Stiftungen die arme Seele wenigstens etwas reinigen, bis das Jüngste Gericht sein endgültiges Urteil sprach.

Engel, Teufel und die arme Seele

Die mittelalterliche Gesellschaft war durch und durch kirchlich geprägt, und so konnte sich kein Mensch ihrem strengen Wertekatalog entziehen. Dabei wurde der Sündenbegriff auch auf immer mehr Kleinigkeiten ausgedehnt. Wortgewaltige Prediger bläuten den Gläubigen ein, dass die Fallstricke der Hölle überall lauerten und der Teufel jede Gelegenheit nutze, die Menschen in die Hölle zu ziehen. In keiner Kirche wurde darauf verzichtet, die Endabrechnung des Sündenkontos bildlich darzustellen – so, dass sie jeder sehen musste. Das Apsisgewölbe romanischer Kirchen schmückte als Blickfang ein raumbeherrschendes Fresko des endzeitlichen Christus mit den vier Wesen, wie ihn die Apokalypse des Johannes schildert. Noch weitaus drastischer, weil eindeutiger waren die in der Gotik beliebten Wandfresken mit dem Jüngsten Gericht. Sie wurden bevorzugt über dem Chorbogen oder über dem Ausgang angebracht, damit sie ja keiner übersehen konnte. Gerade bei der Ausgestaltung der Hölle samt ihrer Monster konnten die Maler ihrer ansonsten von den Klerikern arg beschnittenen Kreativität freien Lauf lassen. Wie ein Standbild aus einem heutigen Horrorfilm brannten sich die dargestellten Höllenqualen den Gläubigen, die so zur Umkehr ermahnt werden sollten, ins Gedächtnis ein.

Kathedralen oder bedeutende Pfarrkirchen leisteten sich darüber hinaus ausführliche Schilderungen des endzeitlichen Geschehens als Relief über dem Hauptportal. Mit großer Dramatik finden sich hier die Toten dargestellt, die von den Posaunen des Jüngsten Gerichts aus dem Grab gerufen werden. Teufel zerren mit den Ketten der Sünde die Verdammten in den Höllenrachen, wo sie auf viele Arten gequält werden. Um klar zu machen, dass selbst die Mächtigen nicht verschont werden, finden sich unter den Sündern immer auch die höheren Stände mit Kaiser, Papst und Bischöfen. Geldsäcke oder Spielwürfel bei beleibten Herren oder modischer Putz bei den Frauen signalisierte klar erkennbar den offiziellen Moralkodex der Kirche. Auf der anderen Seite geleiten Engel die Seligen zur Himmelstür. Dazwischen erscheint

links Die ehemalige Stiftskirche in Limburg an der Lahn, seit 1827 Sitz eines Bischofs, entstand im späten 12. und frühen 13. Jh. in einer einmaligen Mischung spätromanischer Formen des Rheinlandes mit Einflüssen der Kathedrale von Laon. Mit ihren sieben Türmen erhebt sich die Kirche markant auf einem Felsen über der Lahn.

meist der Erzengel Michael mit der Seelenwaage sowie Engel, die mit Teufeln noch dramatisch um einzelne Seelen kämpfen. Mit diesen kirchlichen Propagandamitteln waren die Gläubigen nun täglich konfrontiert. Für das mittelalterliche Lebensgefühl spielte dieses Schreckensszenario in seiner Unausweichlichkeit und Endgültigkeit eine enorme Rolle. Denn die Ankunft des Herrn und damit das Weltgericht konnte jederzeit ohne Vorwarnung eintreten.

Schon früh entwickelte sich zusätzlich die unangenehme Vorstellung eines Zwischenaufenthaltes der Seele zwischen Tod und Jüngstem Gericht im Fegefeuer. So ungemütlich, wie sich der Begriff anhört, war er auch gemeint. Die Seele, die zwangsläufig mit Sünde befleckt war, schmorte in der Vorstellungswelt der Gläubigen hier unter Schmerzen und Wehklagen vor sich hin, konnte aber einiges schon einmal abbüßen. Für Angehörige Verstorbener war es ein unerträglicher Gedanke, nichts für ihre Lieben tun zu können. Daher entwickelte sich die Annahme, dass der leidenden Seele auch noch nach dem Tod geholfen werden konnte, natürlich ausschließlich unter Vermittlung der Kirche. Gebete, Messen und gute Werke waren hier sehr hilfreich – je mehr, umso besser. Dies führte im Spätmittelalter zu fast inflationären Zuständen postmortaler Seelenrettung. Da auch damals die Menschen schon misstrauisch waren, ob ihre Erben einen Teil der hinterlassenen Barschaft tatsächlich wie gewünscht für das Seelenheil der Verstorbenen investierten, regelten sie dies meist minutiös im Testament oder trafen noch zu Lebzeiten entsprechende Vorsorge. Gerade aus diesen sehr persönlichen Verfügungen lässt sich deutlich ablesen, wie tief verwurzelt die Angst vor dem Jüngsten Gericht im Denken des mittelalterlichen Menschen war.

Seelenrettung selbst gemacht

Von der Kirche wurden nicht gerade uneigennützig vielerlei Maßnahmen zur Seelenrettung angeboten, die aber in materieller Hinsicht erst einmal ihr selbst

rechts **Die Nürnberger Lorenzkirche, eine der beiden Hauptkirchen der Reichsstadt, war ein wichtiger Stiftungsmittelpunkt und Begräbnisort des Patriziats. Für ihr Seelenheil ließen die Patrizier in den Werkstätten der Stadt kostbare Kunstwerke anfertigen, allen voran das Sakramentshaus von Adam Kraft.**

links **Das Fürstenportal des Bamberger Domes wurde nach dem Vorbild französischer Kirchenportale im frühen 13. Jh. reich mit Figuren geschmückt. Das Tympanon zeigt das erste monumentale Weltgericht an einem deutschen Portal. Zu Füßen des Weltenrichters steigen die Toten aus ihren Gräbern. Mit großer Dramatik ist die Freude der Seligen und der Schmerz der Verdammten dargestellt.**

zugute kamen. So wurde der Gedanke sehr gefördert, dass Gaben zum Bau und zur Ausstattung von Kirchen als finanzielles Opfer Gott und den Heiligen gefallen und beim Jüngsten Gericht sehr gnädig aufgenommen würden. Von der Kathedrale bis hin zur kleinsten Kapelle gibt es daher keine Kirche des Mittelalters, die nicht zu einem überwiegenden Teil aus diesen kleinen oder größeren Spenden errichtet worden wäre. Ein beliebtes Mittel, gerade für aufwendige und damit teure Klosterkirchen Geld herbeizuschaffen, waren Privilegien an die Mönche, mit den Reliquien ihrer Heiligen eine Bettelfahrt zu unternehmen. Kleinere Baumaßnahmen wie Kapellen waren oft aus einer Hand zu finanzieren, womit sich ein Stifter oder eine Familie ganz gut ins rechte Licht setzen konnte. Bei der reichhaltigen Ausstat-

Sorge um das Seelenheil

tung mittelalterlicher Kirchen gab es nichts, was nicht durch Stiftungen finanziert wurde: Liturgische Gefäße, Reliquiare, Sakramentshäuser, Glasfenster, Fresken, Gestühle, Türen, Glocken, Orgeln und vor allem Altäre.

Die Stiftung eines Altares war gerade im Spätmittelalter ein beliebtes Mittel zur Seelenheil-Sicherung. So füllten sich allmählich große und kleine Kirchen mit einer erstaunlichen Fülle an Altären, die leider fast nirgendwo mehr in ihrer Gesamtheit erhalten blieben. Meist ist nur noch in Urkunden der originale Bestand fassbar. So standen etwa in größeren Stiftskirchen häufig um die zwanzig Altäre. Was eine Altarstiftung richtig teuer machte, war nicht allein der Altar selbst mit seinen Reliquien und dem kunstvollen Aufbau in Schnitzkunst und Malerei. Zusätzlich musste Grundbesitz oder Kapital bereitgestellt werden, aus dessen Erträgen der für den Altar zuständige Priester seinen Lebensunterhalt bestreiten konnte. Denn Zweck einer Altarstiftung war vor allem die damit verbundene Abhaltung von Messen, die dem Seelenheil des Stifters zugute kamen. Bis zum Ende der Welt sollten die Messen gelesen werden. Gestiftet wurde auch eine liturgische Grundausstattung aus Kelchen, Büchern und Messgewändern. Ein sehr wohlhabender Stifter konnte es sich auch leisten, eine eigene Kapelle mit Altar und Grablege an eine Pfarr- oder Klosterkirche anfügen zu lassen, manchmal sogar mit einem eigenen Knabenchor. Bestand einmal ein Altar, konnten dort auch weitere regelmäßige Messstiftungen getätigt werden. Auch hierfür musste der Kirche ein bestimmtes Kapital übergeben werden, aus dessen Zinsen der Priester bezahlt wurde.

Kapitalanlage für die Ewigkeit

Die sicherste weil aufwendigste Variante, die Sündenlast zu mindern, war eine Klostergründung. Denn so betete gleich ein ganzer Konvent für den Stifter, und dies für alle Zeiten. Dem Gründer stand der bestmöglichste Begräbnisplatz zu, den das Kloster zu vergeben hatte: zwischen Chorgestühl und dem Hochaltar mit seinen Reliquien. Ein aufwendiges Hochgrab sowie Darstellungen der Klosterstiftung in Wand- und Glasmalerei dienten dazu, das tägliche Gedenken der Mönche und Nonnen an den Gründer über Jahrhunderte wach zu halten. Da im Mittelalter nie jemand je daran gedacht hätte, dass es einmal zur Auflösung von Klöstern kommen könnte, war dies eine Stiftung für die Ewigkeit. Selbst wenn nicht eigens für den Stifter gebetet wurde, so nahm er dennoch Anteil am permanenten Gotteslob und den Messen, die ohne sein Zutun hier nie stattgefunden hätten.

Eine Klosterstiftung wurde vor allem durch die vom Stifter zu gebende materielle Grundausstattung an großem Landbesitz sehr teuer. Dies machte es nur für wenige erschwinglich, sich so von der Hölle freizukaufen. Aber vor dem Hintergrund, dass hierdurch auf ewig zu erleidende Qualen und Schmerzen verhindert werden konnten, war selbst die teuerste Klosterstiftung gut angelegtes Geld. Um sicher zu gehen, dass Mönche oder Nonnen nicht vor allem ihr eigenes Wohlergehen im Sinn hatten und die Gebetspflichten vernachlässigten, wählte der oder die Stifter immer den gerade modernsten, d. h. strengsten und damit vor Gott wirksamsten Orden oder Reformzweig aus. Die Stifterfamilie behielt sich die weltliche Schutzherrschaft (Vogtei) über ihre Gründung vor, um so auch weiterhin über deren Entwicklung zu wachen. Da schließlich das gesamte Seelenheil der Adelsdynastie im Vordergrund stand, traten immer wieder Familienmitglieder ein, um stellvertretend für alle zu beten und zu büßen. Die meisten Klosterstiftungen stehen am Anfang oder am Ende des Aufstiegs einer Adelsfamilie. Denn ein Hauskloster galt als unverzichtbares Prestigeobjekt, mit dem der neu gewon-

oben Zu den ausführlichsten Darstellungen des Jüngsten Gerichts zählt das Weltgerichtsportal des Freiburger Münsters aus dem späten 13. Jh. Die restaurierte Farbigkeit unterstreicht die Dramatik des Geschehens. Die Gerichtsdarstellung richtete sich nicht nur an die Kirchenbesucher. Da die Vorhalle auch als Gerichtsort diente, sollten die Richter daran erinnert werden, dass sie einst über ihre Urteile vor Gott Rechenschaft ablegen müssen.

rechts Ende des 13. Jh. errichteten die Mönche der Abtei Maria Laach für ihren zweihundert Jahre zuvor verstorbenen Stifter, Pfalzgraf Heinrich II., ein neues Hochgrab, das sich einst mitten im Langhaus erhob. Die Figur des Verstorbenen aus Nussbaumholz erscheint dank der original erhaltenen Farbfassung äußerst lebendig. In der Hand hält er ein Modell der Klosterkirche.

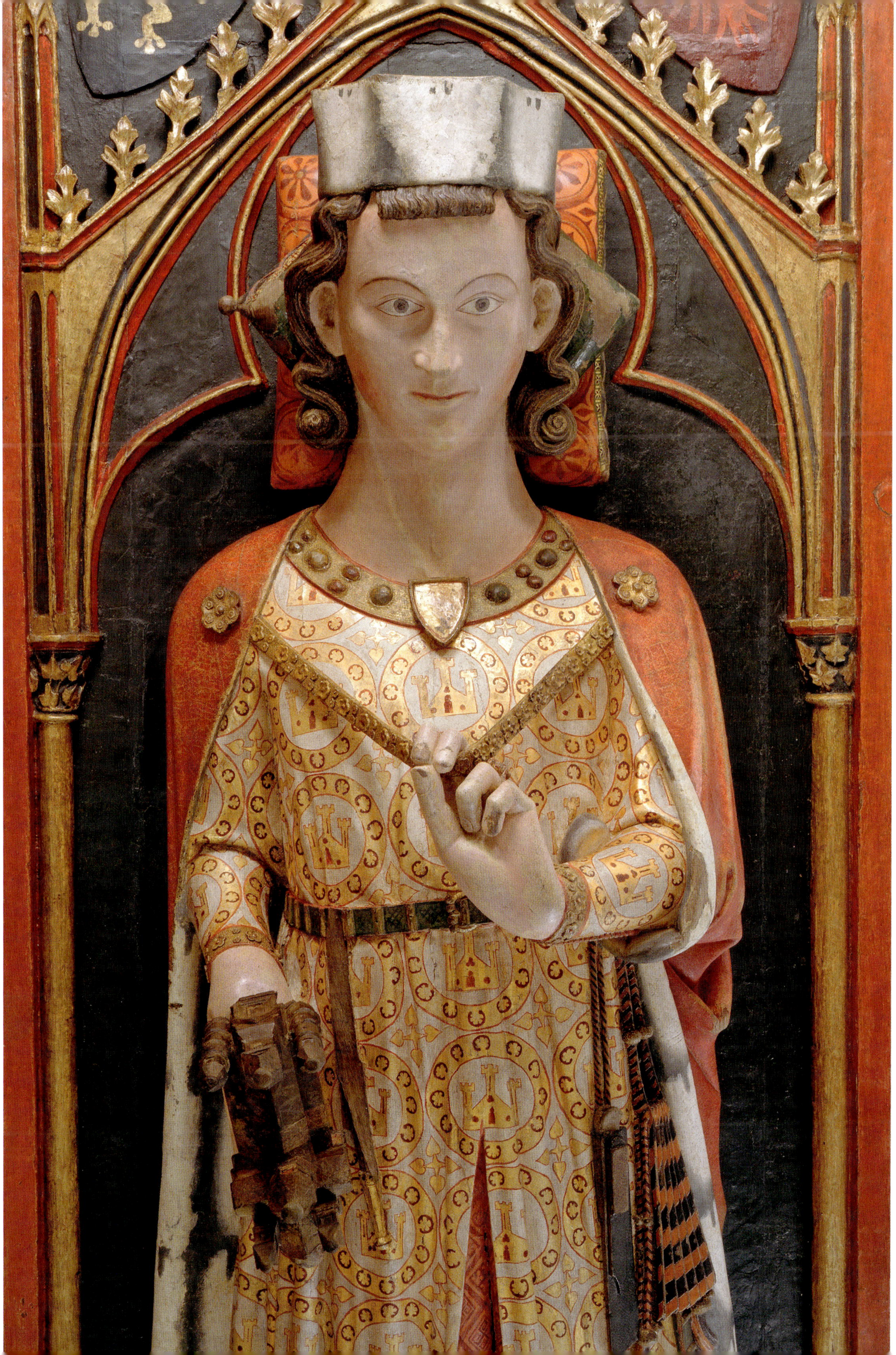

nene Status nach außen markiert wurde. Gab es keine männlichen Nachkommen mehr, setzte die Familie oft Gott zum Erben ein und wandelte den Familienzum Klosterbesitz um. Ganze Residenzen verwandelten sich so in Gottesburgen.

Nicht jeder hatte das nötige Kleingeld für eine solche Tat. Dennoch drängte es viele, sich wenigstens in einem Kloster bestatten zu lassen, um so an den Gebeten und Messen des Konvents teilhaftig zu werden. Doch die Mönche und Nonnen machten auch hieraus eine ergiebige Einnahmequelle. Am preiswertesten war es noch, sich unter einem einfachen Holzkreuz auf dem Klosterfriedhof beerdigen zu lassen, der in unmittelbarer Nähe der Kirche lag. Richtig teuer wurde es innerhalb der Kirche oder im Kreuzgang. Eine Grabplatte mit Wappen und Inschrift oder sogar ein repräsentatives Hochgrab sorgten für die nötige Aufmerksamkeit. Am Todestag zog der Konvent hierher, um für den Verstorbenen zu beten. Da auch für sonstige Wohltäter an deren Sterbetag gebetet wurde, erforderte dies im Kloster eine genaue Buchführung, damit keiner vergessen wurde, was wiederum eine schwere Sünde gewesen wäre.

Wie erfindungsreich die Menschen im Mittelalter waren, wenn es um ihr Seelenheil ging, zeigen unter anderem die sogenannten Pitanzien. Dies sind Sonderstiftungen wie Eier, Fische, Kuchen, Wein etc. an ein Kloster, die jeweils am Jahrgedächtnis des Gebers ausgeteilt wurden. Durch diese willkommene Bereicherung des doch etwas schlichten klösterlichen Speiseplans erreichten die Stifter, dass der Konvent besonders motiviert für sie betete.

Trotz des mehr oder weniger frommen Lebens innerhalb der Klöster regte sich auch dort das Misstrauen, ob man wirklich genügend für das eigene Seelenheil tat. So kamen einzelne Konvente schon früh auf den genialen Gedanken, sich mit anderen zu verbrüdern, damit die Gebetsleistung im Sinne einer Heilsmaximierung allen zugute kam. Vor allem den Toten sollte diese Maßnahme helfen. Daher meldeten die Klöster penibel ihre jeweiligen Sterbefälle an verbrüderte Abteien, die diese in eine Totenliste eintrugen. Mit der Verlesung all jener Namen am jeweiligen jährlichen Sterbetag in vielen Gemeinschaften vervielfachte sich auf einfache Art das liturgische Totengedenken. Nach dem Motto »viel wirkt viel« sollte so die einzelne Seele rascher aus dem Fegefeuer gelangen.

Die kleinere Variante zur Klostergründung war die Stiftung eines Hospitals. Hierfür reichte oft schon eine Hofanlage in der Nähe des Stadttores oder der Hauptverkehrsstraße mit einigem Grundbesitz. Die Armen, Verkrüppelten und Pilger, die hier aufgenommen wurden, waren verpflichtet, vor dem Essen für das Seelenheil der Stifter zu beten. Auch die Messen in der meist angeschlossenen Spitalkapelle kamen ihnen zugute. Überhaupt kam dem Mitleid mit den Armen gemäß der christlichen Lehre ein besonderer Stellenwert zu. Denn im Armen konnte man Jesus selbst begegnen. Daher versammelten sich die Bettlermassen einer mittelalterlichen Stadt bevorzugt vor den Kirchenportalen, da gerade hier das schlechte Gewissen der Reichen besonders gut in ein Almosen umgewandelt werden konnte. Wie alle Werke der Barmherzigkeit reduzierte auch dies die Sündenlast. In vielen Testamenten Adeliger oder reicher Bürger tauchen Essens- oder Geldspenden an Arme am Tag des Jahrgedächtnisses auf. Gerade dadurch, dass sie sich nicht mit der Sündenlast des Reichtums befleckt hatten, galten ihre Gebete als besonders rein und wirksam.

Sorge um das Seelenheil

links Zu den schönsten Stiftungen für das Seelenheil zählt das Westfenster der ehemaligen Zisterzienserabteikirche Altenberg bei Köln, eines der größten mittelalterlichen Fenster in Deutschland. Inmitten der vielen Heiligen, die als Bewohner der im Goldglanz erstrahlenden Himmelsstadt dargestellt sind, erscheint das Stifterpaar Herzog Wilhelm I. von Jülich-Berg und seine Gemahlin Anna von der Pfalz.

Seelenheil für den kleinen Mann

In überwiegend katholischen Gegenden fällt noch heute die Vielzahl an meist neuzeitlichen Bildstöcken auf, doch mittelalterliche Stiche und Gemälde zeigen, dass dieser Brauch auch schon zu dieser Zeit sehr gängig war. Erhaltene Beispiele sowie Gründungslegenden zahlreicher Wallfahrtsorte, die hierin ihren Ursprung haben, bestätigen dies. Einen Bildstock mit einem Kreuz, einer Pièta oder Heiligenfiguren aufzustellen, war auch für den kleinen Mann finanzierbar. Damit konnte er ein Gelübde erfüllen oder dank der Gebete, die von den Vorübergehenden gesprochen werden mussten, auch für sein Seelenheil sorgen. Weit verbreitet waren einst auch Sühne-Kreuze. Sie mussten vom Täter in der Nähe jenes Ortes aufgestellt werden, an dem er sein Opfer getötet hatte. Denn schlimmer noch als das gewaltsam verlorene Leben war für den mittelalterlichen Menschen die Vorstellung, dass der Ermordete plötzlich und daher ohne Möglichkeit, Vorsorge für sein Seelenheil zu treffen, aus dem Leben geschieden war. Das Sühnekreuz sollte daher durch die Gebete der Vorübergehenden einen gewissen Ausgleich für ihn schaffen. Um zu erreichen, dass möglichst Viele beteten, stellte man es wie die Bildstöcke gerne an Wegkreuzungen oder belebten Straßen auf.

Zwei beliebte Mittel zur Minderung der Sündenlast, die sowohl von arm als auch reich ausgiebig genutzt wurden, waren Ablässe und Gebetsbruderschaften. Besonders im Spätmittelalter erfreuten sich diese einer ungeheuren Beliebtheit. Ablässe waren von der Amtskirche ausgestellte Privilegien, die den Gläubigen beim Besuch einer Kirche an bestimmten Tagen einen zeitlich genau befristeten Sündenerlass gewährten – meist waren dies Kirchweih- oder Wallfahrtstage. Ablässe konnten auch mit einzelnen Altären verbunden sein. Von der Kathedrale bis hin zur Wallfahrtskapelle versuchten so alle Kirchen, ihre Attraktivität und damit natürlich ihre Einnahmen zu steigern, indem hier möglichst viele Ablasstage zu erhalten waren. Gerade für die kostenintensiven Baumaßnahmen waren Ablässe ein beliebtes Mittel der Finanzierung. Gläubige, die in die Baukasse spendeten, erhielten eine gewisse Sündenstundung.

Im Wettbewerb um den Ort, an dem man die meisten Sünden loswerden konnte, überboten sich die einzelnen Kirchen förmlich. So konnten verschiedene Klöster bis in die Hunderttausende gehende Ablasstage anhäufen. Da die jeweiligen Kirchen versuchten, mit ihren Ablässen Profit zu machen, indem immer mehr Gläubige hierher strömten und ihre Gaben spendeten, machte auch die Amtskirche ein Geschäft daraus. Sie gab diese Ablässe nur gegen entsprechende Fürsprache, Gegenleistungen oder gleich gegen Geld heraus. Das groteske Anwachsen und der Missbrauch des Ablasswesens im frühen 16. Jh. war einer der Gründe, warum es zur Reformation kam. Denn das Motto »Das Geld im Kasten klingt, die Seele in den Himmel springt« war offensichtlich überstrapaziert worden.

So fremd wie auf uns das mittelalterliche Ablasswesen wirkt, so fern ist der heutigen Zeit auch die stupide Aufrechnerei der Gebetsbruderschaften – im Mittelalter ein weiteres Mittel zur Verringerung der Sündenlast. Denn diese waren Vereinigungen, in denen die von den Einzelnen zu leistenden Gebete sich zu einem immensen Gnadenschatz summierten, an dem dann alle Mitglieder teil hatten. Auch die Messen, die vor Ort gestiftet und gefeiert wurden, kamen allen zugute. Vorrangiger Zweck war die Errettung der armen Seelen verstorbener Mitglieder aus dem Fegefeuer. Neben lokalen Bruderschaften gab es einige von europaweiter Bedeutung mit Tausenden von Mitgliedern, in denen vom Herrscherhaus bis zu einfachen Bürgern ständeübergreifend alles vertreten war. Eine besondere Kraft zur Errettung armer Seelen schrieb man den Rosenkranz- und Skapulierbruderschaften zu. Der Legende nach verlieh die Gottesmutter Maria den Rosenkranz dem hl. Dominikus, dem Gründer des Dominikanerordens, und das Skapulier (schmaler Schurz über der Mönchstunika) dem hl. Simon Stock, der den Karmelitenorden nach Europa brachte. Sie gab hierbei das Versprechen, dass beide Gegenstände den Träger vor der Hölle bewahrten, so dass diese bis ins Grab ständig mitgeführt wurden.

Repräsentation bis zum jüngsten Gericht

Teil der Memoria (Erinnerung, Andenken), des liturgischen Totengedächtnisses, war auch die Gestaltung der Grablege. Bevorzugter Bestattungsort des Adels und der hohen Geistlichkeit war das Kircheninnere nahe dem Altar mit seinen Reliquien, deren Heilswirkung noch auf den Toten ausstrahlen sollte. Erst ab dem 12. Jh. kommen anstelle der bisher üblichen

Sorge um das Seelenheil 85

schlichten Grabplatten, die sich nur wenig über das Fußbodenniveau erhoben, aufwendigere und vor allem figürliche Gestaltungen hinzu.

Die repräsentativste Form war das Hochgrab, das vom 13.-16. Jh. beim Hochadel und den Bischöfen ein absolutes »Muss« war. Über der Bestattung unter dem Kirchenfußboden erhob sich ein kastenförmiger Aufbau (Tumba) mit einer Deckplatte. Auf dieser befand sich eine dreiviertelrunde Liegefigur, die den Verstorbenen mit den Insignien seiner weltlichen und geistlichen Würde zeigt. Die Darstellungen sind aber keine Portraits, sondern Idealbilder. Sie bilden den Toten fast durchweg in der Blüte seiner Jahre in ebenmäßiger Schönheit ab, auch wenn derjenige erst im hohen Alter gestorben war. Diese Zeitlosigkeit verweist schon auf die Auferstehung. Denn nicht mit den Gebrechen des Alters, sondern in jugendlicher Kraft und Schönheit wollte man unbeschwert ins Ewige Leben aufbrechen.

Die Grabfiguren sind immer in betender Haltung dargestellt. So wird demonstrativ fromme Gesinnung und Vorbereitung auf die Ewigkeit vorgeführt. Zudem schien es bei den Jahrgedächtnissen, bei denen das Grab von Klerikern und der Verwandtschaft aufgesucht wurde, dann so, als betete der Verstorbene mit – also auch hier wieder die unauflösliche Gemeinschaft der Lebenden und der Toten. Heute haben die allermeisten Hochgräber ihre einst reiche Farbfassung verloren. Durch sie wirkte die Grabfigur wie lebend im Moment ihrer Auferstehung. Deshalb sind die Augen geöffnet. Die steinernen Aufbauten waren üppig mit Maßwerkschmuck verziert, teilweise begleitete ein ganzer Trauerzug oder Heilige als Reliefs den Toten.

Rund um die Deckplatte läuft immer eine Inschrift um, die Sterbedatum, Name und Titel nennt. Waren die Gräber des Frühmittelalters noch weitgehend schlicht und anonym, so änderte sich dies in den folgenden Jahrhunderten radikal. Zwar wird persönliche Eitelkeit auch schon eine große Rolle bei der Größe der Grabmäler und der Anbringung von Inschriften gespielt haben. Aber Hauptmotivation war die Angst vor dem Vergessen, dem geistigen Tod.

Erst im Spätmittelalter verbreitete sich, ausgehend vom Kunstzentrum Burgund, auch in Deutschland eine makabre Doppelgestaltung. So findet sich auf der Deckplatte der Verstorbene in seiner ganzen Pracht dargestellt, während eine zweite Platte darunter den nackten Toten im fortgeschrittenen Zustand der Verwesung zeigt – eine ständige Mahnung an die Vergänglichkeit allen irdischen Ruhms (memento mori).

Mittelalterliche Kirchen glichen wahren Grabhäusern. Denn die sperrigen Hochgräber standen mitten im Raum, der damals noch keine Bankreihen besaß. Der Boden war im Lauf der Jahrhunderte fast ganz bedeckt mit zahllosen ebenerdigen Grabplatten in flachem Relief oder Ritztechnik, manchmal ausgefüllt mit Messing oder Marmor. Doch auch die Wände waren in den Totenkult miteinbezogen. Hier hingen in der Nähe des Grabes bei Bischöfen und Herrschern rühmende Inschrifttafeln, die ausführlich auch de-

rechts Eines der qualitätvollsten Werke Altkölner Malerei ist das Epitaph des Grafen Gumprecht II. von Neuenahr und seiner vielköpfigen Familie. Verheiratet mit der Erbin der Grafschaft Limburg konnte der Graf seine Grablege im Kölner Zisterzienserinnenkloster Mariagarten aufwendig ausgestalten. Das um 1500 vom Meister der Heiligen Sippe geschaffene Bild zeigt das Grafenpaar in repräsentativer Kleidung und idealisiertem Alter mit seinen Kindern vor den persönlichen Schutzheiligen.

86 Sorge um das Seelenheil

ren Stiftungen für ihr Seelenheil bekannt gaben. Aus der Sitte, die Turnierschilde der Verstorbenen in der Kirche aufzuhängen, entwickelten sich bei den Patriziern die runden Totenschilde, die das jeweilige Wappen zeigen. Wer es sich leisten konnte, stiftete zudem ein Ewiges Licht, das über dem Grab brannte. Alle Gräber in und um die Kirchen waren mit Blickrichtung nach Osten angelegt. So wie dort jeden Tag die Sonne aufgeht, so erwartete man von hier die Wiederkunft Christi beim Jüngsten Gericht.

Nicht nur in ihren Grabmälern, auch in der von ihnen bezahlten Kirchenausstattung blieben die frommen Stifter bildlich präsent und damit Teil ewigen Angedenkens. Besonders beliebt waren Darstellungen der Stifterwappen oder -figuren in den teuren Glasfenstern, denn hier fielen sie besonders gut ins Auge. Noch weitgehender war die Stifterrepräsentation auf den vielen Altären, die in einer mittelalterlichen Kirche standen. Hier tauchen inmitten des gemalten heiligen Geschehens unvermittelt kleine Figürchen der Stifter auf. Mit der Zeit wurden die stets kniend und betend gezeigten Bittsteller immer größer. Da sie im Spätmittelalter mit ihren realen Gesichtszügen gemalt wurden, war es von hier nur noch ein kleiner Schritt zur Entwicklung des selbstständigen Portraits, das des religiösen Vorwands nicht mehr bedurfte. Gerade auf den Altartafeln, die sich an den liturgisch zentralen Stellen des Kirchenraums erhoben, zeigt sich deutlich die Vermischung des Wunsches nach ewigem Gebetsgedenken für das Seelenheil und ganz eitler Repräsentation der Frömmigkeit und des Reichtums einer Familie. Da auch die Messgewänder der Priester nicht nur mit religiösen Darstellungen, sondern auch mit den Wappen der Stifter bestickt waren, wurde dem Kirchenvolk selbst beim heiligsten Geschehen werbewirksam die führende Familie präsentiert.

Tod als Teil des Lebens

Im Mittelalter war der Tod und die Toten allgegenwärtig. Heute sterben die meisten in der sterilen und halbanonymen Umgebung eines Krankenhauses, Leichenwagen sind bis zur Unkenntlichkeit neutral gehalten und Friedhöfe können nicht weit genug außerhalb der Siedlungen liegen. Der mittelalterliche Mensch hatte aufgrund der Vorstellung vom Jüngsten Gericht sicher größere Angst vor dem Tod als wir heute, doch war das Sterben eine anerkannte Lebensphase. Schon aufgrund der geringeren Lebenserwartung, die mangelhafter Hygiene, unfähigen Ärzten, Seuchen und Kriegen geschuldet war, war der Tod innerhalb der Familie, des Dorfes oder der Stadt Alltag. Gestorben wurde öffentlich, d. h. Familie,

rechts Kaiser Konrad II. ließ unmittelbar nach seiner Wahl zum deutschen König 1024 mit dem Domneubau in Speyer beginnen, der zur Grablege der Dynastie der Salier wurde. In seinen gewaltigen Ausmaßen ist er eine wahrhaft kaiserliche Stiftung für das Seelenheil.

Freunde und Nachbarn versammelten sich am Bett des Sterbenden, um ihm mit Gebeten beizustehen. Der Priester, der die letzte Ölung brachte, tat dies für alle sichtbar als Versehgang, begleitet von zwei glöckchenschwingenden Messdienern. Aufgebahrt wurde zu Hause, so dass genug Zeit zum Abschiednehmen war. An der Beerdigung nahm nicht nur die engere Familie teil, sondern alle, die Zeit hatten, da dies als eines der Werke der Barmherzigkeit galt.

Friedhöfe lagen im Mittelalter rund um die Pfarrkirche und damit mitten im Dorf oder der Stadt. Erst im späten 18. und frühen 19. Jh. spielten Hygienegesichtspunkte eine Rolle, die zur Verlegung der Friedhöfe vor die Stadtmauer oder an den Dorfrand zwangen. Die Toten wurden rund um die Kirche bestattet, da sie nach mittelalterlichem Verständnis mit den Lebenden eine unauflösliche Gemeinschaft bildeten. Denn gemäß dem christlichen Glauben an die leibliche Auferstehung beim Jüngsten Gericht entstiegen sie ja irgendwann wieder ihren Gräbern. Durch die räumliche Nähe hatten sie auch Anteil an den Gebeten und Messen der Lebenden. Da in jedem Altar Reliquien von Heiligen geborgen waren, hatte auch die Nähe zu ihnen eine segensstiftende Wirkung auf die Toten. Ganz deutlich wird dieser Aspekt bei den sehr beliebten Bestattungen rund um eine Kirche mit Heiligengrab. Hier hofften die Verstorbenen, sich einst am Tag des Jüngsten Gerichts an den Heiligen als Fürbitter klammern zu können, um Gott gnädig zu stimmen. Dieser Gedanke färbte auch auf die kleinen Reliquienpartikel in den Altären aller Kirchen ab.

Meist stand auf den Friedhöfen eine Kreuzigungsgruppe und ein Ewiges Licht, das den Verstorbenen leuchtete und Dämonen abwehrte. Die Gräber waren überwiegend nur mit einem einfachen, anonymen Holzkreuz gekennzeichnet. Erst ab dem Spätmittelalter finden sich steinerne Kennzeichnungen. Da Friedhöfe mitten im Ort lagen, konnten sie nicht erweitert werden. Die bei Neubelegungen oftmals noch vorhandenen Gebeine wurden sorgfältig dem Grab entnommen und in einem Beinhaus (Karner), das jeder Friedhof besaß, fein säuberlich nach Knochensorte aufgestapelt, manchmal sogar die Schädel mit Namen beschriftet oder Wände und Gewölbe mit Ornamenten aus Knochen verziert. Mit dem Beinhaus war meist eine Kapelle für Seelenmessen verbunden, die häufig dem Erzengel Michael geweiht war, der beim Jüngsten Gericht die Sündenlast der Seelen wog.

Sorge um das Seelenheil

Hier finden sich auch Wandfresken mit Darstellungen des sogenannten Totentanzes. Mit mahnenden Inschriften versehen lädt der als Gerippe personifizierte Tod Frauen und Männer aller Alters- und Gesellschaftsschichten nacheinander zum Tanz ins Jenseits. Vom Kaiser bis zum Bettler, von der Königin bis zur Bauersfrau holt der Tod alle ohne Ansehen des Standes, des Alters oder Vermögens. Die Beliebtheit dieses Themas im Mittelalter zeigt, dass der Tod zum einen auch positiv als der große Gleichmacher empfunden wurde; ein starkes soziales Ventil für das einfache Volk. Zum anderen sind Totentänze die bildliche Umsetzung des beherrschenden Vergänglichkeits(Vanitas)-Gedankens, der gerade bei den Volkspredigern des Dominikaner- und Franziskanerordens eine große Rolle spielte. Beliebt war neben den Totentänzen auch die Darstellung der Begegnung der drei Lebenden mit den drei Toten als weiteres drastisches Memento Mori (Gedenke, dass du sterblich bist). Der weit verbreiteten und variationsreichen Legende nach trafen drei junge Adelige bei einer Jagd mitten im Wald auf drei offene Bestattungen. Die Toten, die oft in den unterschiedlichen Phasen der Verwesung dargestellt sind, sprechen mahnend zu den Lebenden »Wir waren einst, was ihr seid und ihr werdet bald sein, was wir sind«.

Mittelalterliche Friedhöfe waren nicht wie heute stille, parkartige Anlagen mit steinernen Monumenten, versteckt hinter hohen Mauern. Sie waren zentrale Orte des Gemeinschaftslebens. Nach dem Kirchgang wurde hier ausgiebig getratscht, Verabredungen getroffen oder Geschäfte gemacht. Viele Friedhöfe dienten als Gerichtsort, teilweise wurden dort Urkunden ausgestellt, ja sogar Jahrmärkte abgehalten. Wie eng geschlossen die mittelalterliche Gesellschaft in den Städten war, zeigte sich auch nach dem Tod. Denn Fremde (im Mittelalter Elende genannt), die hier zufällig gestorben waren, ließ die Obrigkeit abgesondert auf eigenen (Elends-) Friedhöfen oder auf den Friedhöfen der Hospitäler bestatten.

Ars moriendi – die Kunst des Sterbens

Während wir uns heute einen raschen Tod wünschen, möglichst im Schlaf, damit wir gar nichts davon merken, war im Mittelalter die Vorstellung vom »guten Tod« eine völlig andere. Der plötzliche und damit »schlechte Tod« ließ keine Zeit mehr, um sich christlich darauf vorzubereiten. Ein Ausdruck dieser Angst hat sich bis heute in den Christophorus-Plaketten erhalten, die sich noch viele als Talisman ins Auto kleben, ohne den Ursprung zu kennen. Dieser Brauch verbindet uns noch mit der mittelalterlichen Vorstellung vom »guten Tod«, dessen Patron Christophorus (griech. Christus-Träger) war. Der Legende nach war er ein Riese, der nur dem Mächtigsten dienen wollte. Nachdem auch der Teufel ihm nicht mächtig genug erschien, ging er schließlich in die Dienste eines Einsiedlers und trug auf seinen Schultern Pilger durch einen wilden Fluss. Eines Tages setzte er ein Kind über, dessen Gewicht ihn fast niederdrückte. Schließlich gab sich dieses als das Christkind zu erkennen, das die Last der Welt trug. So wurde Christophorus zunächst Patron der Pilger, die sich Schutz vor den vielen Gefahren des Weges von ihm erbaten. Schließlich entwickelte sich hieraus ab dem 13. Jh. die Vorstellung, dass derjenige, der eine Darstellung dieses Heiligen gesehen hatte, an diesem Tag vor dem plötzlichen und damit »schlechten Tod« geschützt war. So erklärt sich die Fülle an mittelalterlichen Christophorus-Figuren und -Wandgemälden, die meist in der Nähe des Ausgangs in der Kirche angebracht wurden. Sie besitzen teils eine enorme Größe, damit sie auch wirklich jedem Kirchenbesucher ins Auge fielen und somit ihre Schutzwirkung entfalten konnten.

Sterben galt bis ins 19. Jh. hinein als eigenständige Lebensphase, die für einen Christen gut vorbereitet angegangen werden musste. Denn vorher sollte unbedingt noch Zeit bleiben, den Nachlass zu regeln, die letzte Ölung zu empfangen und noch beichten zu können. Denn nur so war gesichert, dass man sein Bestmögliches getan hatte, um als reuiger Sünder vor dem Jüngsten Gericht zu bestehen. Manchen erschien dies zu unsicher, so dass sich selbst höchste Herrschaften entschlossen, beim Herannahen des Todes noch schnell in ein Kloster einzutreten, um im Mönchsstand begraben zu werden, in der Kutte aufzuerstehen und damit vor Gott besser zu bestehen. Für uns heute ein frommer Betrug, zeigt dies deutlich die enorme Angst vor dem Jüngsten Gericht. Häufig wird überliefert, dass die Menschen des Mittelalters ihren Tod kommen fühlten. Dies setzt eine Bereitschaft zur Akzeptanz voraus, die uns heute fremd ist. Doch für den Gläubigen war der Tod ja nur das Tor in eine bessere Welt, das Himmlische Jerusalem, das in den schönsten Farben ausgemalt wurde.

rechts Der mittelalterlichen Vorstellung nach fand in der Todesstunde eines jeden Menschen ein dramatischer Kampf zwischen Himmel und Hölle um die Seele des Verstorbenen statt. Auch im von Hildegard von Bingen verfassten Liber Scivias ist eine solche Abbildung enthalten (Miniatur aus dem Rupertsberger Codex, 12. Jh.).

Ein gerade im Spätmittelalter äußerst beliebtes Bildmotiv, das den »guten Tod« exemplarisch schildert, ist die Darstellung des Todes Mariens. Der Legende nach wünschte sich die Gottesmutter, als sie ihren Tod kommen fühlte, dass sich die über die ganze Welt verstreuten Apostel noch einmal in ihrem Haus versammeln und ihr in ihren letzten Stunden beistehen sollten. Ihr Sohn schlug ihr diesen Wunsch nicht ab und ermöglichte das Wunder. So zeigen viele Reliefs und Tafelmalereien Maria auf dem Totenbett, umgeben von den zwölf Aposteln, die Gebete sprechen und sie mit Weihwasser besprengen. Hinter ihr steht Christus und nimmt ihre Seele in Empfang, um sie in den Himmel zu geleiten. Die Seele eines Verstorbenen ist im Mittelalter immer als Kind dargestellt, um deren geläuterte Reinheit auszudrücken. Im Zuge des wachsenden Kultes um die Heilige Familie stellte man schließlich als ein weiteres Beispiel des „guten Todes" die hl. Anna, Mutter Mariens, dar, wie sie getröstet in den Armen ihres Enkels Jesus verstirbt.

Im Spätmittelalter entwickelte sich eine eigene, weit verbreitete Literaturgattung, die sich mit der Vorbereitung einer guten Todesstunde beschäftigte. Wie wichtig diese erachtet wurde, zeigt sich schon im Titel »Ars moriendi« (Kunst des Sterbens). Denn weitaus schlimmer als der körperliche Tod war der Tod der Seele. Gerade der Sterbephase kam hierbei entscheidende Bedeutung zu, da am Bett des Todkranken der Vorstellung nach die Teufel noch einmal alles aufboten, um die Seele auf ihre Seite zu ziehen, und mit den Engeln um sie kämpften. Deshalb war vor allem hier der Beistand von Priestern oder Sterbehelfern wichtig, um die Anfechtungen zu bestehen. Die Ars moriendi-Texte sind eine Zusammenstellung von Ermahnungen, Fragen und Gebeten, die dem Sterbenden vorgelesen werden sollten. Sie dienen dazu, ihn fest im Glauben zu verankern, damit er nicht noch kurz vor dem Ende abfiele und damit ewige Verdammnis erleiden müsste. Ihm sollte ganz klar vor Augen geführt werden, dass der Tod jetzt unausweichlich sei, damit er seine letzte Chance auch entsprechend nutzen konnte. Unzufriedenheit oder Verzweiflung über das eigene Leid galten als Anfechtungen des Teufels. Schmerzen sollten als Form der Buße geduldig angenommen werden. In Ruhe und Gefasstheit den eigenen Tod anzunehmen, den Glauben zu bekräftigen, die Sünden zu bereuen und die Heiligen als Fürbitter anzurufen war das Ziel der Anleitung.

Die Ars moriendi-Literatur wurde gerade von jenen Kreisen verfasst und verbreitet, die sich im Umfeld der Konzilien von Konstanz und Basel um eine umfassende Reform der Kirche an Haupt und Gliedern bemühten. Schon mitten im Leben sollte sie gelesen werden, um die eigene Vergänglichkeit ständig mahnend vor Augen zu haben, die Kunst des »guten« Sterbens zu erlernen und allzeit bereit zu sein. Denn der Tod war allgegenwärtig und konnte jederzeit jeden treffen. Das zeitlich begrenzte irdische Leben war letztendlich nichts anderes als die Vorbereitung auf das eigentliche, weil ewig andauernde Leben im Himmel.

Sorge um das Seelenheil

Erlebnis HIMMELSSEHNSUCHT

Doppelkapelle Bonn-Schwarzrheindorf

Die 1151 unter Anwesenheit König Konrads III. geweihte Doppelkapelle gehört dank ihrer innen wie außen vollständig erhaltenen ursprünglichen Farbigkeit und ihrer reichen architektonischen Gestaltung zu den eindrucksvollsten mittelalterlichen Sakralbauten. Sie legt zudem ein wichtiges Zeugnis ab als Seelenheilstiftung eines hochrangigen Reichspolitikers. Gestiftet wurde sie von Arnold von Wied, Kanzler Konrads III., kurz nach seiner Wahl zum Kölner Erzbischof als Kapelle seiner Burg. Die Form der Doppelkapelle orientiert sich an den königlichen Pfalzkapellen, die als Typus letztendlich auf die Pfalzkapelle Karls des Großen zurückgehen. 1156 starb der Erzbischof als Teilnehmer an einem Osterlauf und wurde seinem Wunsch entsprechend in der Kapelle begraben, deren Wandmalereien er schon ganz auf die ihr zugedachte Funktion als Mausoleum anbringen ließ. Sie zeigen in seltener Vollständigkeit ein ausgefeiltes theologisches Programm, das sich ganz auf das Jüngste Gericht und die ersehnte Himmelsstadt bezieht. Aus seinem Grab in der Unterkirche blickte der verstorbene Stifter imaginär durch die achteckige Mittelöffnung auf die Erscheinung des endzeitlichen Christus in der Apsis des Obergeschosses. Arnold von Wieds Schwester Hadwig, Äbtissin der Damenstifte Essen und Gandersheim, setzte am Grab ihres Bruders Stiftsdamen ein, die für dessen Seelenheil beten sollten. Sie ließen an den Zentralbau ein kurzes Langhaus anfügen.

Öffnungszeiten: Dienstag bis Freitag 9 – 18.30 Uhr, Sonntag 11 – 18.30 Uhr
www.bonn-region.de

Altenberger Dom

In typischer Zisterzienserlage erhebt sich im wasserreichen Tal der Dhünn unweit Kölns die gotische Abteikirche von Altenberg. 1133 wandelte Graf Adolf von Berg seine alte Burg in ein Zisterzienserkloster um, da sein Bruder Eberhard wenige Jahre zuvor in Morimond in den Orden eingetreten war. Ein weiterer Bruder war zu dieser Zeit Erzbischof von Köln und engagierte sich ebenfalls stark für die Gründung seiner Familie, die zu ihrem Hauskloster und ihrer Grablege werden sollte. 1259 wurde die romanische Kirche abgebrochen und es entstand jener großartige hochgotische Bau, den wir heute noch vor uns haben. Dieser orientiert sich an den aufwendigen Formen der Kathedralgotik, wie sie zeitgleich in Köln verwirklicht wurden, jedoch auf zisterziensische Einfachheit reduziert; Vorbild waren auch die leider zerstörten französischen Mutterklöster des Ordens. Die Grafen von Berg erhielten im nördlichen Querhaus eine exklusive Grablege. Zusätzlich wurden für einige von ihnen repräsentative Hochgräber im Chor gefertigt. Anlässlich der Erhebung Wilhelms I. von Jülich-Berg in den Herzogsstand 1380 stiftete dieser zusammen mit seiner Gemahlin Anna von der Pfalz die Glasmalereien für das riesige Westfenster. Unter ungemein prächtigen gotischen Goldbaldachinen stehen als Bewohner der Himmelsstadt zahlreiche Heilige.

tagsüber geöffnet
www.altenberger-dom.de

St. Sebald und St. Lorenz in Nürnberg

Die Entstehung Nürnbergs aus zwei ursprünglich selbstständigen Stadtteilen dokumentiert sich bis heute in den beiden Hauptkirchen St. Lorenz und St. Sebald. Beide entwickelten sich zu Stiftungsmittelpunkten der reichen Bürgerschaft und wurden daher ungemein prachtvoll ausgebaut und ausgestattet. Die vornehmen Patrizier unterhielten hier eigene Kapellen, in denen die Familie ihre Grablege besaß. Langhaus und Westchor von St. Sebald folgten bei ihrer Errichtung im 13. Jh. noch dem Vorbild des Bamberger Domes. 1361–1379 wurde der kathedralhafte Hallenchor angefügt. Hier steht der Schrein des Stadtpatrons und Pilgerheiligen Sebaldus, der im frühen 16. Jh. durch Peter Vischer und seine Werkstatt einen großartigen Bronzebaldachin in fantasievollen Renaissanceformen erhielt. Glasmalereien, Grabplatten, Epitaphien, Altäre und Totenschilde zeugen von den Seelenheilstiftungen der Patrizier. Auch St. Lorenz erhielt im 15. Jh. einen riesigen Hallenchor und wurde zudem mit einer prachtvollen Fassade versehen. Aus der Fülle der reichhaltigen Ausstattung ragen mit dem großartigen Sakramentshaus des Bildhauers Adam Krafft und dem hoch im Chor hängenden Englischen Gruß des Veit Stoß Spitzenleistungen der Spätgotik hervor.

St. Sebald geöffnet von Jan. bis März: 9.30 – 16 Uhr; 1. Advent bis Silvester, April, Mai und Okt.: 9.30 – 18 Uhr; Juni, Sept.: 9.30 – 20 Uhr

St. Lorenz geöffnet werktags 9–17 Uhr, sonntags 13–16 Uhr
www.nuernberg.de
www.lorenzkirche.de

Landgrafenchor Elisabethkirche Marburg

Um beim Jüngsten Gericht von ihrer berühmten Urahnin zu profitieren, ließen sich viele hessische Landgrafen mit ihren Gemahlinnen in der Grabkirche der hl. Elisabeth beisetzen. Dabei wählten sie das südliche Querhaus als Familiengrablege, die somit genau dem Grab der Heiligen im nördlichen Querhaus gegenüber lag. In der Vierung dazwischen steht noch heute das Chorgestühl der Deutschordensritter, die für das Seelenheil der Verstorbenen beten mussten. Wie ein Lehrbuch mittelalterlicher Grabmalskunst entfaltet sich hier ein in Deutschland wohl einmaliger Reichtum an hochqualitativen, reich geschmückten mittelalterlichen Hochgräbern vom 13. bis zum 16. Jh. Einst waren sie

links Die 1151 geweihte Doppelkapelle im Bonner Ortsteil Schwarzrheindorf wurde vom Kölner Erzbischof Arnold von Wied als Kirche seiner Burg und Grabbau errichtet.

unten Die aufwendigen gotischen Hochgräber der Landgrafen von Hessen nehmen vollständig das südliche Querhaus der Marburger Elisabethkirche ein.

Erlebnistipp: Limburg an der Lahn

Eine der schönsten Stiftungen für das Seelenheil hat sich mit dem Limburger Dom erhalten, der sich mit seinen sieben Türmen höchst malerisch auf steilem Felsen über der Lahn erhebt. Einst zierte diese Ansicht sogar einen Schein der guten alten D-Mark. Die 1973 gegen viele Widerstände wiederhergestellte mittelalterliche Farbigkeit des Außenbaus trägt wesentlich zur imponierenden Erscheinung bei. Da in seltener Weise zudem im Innern große Teile der originalen Ausmalung des 13. Jh. erhalten blieben, kann der Limburger Dom als ein Musterbeispiel für die mittelalterliche Gesamtfarbigkeit von Kirchen gelten. Zur Kathedrale eines Bistums wurde der Bau, der als Stiftskirche errichtet worden war, erst 1827. 910 gründete Graf Konrad Kurzbold innerhalb seiner Burg das dem Ritterheiligen Georg geweihte Stift, in dem er auch begraben wurde. Beim Neubau der Kirche vom späten 12. bis zum frühen 13. Jh. wurde sein Grab ungewöhnlich prächtig neu gestaltet. Einst stand es direkt vor der Vierung, heute im Querhaus. Die hoch aufragende Stiftskirche stellt eine äußerst reizvolle Kombination einer spätromanischen rheinischen Emporenbasilika mit vorbildhaften nordfranzösischen Kathedralen wie Laon dar. Gerahmt wird das Ensemble von Resten der Burg und den Gebäuden der Stiftsherren. Die wichtigsten Stücke des Domschatzes wie der Stab Petri und die byzantinische Kreuzreliquie stammen aus dem Trierer Dom. Die kleine Altstadt zu Füßen des Stiftes verdankt ihre Bedeutung der Lage am Lahnübergang wichtiger Handelsstraßen. Hier haben sich einige der ältesten Fachwerkbauten Deutschlands erhalten. Etwas lahnaufwärts liegt in Dietkirchen mit der romanischen Stiftskirche St. Lubentius auf einem Felsen über der Lahn eine ähnlich reizvolle Anlage. Erhalten blieb hier das romanische Kopfreliquiar des Titelheiligen.

Domschatz und Diözesanmuseum geöffnet vom 15. März bis 15. Nov.: Dienstag bis Samstag 10–13 Uhr und 14–17 Uhr; Sonn- und Feiertage 11–17 Uhr
www.limburg.de
www.staurothek.de

farbig gefasst. Betende Nonnen und Mönche begleiten als kleine Steinfiguren die Toten in die Ewigkeit wie ganze Trauerzüge an den Seitenwänden. Das Grabmal für Landgraf Wilhelm II. führt durch die Gegenüberstellung des Toten in prächtiger Rüstung auf der Deckplatte mit dem verwesenden Leichnam darunter die Vergänglichkeit allen irdischen Ruhms drastisch vor Augen. An den Wänden haben sich noch einige Totenschilde erhalten, die früher weitaus zahlreicher vertreten waren.

Nicht weit von Marburg erhielt in der Kirche des Prämonstratenser-Chorfrauenstifts Altenberg bei Wetzlar die Meisterin Gertrud, Tochter der hl. Elisabeth, eines der schönsten Frauengrabmäler der Hochgotik in Deutschland. Zusammen mit der von ihr errichteten Klosterkirche, die ein Musterbeispiel einer mittelalterlichen Nonnenempore bewahrt hat, lohnt dieser Abstecher allemal.

geöffnet vom 1. Nov. bis 30. März: tägl. 10–16 Uhr; vom 1. April bis 30. Sept.: tägl. 9–18 Uhr; Okt.: tägl. 10–17 Uhr

Erlebnis HIMMELSSEHNSUCHT

Sorge um das Seelenheil

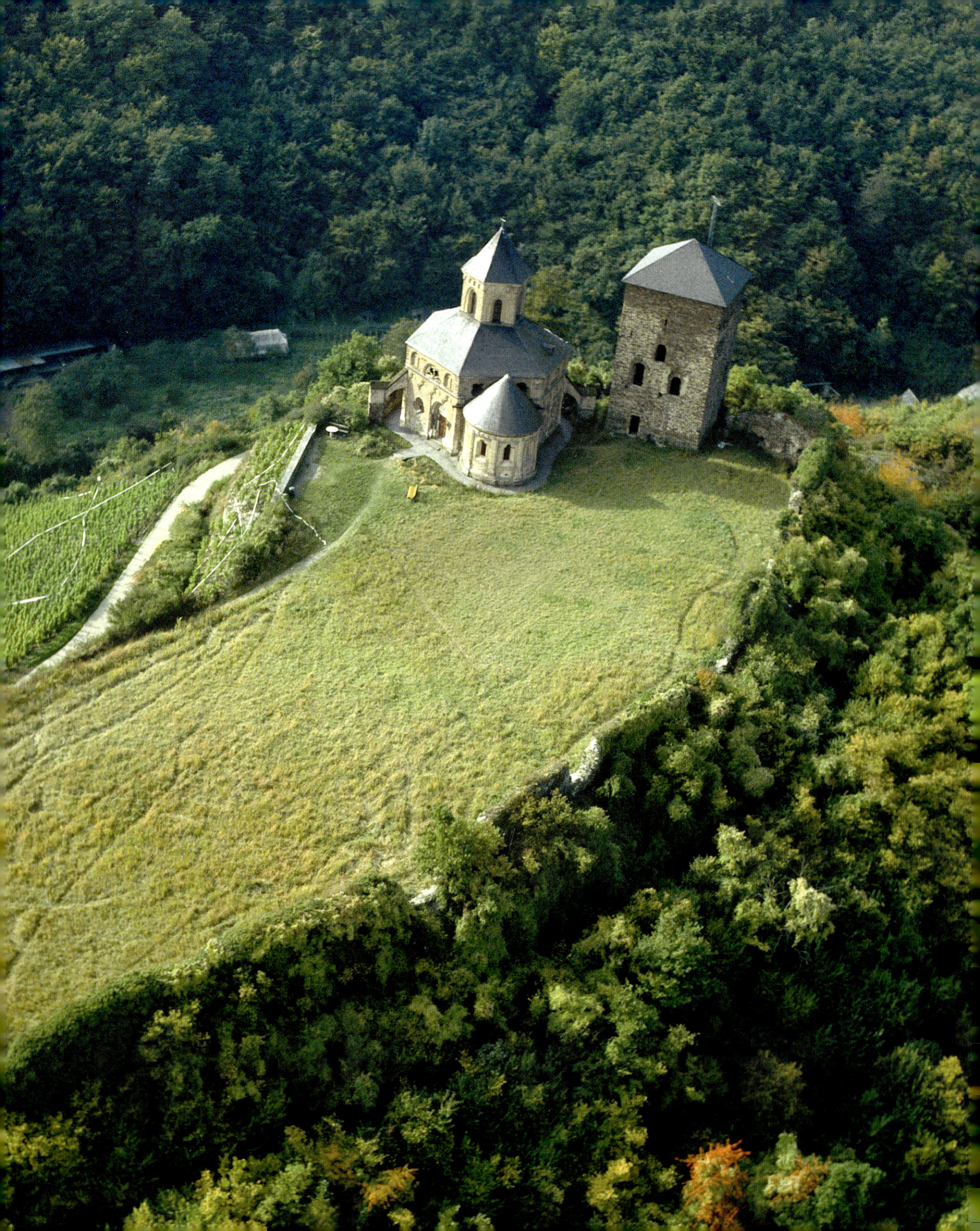

Reliquien, Pilger und Wallfahrten
Unterwegs zur Himmelsstadt

Unterwegs zu den großen Gnadenstätten, an denen Überreste von Heiligen in ihrer Funktion als Fürsprecher im Himmel verehrt wurden, liefen die mittelalterlichen Pilger nicht selten quer durch Europa – eine Tradition, die in den letzten Jahren wieder einen eindrucksvollen Aufschwung erlebt. Als Aussteiger auf Zeit verließen sie ihre Heimat und brachen zu einer oft sehr gefahrvollen Reise auf. Doch die Aussicht auf ein Rendezvous mit einem Heiligen, das günstige Folgen für das eigene Seelenheil nach sich zog, ließ die Wallfahrer zu einem Massenphänomen des Mittelalters werden.

Unterpfand des Glaubens – die Reliquien

Zu den faszinierendsten und uns zugleich fremdesten Erscheinungen des Mittelalters gehört der Reliquienkult. Gerade im Spätmittelalter nahm dieser immer mehr den Charakter einer hysterischen Massenbewegung an, bis ihn die Reformation auf seinem Höhepunkt radikal abschaffte. In katholisch gebliebenen Gebieten sorgte wenige Jahrzehnte später das Konzil von Trient für eine Klärung und Beruhigung.

Reliquien sind in erster Linie körperliche Überreste von Heiligen, daneben aber auch Textilien oder Gegenstände, die von ihnen benutzt wurden. Schließlich galten auch Dinge, die mit den heiligen Gebeinen in Berührung gekommen waren, als Reliquien. Dem mittelalterlichen Glauben nach waren die Heiligen unter Umgehung des Jüngsten Gerichts, das der gemeine Christ erst noch hinter sich bringen musste, bereits bei Gott im Himmel. Da aber ihre Gebeine weiterhin hier auf der Erde ruhten und sich erst bei der Auferstehung der Toten wieder mit ihrer Seele vereinigen würden, bestand solange ein wie auch immer gearteter Kontakt zwischen ihnen. Gläubige, die vor den heiligen Gebeinen beteten, konnten diese Direkt-Verbindung nutzen, damit ihre Bitten bei den Heiligen besser Gehör fanden. Natürlich war es auch möglich, Heilige von zu Hause aus anzurufen, doch machte das persönliche Aufsuchen auf den Heiligen einen besseren Eindruck nach dem Prinzip Leistung-Gegenleistung.

Während bei uns die mittelalterlichen Heiligen doch sehr aus der Mode gekommen sind und wir uns mit unseren Gebeten direkt an Gott wenden, wäre dies für die Menschen des Mittelalters ein Unding gewesen. Denn sie stellten sich den Himmel genauso vor wie den Hof des Kaisers. Wie dort wandte man sich nicht direkt mit seinen Gesuchen an den Herrscher, sondern sprach bei Mitgliedern des Hofstaates vor, um sie als Fürsprecher zu gewinnen. Bei Gott bildeten die Heiligen dank ihrer Lebensverdienste oder ihres Märtyrertodes den Hofstaat, an den sich die Gläubigen wandten. So wie es auf Erden bestimmte Hofämter gab, so waren die Heiligen jeweils für gewisse Nöte und Krankheiten besonders zuständig.

links Kobern an der Mosel wird überragt von zwei Burgruinen. Inmitten der Oberburg erhebt sich als Burgkapelle ein kleiner, spätromanischer Zentralbau. Sie wirkt in der Feinheit ihrer Ausführung wie ein steinernes Reliquiar. Tatsächlich barg sie wohl das Haupt des Apostels Matthias, das als Beute vom 4. Kreuzzug aus Byzanz hierher gelangt war.

Ihre wichtige gesellschaftliche Ventil- und Stabilisierungsfunktion versteht man erst, wenn man sich die zahllosen Ängste und Gefährdungen des damaligen Lebens vor Augen hält.

Um bei den Tausenden von Heiligen nicht den Überblick zu verlieren, systematisierten die Gläubigen den Himmel etwas. Hoch verehrt waren der Kreis der Apostel sowie der Vierzehn Nothelfer. Maria erhielt als Himmelskönigin mit den hll. Jungfrauen Barbara, Katharina und Margaretha ihren engeren Kreis himmlischer Hofdamen. Für jede Krankheit und Notsituation war schließlich ein bestimmter Heiliger besonders zuständig.

Unter den Reliquien gab es eine gewisse Hierarchie. An der Spitze standen natürlich Hinterlassenschaften von Christus und seiner Mutter Maria. Da aber beide dem Glauben der Kirche nach leiblich in den Himmel aufgenommen worden waren, konnten es natürlich keine Gebeine sein. Äußerst beliebt waren bei Jesus vor allem Passionsreliquien, d. h. Splitter vom Kreuzesholz, Blutstropfen, Dornen der Dornenkrone, Geiselstricke sowie alles rund um sein Grab wie Steine oder Tücher. Der Wunsch, Gegenstände aus dem Umfeld des Religionsstifters zu bekommen, führte zu so kuriosen Sammelstücken wie Teilen der Krippe oder der Windeln, Resten der Vorhaut, Tränen, die er beim Tod des Lazarus geweint hatte, das Messer, mit dem er das Paschalamm beim Letzten Abendmahl teilte samt Tischtuchresten, Krüge von der Hochzeit von Kanaa etc. Der Fantasie waren keine Grenzen gesetzt und orientalische Händler werden sich dank der Naivität der Wallfahrer ins Heilige Land wunderbar bereichert haben. Ähnlich kreativ bemühte sich der immer mehr zunehmende Marienkult, handfeste Gegenstände der Verehrung aufzutreiben. Vom Schleier, den sie wahlweise bei der Verkündigung oder unter dem Kreuz trug, bis hin zu Gürtel, Haaren, Milch, Ring, Spiegel etc. findet sich auch hier ein staunenswertes Sammelsurium.

Nach Christus und Maria folgten in der Hierarchie der Heiligenverehrung die zwölf Apostel. An der Spitze stehen hier die Gräber der Apostelfürsten Petrus und Paulus in Rom sowie Jakobus des Älteren im spanischen Santiago de Compostela. Ein weiteres Apostelgrab, das des hl. Matthias, »entdeckten« die Mönche der gleichnamigen Trierer Abtei im frühen 12. Jh. auf dem ersten Höhepunkt der Wallfahrt zum hl. Jakobus. Ganz offensichtlich wollte man hier von der Erfolgsgeschichte des Jakobsweges profitieren, indem man das einzige deutsche Apostelgrab kreierte. Unter den zahlreichen weiteren Apostelgebeinen, die besonders zur Zeit der Kreuzzüge und vor allem nach der Plünderung Konstantinopels 1204 nach Mitteleuropa schwappten, kommt dem Apostel Thomas eine besondere Bedeutung zu. Dessen rechte Hand, mit der er dank seines Zweifels den Auferstandenen berühren durfte, findet sich gleich mehrfach.

An der Spitze der übrigen Heiligen stehen die Märtyrer, da sie ihr Leben für Christus geopfert hatten und ihm so am vollkommensten nachgefolgt waren. Sie galten vom Frühchristentum bis ins Frühmittelalter zunächst allein als Heilige. Erst danach übertrug sich die Verehrung auch auf Menschen, die nur durch ihren Lebenswandel, aber ohne dramatischen Opfertod, Zeugnis für Christus abgelegt hatten. Dadurch war auch der Reliquien-Engpass gerade in den Ländern nördlich der Alpen beseitigt worden, die nur wenige Märtyrer aus römischer Zeit aufzuweisen hatten. Unter den Heiligen gibt es absolute »Stars« wie Martin, Nikolaus oder Katharina, denen Tausende von Altären, Kirchen und Kapellen geweiht waren, aber auch zahllose »no-names«, die nur lokale Verehrung genossen. Die Legenden, die ihr Leben beschreiben, wurden zuerst mündlich tradiert und entsprechend variiert. Erst im späten 13. Jh. fasste Jakob von Varazze die Überlieferungsstränge der beliebtesten Heiligen zusammen. Sein Werk, »Legenda aurea« (Goldende Legende) genannt, entwickelte sich zu einem absoluten Bestseller des Mittelalters.

Mittelalterlicher Reliquien-Boom

Der Bedarf an Reliquien stieg im Verlauf des Mittelalters ins Gigantische. Grundsätzlich wurden sie nur als kleine Partikelchen benötigt, um einen Altar funktionsfähig zu machen. In einer Eintiefung, sepulcrum (Grab) genannt, wurden sie bei der Weihe verschlossen. Dank vieler Stiftungen für das Seelenheil stieg die Zahl der Altäre im Spätmittelalter immens an und damit der Bedarf an Reliquien. Langsam aber stetig verbreitete sich außerdem ab dem Frühmittelalter der Gedanke der Heilsmaximierung. Demnach versuchten vorrangig Klöster, Stifte und Kathedralen, später auch städtische Pfarrkirchen, immer mehr Reliquien und damit himmlische Fürsprecher in ihre Mauern zu holen. Konnte noch in karolingischer Zeit

rechts Um 1220/30 war der größte Reliquienschrein des Mittelalters vollendet worden. Er birgt die Gebeine der Heiligen Drei Könige, deren gekrönte Schädel die Pilger durch das Gitter erblicken konnten. Köln wurde nicht zuletzt durch sie zu einem der wichtigsten Wallfahrtsorte Europas.

das Herrscherhaus etwa komplette Textilien aus dem Umfeld des Heilands erwerben, war der Vorrat daran aber schnell erschöpft. Da der Reliquien-Bedarf dennoch rasant anstieg, ging man dazu über, zu teilen. So sind Reliquien oft kleinste Partikelchen. Sehr erleichtert wurde die Teilung durch die Vorstellung, dass die gesamte Kraft des Heiligen auch noch im kleinsten Stückchen seines Besitzes innewohnte. Erst dadurch war der mittelalterliche Reliquien-Boom möglich. Reliquien wurden gehandelt, geschenkt, verpfändet, geraubt oder als Mitgift mit in die Ehe gebracht. Es wurde sogar mit ihnen Politik gemacht. Von den Reliquienschätzen (Heiltümern) der Herrscherhäuser, die die fromme Sammelleidenschaft ebenfalls gepackt hatte, führt die Entwicklungslinie über die Wunderkammern der Neuzeit bis zu den Museen unserer Tage.

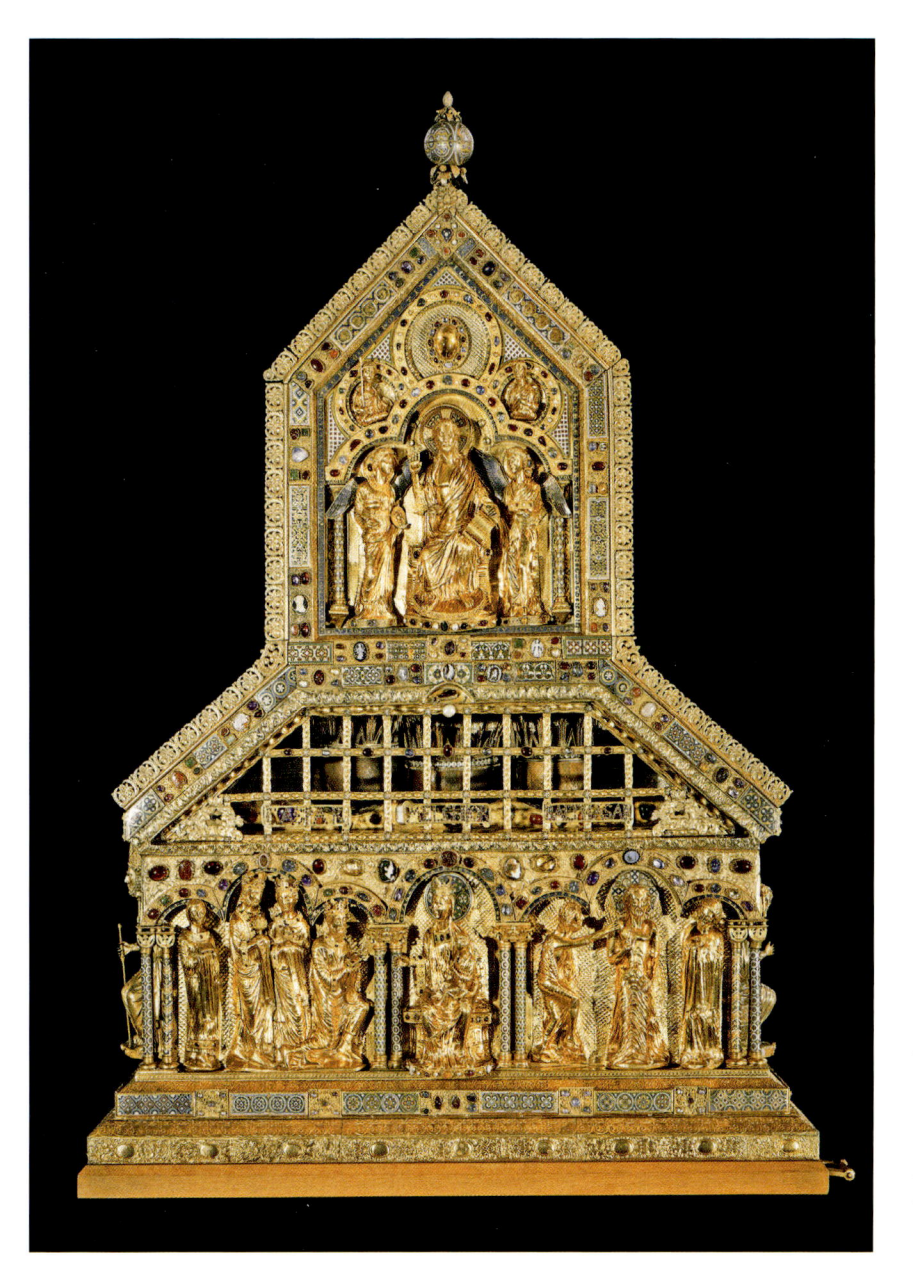

Interessant ist es, den Wandel der Reliquien-Verehrung näher zu betrachten. Zunächst ruhten die Gebeine »kompletter« Heiliger in unterirdischen Kammern (confessio), die dem Pilgerverkehr durch Krypten erschlossen wurden. Ab dem späten 10. Jh. bis zum absoluten Höhepunkt im 12. Jh. wurden die heiligen Gebeine transportabel gemacht. Die Gräber wurden feierlich geöffnet und ihr Inhalt in prachtvolle Schreine gelegt, bei deren Herstellung alles aufgeboten wurde, was mittelalterliche Goldschmiedetechnik hergab. Die Schreine dienten vorrangig dem Zweck, den Heiligen würdevoll zu mobilisieren, indem er nun in Prozessionen durch Kirche und Stadt getragen werden konnte. Dadurch sollte sein Heil auf die ganze Gemeinschaft ausstrahlen, er aber auch mehr Verehrung bekommen.

Die Schreine wurden als Blickfang hinter dem Hochaltar aufgestellt. Pilger konnten unter ihnen durchziehen, und am Heil, das von oben auf sie herabströmte, teilhaben. Darüber hinaus ließen die Schreine sich öffnen, so dass Pilger an bestimmten Tagen dem zuständigen Priester Bildchen, Medaillons, Rosenkränze etc. reichen konnten, die dieser an die Gebeine hielt. Ein wenig vom Heil des Heiligen übertrug sich so auf diesen Gegenstand, den die Pilger dann mit nach Hause nehmen konnten. Später wurden oft der Schädel und die Unterarme samt der Hand entnommen und in Reliquiaren gefasst, die den betreffenden Körperteil darstellten. In der Hierarchie unter den Gebeinen waren sie die wichtigsten. Die metallenen Armbehälter nahmen die Haltung des Segnens ein, so dass die Heiligen den Gläubigen den Segen erteilten. Der Wunsch, dem Heiligen immer näher zu rücken, führte schließlich ab dem 13. Jh. dazu, dass die immer kleiner werdenden Reliquienpartikelchen von den Gläubigen gesehen werden wollten. Daher ließen die Kleriker nun vorrangig Kristall- oder Glasgefäße mit reicher Goldschmiedeverzierung anfertigen, um den direkten Blick auf das Heiltum zu ermöglichen.

Besonders sorgfältig inszenierten Kleriker die öffentlichen Reliquienzeigungen an ganz bestimmten Tagen im Jahr. Gewöhnlich wurden die zahlreichen Gefäße des Reliquienschatzes auf dem Hochaltar

Reliquien, Pilger und Wallfahrten

ausgesetzt. In größeren Wallfahrtsorten, an denen Zehntausende zusammenströmten, mussten jedoch andere Vorkehrungen getroffen werden, um die Reliquien zu schützen und tödliches Gedränge zu verhindern. So nahm der Klerus hier die Zeigung von erhöhten Standpunkten wie Galerien, Balkonen und Fenstern der Kirche vor. Teilweise ließ man eigens sogenannte Heiltumsstühle auf einem großen Platz vor der Kirche oder Kathedrale errichten, hölzerne Tribünen, reich verziert mit Teppichen und Stoffen. Der provisorische Aufbau hatte einzig den Zweck, das Heiltum der großen Masse sichtbar zu machen. Umliegende Häuser verkauften nicht nur Fensterplätze. Selbst die Dächer waren mit wagemutigen Pilgern besetzt. Wichtig war in erster Linie der Sichtkontakt, da sich nur so das Heil auf die Gläubigen übertrug. Immer wieder wird überliefert, welche tiefe seelische Erschütterung mit teils hysterischen Zügen das Ereignis einer solchen Reliquien-Zeigung bei den Pilgern hervorrief, annähernd vergleichbar dem Verhalten von Teenagern auf Pop-Konzerten. Sie schluchzten, weinten und fielen auf die Knie. Erschien das Heiltum, entstand ein unglaublicher Lärm aus den Schreien der Pilger nach Barmherzigkeit und dem Blasen eigens für die Wallfahrer hergestellten Hörnern, wie es aus Aachen berichtet wird.

Unterwegs zum Seelenheil – die Wallfahrten

Die Menschen des Mittelalters sind teilweise erheblich weiter herumgekommen als wir uns das heute in unserer mobilen Gesellschaft vorstellen können. Neben den Fernkaufleuten waren es vor allem die Pilger, die zu Fuß den Kontinent durchstreiften. Ihr Hauptmotiv war neben Erlösung von ganz irdischen Dingen wie Krankheit oder Kinderlosigkeit die Vorsorge für das eigene Seelenheil. Um dies zu erreichen, hatte sich die Annahme herausgebildet, dass Gebete an heiligen Stätten wirksamer seien als die zu Hause gesprochenen. Gott oder die Heiligen sahen dadurch, so die Vorstellung, dass Pilger große Mühen und Entbehrungen, teilweise sogar Lebensgefahr auf sich nahmen, um zum Wallfahrtsziel zu gelangen. Durch diese Vorleistung des Pilgers wurden sie demnach wie die launischen Götter der Antike gnädig gestimmt und motiviert, zu helfen. Dankesgaben flossen reichlich. Große Ablässe waren zu erwerben.

Eine Wallfahrt war sinnfälligster Ausdruck eines christlichen Lebens, das als ewige Pilgerschaft angesehen wurde hin zur eigentlichen Heimat, dem Himmel. Eine allzu große Liebe zur Welt galt als Sünde, da man sich im Umkehrschluss damit von Gott abwandte. Daher war eine Pilgerfahrt ein deutliches Zeichen an Gott, dass man an der eigenen (Lebens)Welt nicht allzu sehr hing, da man sie immerhin für eine längere Zeit völlig aufgeben konnte. Nicht vergessen sollte man aber bei allen religiösen Motiven, dass eine Fernwallfahrt für Normalbürger oft die einzige allgemein anerkannte Möglichkeit war, dem Alltagstrott und der Familie für einige Zeit zu entrinnen und ferne Länder zu bereisen. Pilger sind daher auch die Vorfahren heutiger Touristen. Wallfahrer finden sich in allen Gesellschaftsschichten und waren beileibe nicht nur Männer, sondern auch Frauen und Kinder.

Am Anfang des Pilgerwesens standen Wallfahrten zu den beiden heiligsten Orten der Christenheit, Rom und Jerusalem. Während im Heiligen Land in Jerusalem die Orte des Leidens und Sterbens Christi und der Geburt in Bethlehem besucht wurden, waren in Rom die Gräber der Apostelfürsten Petrus und Paulus und der zahlreichen römischen Märtyrer die großen Anziehungspunkte. Nachdem Wallfahrten ins Heilige Land durch das Vordringen der Sarazenen immer schwieriger geworden waren, entwickelte sich ab dem späten 11. Jh. das Grab des Apostels Jakobus des Älteren im spanischen Santiago de Compostela zum dritten großen Pilgerziel der Christenheit. Von hier aus gingen viele Pilger noch die kurze Strecke zum Kap Finisterre, um das meerumtoste westliche Ende der damals bekannten Welt zu sehen, ein sicher unvergessliches Erlebnis.

Nach dem Vorbild Christi und der Apostel verließen die Pilger ihr Heim und zogen zu Fuß durch die Lande. Da Beherbergung und Speisung von Pilgern als ein Werk der Barmherzigkeit galt, womit man sich Verdienste im Himmel erwerben konnte, fanden sie meist überall kostenlose Aufnahme. Gerade an den Hauptrouten, die meist den großen Handelswegen folgten, entwickelte sich eine ganze Kette von Hospitälern. Dort gab es für eine Nacht kostenlos ein Bett, das sich meist mehrere teilen mussten, und eine Mahlzeit. Bei Pilgern besonders beliebt waren natürlich die Klöster, die allesamt ein großes Gästehaus besaßen. Denn schon die Benediktsregel gebot, Fremde wie Christus aufzunehmen. Allerdings endeten manchmal die Tagesetappen an Orten, wo es keine Hospitäler gab. Dann mussten die Pilger wohl oder übel auf die schlecht angesehenen kommerziellen Gasthäuser zurückgreifen. Denn immer wieder gab es im Mittelalter Klagen über schlechtes Essen, gepanschten Wein, überteuerte Preise, diebische Wirte und sich prostituierende Mägde, die das Sündenkonto der männlichen Pilger wieder auffüllten.

Im Ausland verständigten sich Pilger wie heutige Touristen mit Händen und Füßen. Schon vor Reiseantritt informierte man sich bei Mitbürgern, die schon einmal das anvisierte Ziel besucht hatten. Unterwegs tauschten sich die Pilger ständig untereinander aus, wie der Weg weiterging und welche Besonderheiten die jeweilige Etappe hatte. Wer es sich leisten konnte, heuerte schon im Heimatland einen Fremdenführer an, der die Strecke kannte und begleitete. Schriftliche Pilgerführer als Vorläufer unserer Reiseliteratur entwickelten sich erst allmählich im Spätmittelalter. Pilger schlossen sich schon von Anfang an oder erst unterwegs oft zu Gruppen zusammen, um sich vor allem vor den Gefahren unterwegs zu schützen. Denn neben Krankheiten, Hunger, Durst, Flüssen ohne Brücken oder schwindelerregenden Gebirgspfaden waren Räuber die Hauptplage der Wallfahrer. Sie hatten es auf deren Bargeld abgesehen, das viele mit sich führten, um Herbergen bezahlen zu können oder dem Heiligen ein Geschenk zu machen. Pilger durften sich wie Mönche nicht bewaffnen, so dass sie ein idea-

links Rothenburg ob der Tauber entwickelte sich dank seiner verkehrsgünstigen Lage nicht nur zu einem Handelszentrum, sondern war auch Etappe auf dem Weg nach Santiago de Compostela. 1466 bemalte Friedrich Herlin die Hochaltarflügel der dem hl. Jakobus geweihten Pfarrkirche mit dem Leben dieses Apostels, das er in die Kulisse Rothenburgs verlegte.

rechts Der Holzschnitt von Hans Burgkmair (1508) zeigt anschaulich die Kleidung und Ausrüstung mittelalterlicher Pilger. Am Hut sind die typischen Pilgerzeichen zu sehen, die am Ziel erworben wurden. Oft gingen Frau und Kind mit auf Wallfahrt wie hier zu sehen.

TOTEN ... DIE IN DEM

oben In der barocken Kapuzinerkirche Eichstätts hat sich einer der ältesten Nachbauten des Heiligen Grabes in Jerusalem erhalten, gestiftet im 12. Jh. von einem aus dem Heiligen Land zurückgekehrten Pilger.

links Anfang des 16. Jh. schuf der Würzburger Bildhauer Tilman Riemenschneider für die Creglinger Herrgottskirche den Marienaltar. Das Meisterwerk spätgotischer Schnitzkunst zeigt die Himmelfahrt der Muttergottes, bestaunt von den Aposteln.

les Opfer gerade in einsamen Gegenden waren. Die Amtskirche versuchte zwar, Angriffe auf die eigentlich sakrosankten Pilger durch Strafen zu verhindern, doch war dies ein recht unwirksamer Schutz. Daher forderte sie auch die weltlichen Gewalten dazu auf. Aufgrund der großen Gefahren, die drohten, mussten potentielle Pilger vor der Abreise die Erlaubnis ihrer Familie und des Ehepartners einholen, sofern dieser nicht mitging. Spätestens jetzt wurde ein Testament aufgesetzt. Auch der Ortspfarrer musste gefragt werden, stellte ein Beglaubigungsschreiben aus und erteilte schließlich den Pilgersegen.

Nicht alle, die eine Wallfahrt gelobt hatten, konnten diese persönlich durchführen. Daher entwickelten sich einige für uns sehr merkwürdige Sonderformen des Pilgerwesens. So konnte man zu Lebzeiten einen Stellvertreter schicken oder im Testament eine bestimmte Summe Geld hierfür zur Verfügung stellen. Da dem Glauben nach die positiven Auswirkungen auf das Seelenheil vollständig dem Auftraggeber zugute kamen, konnten reiche Bürger so wiederum ohne persönlichen Einsatz ihre Sündenlast mindern. Auch Städte gingen dazu über, Straftätern als Sühne eine Fernwallfahrt aufzuerlegen. Damit sollte zum einen die Seele des Übeltäters geläutert, zum anderen dieser möglichst lange von der Gemeinschaft fern gehalten werden.

Um auf einen Blick als Pilger erkennbar zu sein, bildete sich eine allgemeine Tracht heraus. Da Wallfahrten meist zu Fuß durchgeführt wurden, waren gute Schuhe samt Ersatzsohlen dringend erforderlich. Ein weiter, dicker Wollumhang schützte tagsüber vor Nässe und Kälte. Nachts diente er oft als Decke. Die Pelerine unserer Tage erinnert nicht nur in der Form, sondern auch im Namen an den Pilgermantel. Ein breitkrempiger Filzhut war Sonnen- und Regenschutz zugleich. Pilger hatten immer die lebensnotwendige Wasserflasche umgehängt. Da sie möglichst leicht sein sollte, bestand sie aus Leder oder aus einem ausgehölten Flaschenkürbis (Kalebasse). An sonstigem Gepäck gab es nur noch eine meist hirschlederne, wasserdichte Umhängetasche, in der etwas Proviant mitgeführt wurde. Auf die Mitnahme von Kleidung zum Wechseln wurde verzichtet. Zerschlissenes musste durch mildtätige Gaben der Klöster und Spitäler oder durch Kauf ersetzt werden. Am breiten Gürtel, in dem auch das Bargeld verwahrt wurde, hingen Messer und Löffel. Zur Stütze und manchmal auch zur Verteidigung vor Hunden und Räubern führte der Pilger einen langen Holzstab mit.

Ähnlich unserer heutigen Wanderplaketten zeigten die Pilgerzeichen, die am Hut befestigt wurden, welche heiligen Stätten man bereits »abgeklappert« hatte – bekanntestes Pilgerzeichen ist die Jakobsmuschel. Im Spätmittelalter, der Hochphase des Pilgerwesens, konnte in allen größeren Wallfahrtsorten gegen Geld ein solches Abzeichen erworben werden. Es bestand aus einer gitterartigen Blei-Zinn-Legierung und stellte in primitiven Formen den jeweils verehrten Heiligen dar. Die Pilger konnten so beweisen, dass sie tatsächlich vor Ort gewesen waren. Schließlich wurde es ihnen in ihr Grab mitgegeben, damit sie auch vor dem Jüngsten Gericht sofort als Pilger erkennbar wären und dadurch besser beurteilt würden. Pilgerzeichen finden sich auch auf mittelalterlichen Glo-

Reliquien, Pilger und Wallfahrten

cken als Abgüsse. Sie sollten deren Schutzwirkung vor Unwettern verstärken (Wetterläuten).

Neben den großen Fernwallfahrten Rom, Jerusalem und Santiago entwickelten sich im Laufe des Mittelalters auch im deutschen Sprachraum mit Aachen, Köln und Einsiedeln drei große Konkurrenten, die jährlich Hunderttausende anzogen. Dank der riesigen Menschenmassen, die sich so durch Europa bewegten, wurden Wallfahrten für Städte und Klöster zu einem bedeutenden Wirtschaftsfaktor. So nimmt es nicht Wunder, dass diese nicht nur Durchgangsstationen zu den großen Wallfahrtsorten sein, sondern auch selbst Pilgerziele werden wollten. Die großen Kirchen „fanden" plötzlich in ihren Mauern Gebeine von Heiligen, kauften oder bekamen diese von hochrangigen Gönnern geschenkt. Nicht selten kam es sogar zu spektakulären Reliquiendiebstählen, die dadurch legitimiert wurden, dass sich der jeweilige Heilige ja nicht gewehrt und dem Ortswechsel dadurch zugestimmt hatte. Für Städte war es zudem ein wichtiger Imagegewinn, in ihren Mauern einen berühmten Heiligen oder gleich eine ganze Schar davon zu beherbergen. Ablässe, die teilweise teuer erkauft werden mussten, machten die Orte noch attraktiver.

Bei den so plötzlich aufkommenden neuen Wallfahrtsorten ist eine regelrechte Wechselwirkung mit den großen Hauptrouten der Pilger zu beobachten. Weil sie an diesen Strecken lagen, versuchte man, die Pilger durch eigene Heiltümer unterwegs »abzufangen«, und weil manche Orte dadurch besonders interessant wurden, verlagerten sich hierhin die Hauptrouten. Denn die mittelalterlichen Pilger konnten ja ihre Routen ganz individuell planen, je nachdem, welche Heilige man unterwegs besuchen wollte.

Das Wallfahrtswesen strahlte im Spätmittelalter bis hin zu den kleinsten Dörfern aus. Dort entwickelten sich an heiligen Quellen oder Bäumen, Bildstöcken oder auf markanten Bergen eine Fülle lokaler Verehrungsstätten bestimmter Volksheiliger. Ein wahres Überangebot herrschte nun auch an kleinsten Verehrungsstätten der Gottesmutter, deren Kult immens anstieg. Durch die breite regionale Streuung konnten nun ganz einfach Wallfahrten an einem Tag durchgeführt werden. Es entwickelte sich zudem der Brauch, dass ganze Gemeinden oder Städte an einem bestimmten Tag ein solches gut erreichbares Heiligtum in der Nähe mit einer feierlichen Prozession aufsuchten. Oft war ein Gelöbnis in großer Not wie Seuchen, Brand- oder Kriegsgefahr der konkrete Auslöser.

So wie wir auf einen Millionengewinn im Lotto hoffen, der auf einen Schlag all unsere Sorgen vertreiben und lebenslanges Glück sichern soll, so hofften die Menschen des Mittelalters beim Besuch eines Wallfahrtsortes auf Wunder. Wunder waren die spektakulärste Form der Gebetserhörung, die alle Pilger herbeisehnten. Durch sie wurden alle Zweifel an den verehrten Reliquien zerstreut, zumal sich die Pilger gegenseitig bestärkten und allein die Masse der Gläubigen für sich sprach. Himmlische Erscheinungen der Gottesmutter oder Heiligen, plötzlich blutende Hostien oder Heilung hoffnungslos Erkrankter waren meist Auslöser gerade des spätmittelalterlichen Booms an Wallfahrtsstätten. Den einsetzenden Pilgerstrom versuchte die geistliche wie weltliche Ortsherrschaft nach Kräften zu fördern, damit er nicht so plötzlich versiegte, wie er aufgekommen war. Beliebte Werbemaßnahmen, die jeder verstand, waren in erster Linie im Innern der Kirche angebrachte Bilder, die die hier geschehenen Wunder darstellten. Nach Erfindung des Buchdrucks konnten auch die schriftlichen Aufzeichnungen des himmlischen Eingreifens für die Pilger in Mirakelbüchern publiziert werden.

Doch nicht zuletzt zeugten die Votivgaben, die nach einer Gebetserhörung gestiftet wurden, von der Bevorzugung der angesteuerten Wallfahrtsstätte durch den Himmel. Wallfahrtskirchen füllten sich mit Wachskerzen, nicht mehr benötigten Krücken oder Ketten als Zeichen der Befreiung von schwerer Sündenlast. Wer Heilung gefunden hatte, ließ das betroffene Körperteil in Wachs herstellen, um es in der Kirche aufzuhängen. Bei erfülltem Kinderwunsch war es ein Wickelkind aus diesem Material. Reiche leisteten sich Silber anstelle von Wachs. Äußerst beliebt wurden ab dem Spätmittelalter kleine Bildtafeln, die auf schlichte Weise die himmlische Rettung aus großer Not darstellten. Einst in ganz Deutschland verbreitet, erhält man heute nur noch in einigen bayerischen Kirchen wie St. Walburga in Eichstätt oder der Gnadenkapelle in Altötting den Eindruck einer von Votivgaben überquellenden Wallfahrtskirche.

rechts Das Aachener Münster, Krönungsstätte der deutschen Könige, entwickelte sich im Spätmittelalter zu einem der bedeutendsten europäischen Wallfahrtsziele. Daher wurde der karolingische Zentralbau mit einer Vielzahl gotischer Kapellen und der großartigen Chorhalle erweitert.

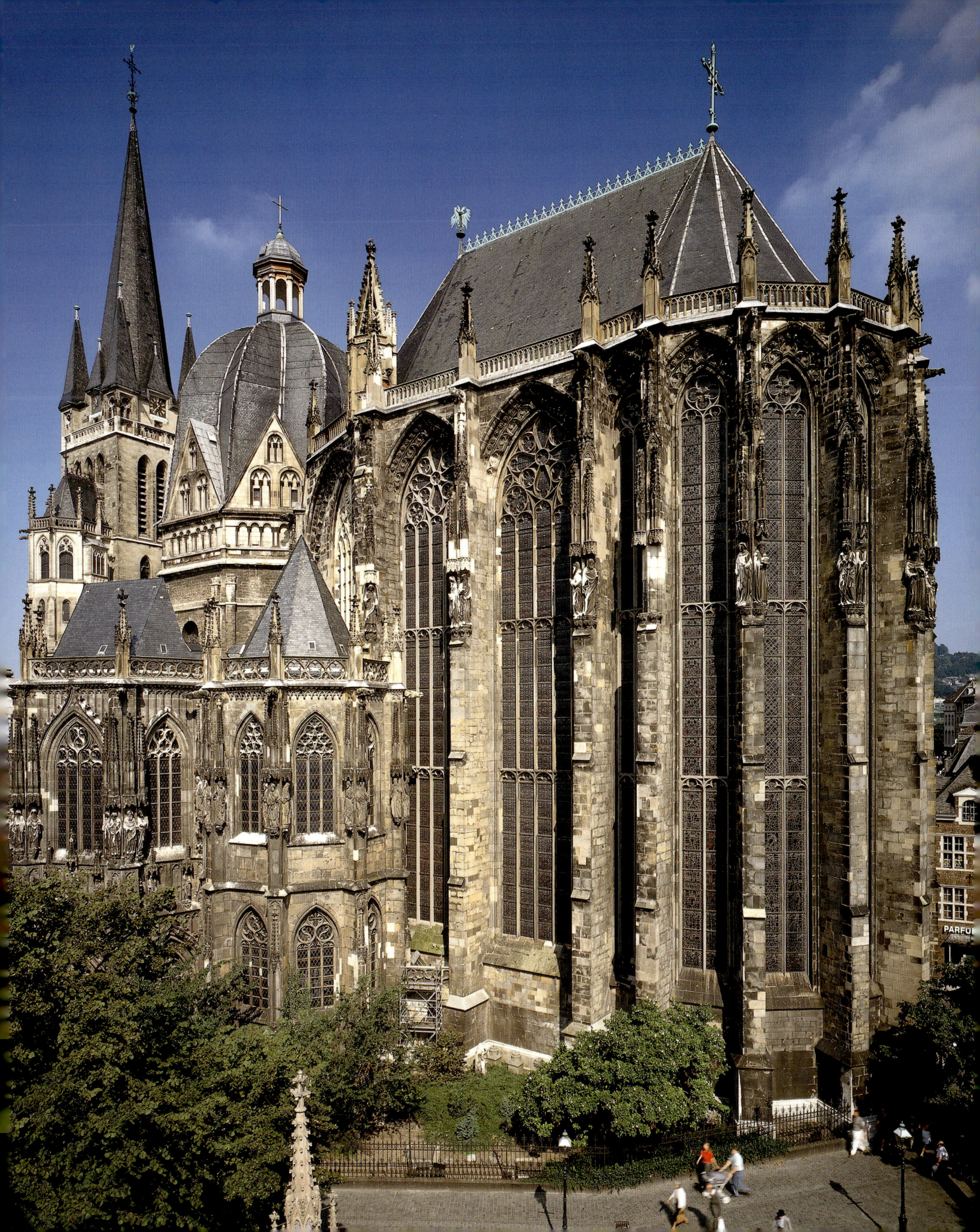
PARFU

Erlebnis PILGERORTE

Aachen

Die Pfalzkapelle Karls des Großen entwickelte sich dank eines kostbaren Reliquienschatzes zu einem der bedeutendsten Wallfahrtsorte des Spätmittelalters. Vermutlich direkt vom Patriarchen aus Jerusalem erhielt Karl Windeln und Lendentuch Christi, das Kleid Mariens, das sie bei der Geburt trug, sowie das Enthauptungstuch Johannes des Täufers. Verwahrt werden sie bis heute im 1238 vollendeten Marienschrein. Ab 1349 ist der siebenjährige Turnus bezeugt, bei dem die Reliquien von den Galerien des Münsters gezeigt werden. 1355 begann das Kapitel des Marienstiftes aufgrund des großen Gedränges mit dem Bau des gotischen Chores nach dem Vorbild der Sainte-Chapelle in Paris. Die frisch gekrönten Könige, allen voran Karl IV., und hochrangige Pilger stifteten kostbare Gaben, die zu Reliquiaren verarbeitet wurden. Die Schatzkammer des Münsters, in der diese ausgestellt sind, ist eine der reichhaltigsten in Europa!

In den Aachener Stadtteilen Burtscheid und Kornelimünster blieben zwei durch kaiserliche Gründung entstandene Reichsabteien erhalten, die ebenfalls ihren reichen Reliquienschatz samt bedeutenden Reliquiaren bewahrt haben. Während die Burtscheider Kirche als barocke Kopie des Aachener Münsters im 18. Jh. neu errichtet wurde, hat sich in Kornelimünster eine gotische Abteikirche erhalten, die ganz auf den Pilgerverkehr ausgerichtet ist.

Dom geöffnet Montag bis Samstag 11–19 Uhr; Sonntag 13–19 Uhr, in der Winterzeit nur bis 18 Uhr
www.aachendom.de

Domschatzkammer Aachen geöffnet von Apr.–Dez.: Montag 10–13 Uhr; Donnerstag 10–21 Uhr; Dienstag, Mittwoch, Freitag bis Sonntag 10–18 Uhr; Jan. bis März: Montag 10–13 Uhr; 1. Donnerstag im Monat 10–22 Uhr; Dienstag bis Sonntag 10–17 Uhr

Trier

Trier war dank wertvoller Reliquien eine wichtige Etappe eines der deutschen Wege zum Grab des hl. Apostels Jakobus des Älteren in Santiago de Compostela. In der Benediktinerabtei St. Eucharius und Valerius konnten die Pilger die Gräber der ersten frühchristlichen Bischöfe der einstigen Kaiserresidenz verehren. Beim Neubau der Kirche »entdeckten« die Mönche 1127 die schön beschrifteten Gebeine des Apostels Matthias und besaßen damit plötzlich das einzige Apostelgrab nördlich der Alpen, das entsprechende Pilgerscharen anzog. Nun bemühten sich auch die anderen Abteien der Stadt um Reliquien, damit die Wallfahrer auch bei ihnen Station machen und ihre Gaben hinterlassen sollten. Im frühen 16. Jh. erhielt das Trierer Pilgerwesen einen gewaltigen Schub, nachdem 1512 Kaiser Maximilian I. wünschte, anlässlich des Reichstages die Reliquie des Gewandes Christi öffentlich zeigen zu lassen. Jahrhundertelang war sie im Hochaltar verborgen gewesen und musste entsprechend mit einer neuen Stoffhülle in Tunikaform gefasst werden. Seit dieser Zeit ist die Verehrung des Heiligen Rocks ungebrochen. Nach dem Vorbild von Aachen entstand im frühen 16. Jh. eine Heiltumsfahrt, bei der auch die übrigen Schätze des Domes präsentiert wurden.

Dom geöffnet von 1. Nov. bis 31. März: tägl. 6.30–17.30 Uhr; 1. April bis 31. Okt.: tägl. 6.30–18.00 Uhr
Domschatzkammer geöffnet von 1. Nov. bis 31. März: an Werktagen 11–16 Uhr, an Sonn- und Feiertagen: 14–16 Uhr; 1. April bis 31. Okt.: an Werktagen 10–17 Uhr; an Sonn- und Feiertagen: 14–17 Uhr
www.trier.de
www.dominformation.de

Eichstätt

Das ins Altmühltal geschmiegte Eichstätt kann als Musterbeispiel einer bischöflichen Residenzstadt gelten, die zudem bis heute drei mittelalterliche Pilgerstätten aufzuweisen hat. Nach den Zerstörungen des Dreißigjährigen Krieges wurde das Stadtbild Eichstätts allerdings barock überformt. Bonifatius gründete hier 741 ein Bistum und setzte seinen angelsächsischen Missionsgefährten Willibald ein. Sein Grab im Dom, das im frühen 13. Jh. mit frühgotischem Westchor und eigenem Stift besondere Verehrung erhielt, wurde Pilgerziel. 1514 schuf der Bildhauer Loy Hering aus Augsburg eine großartige Figur des Heiligen, die auf der Schwelle zwischen Spätgotik und Renaissance steht. Noch im späten 15. Jh.

rechts Die Wände der oberen Gruft in Eichstätt sind fast vollständig mit Votivbildern und -gaben bedeckt.

unten In der Trierer St.-Matthias-Basilika »entdeckten« die Mönche im Mittelalter die Gebeine des Apostels Matthias.

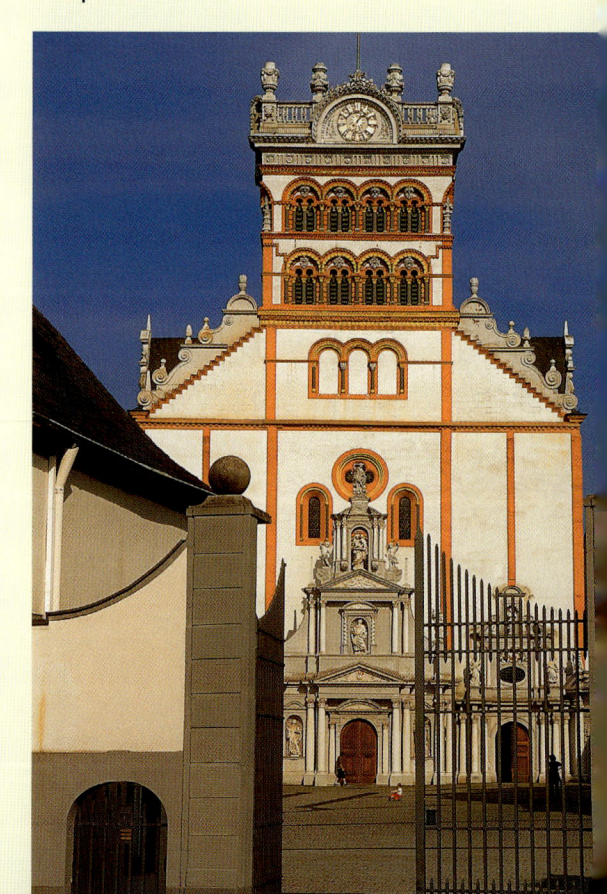

104 Reliquien, Pilger und Wallfahrten

Erlebnis PILGERORTE

Erlebnistipp: Köln

Die Domstadt war nicht nur die größte und reichste deutsche Stadt des Mittelalters, sie galt aufgrund ihres unüberbietbaren Reichtums an Reliquien als das »Rom des Nordens« und als »heiliges Köln«. 1164 überführte Erzbischof Rainald von Dassel als Kriegsbeute die Gebeine der Heiligen Drei Könige von Mailand an den Rhein. Er verfolgte dabei zwar vordergründig politische Ziele, machte aber den Dom damit auch zu einem großen Wallfahrtsort. Als erste christliche Könige und Pilger nahmen die Heiligen Drei Könige einen besonderen Rang ein. Entsprechend wurde für sie aus den Pilgergaben der größte Reliquienschrein des Mittelalters geschaffen. Schon rein mengenmäßig unübertroffen war in Europa der Kult der Elftausend Jungfrauen, die angeblich bei einer Belagerung Kölns durch die Hunnen ihr Martyrium erlitten hatten. Die Kirche St. Ursula, die unweit des Domes liegt, erhebt sich über dem antiken Gräberfeld der römischen Großstadt Köln. So erklärte man alle Gebeine, die bei Baumaßnahmen und planmäßigen Ausgrabungen zutage gefördert wurden, zu Überresten der Jungfrauen. Noch heute bietet die »Goldene Kammer« an St. Ursula mit ihren knochenbedeckten Wänden und reich verzierten Schädeln einen Eindruck von der Fülle an Reliquien, die quer durch Europa verschickt wurden. Die Kirche St. Gereon, die noch Reste eines ovalen Memorialbaus des 4. Jh. enthält und zur schönsten spätromanischen Kirche des Rheinlands ausgebaut wurde, war Kultort der Thebäischen Legion. Auch hier erklärte man die Gebeine aus einem römischen Friedhof zu Reliquien der Märtyrer. Ab dem 14. Jh. brachte die aufblühende Aachen-Wallfahrt auch tausende Pilger nach Köln, wo sich alle Kirchen und Klöster um weitere Reliquien bemühten, damit auch bei ihnen die Wallfahrer vorbeischauten und ihre Gaben spendeten.

Dom tägl. geöffnet: 6–19.30 Uhr
www.willkommeninkoeln.de
www.koelnerdom.de

St. Gereon und St. Ursula geöffnet Montag bis Samstag: 10–12 und 15–17 Uhr,
Sonntag: 15–17 Uhr
www.stgereon.de

entstanden die großen Schnitzfiguren des Hochaltars, die Willibald mit seinen heiligen Geschwistern Wunibald und Walburga sowie den Eltern zeigen.

Die Gebeine seiner Schwester Walburga, die in Heidenheim als Äbtissin wirkte, kamen erst um 870 nach Eichstätt. Die doppelgeschossige Gruft im Chor der barocken Abteikirche gehört zu den eindrucksvollsten deutschen Heiligengräbern, gehütet von einer der ältesten Benediktinerinnenabteien des Landes. Hinter einem spätgotischen Steinretabel ruhen Walburgas Gebeine, an denen sich im Winter Kondenswasser bildet, das als sogenanntes Walburgisöl bis heute an Wallfahrer abgegeben wird. Im Obergeschoss der Gruft stehen die spätgotischen Figuren Walburgas, ihrer Brüder und Eltern. Im Querhaus der barocken Kapuzinerkirche hat sich als einziger Überrest des Schottenklosters der romanische Nachbau des Heiligen Grabes in Jerusalem in eindrucksvoller Größe und seltener Vollständigkeit erhalten. Es ist das älteste erhaltene seiner Art in Deutschland und wurde von Pilgern stellvertretend für eine Jerusalem-Wallfahrt aufgesucht.

Dom tagsüber geöffnet bis 19 Uhr; Barocke Abteikirche St. Walburg geöffnet tägl. 8–19 Uhr
www.eichstaett.de

Altötting

Im Zentrum dieser Stadt hat sich vom Spätmittelalter bis heute eine höchst lebendige, große Wallfahrtstradition erhalten, die wie an keinem zweiten Ort in Deutschland das Eintauchen in diese uns heute so fremde Welt ermöglicht. Die Heilige Kapelle inmitten des weiten Platzes ist ein kleiner achteckiger Kuppelbau mit Nischen, der im 9. Jh. als Pfalzkapelle König Ludwigs des Deutschen errichtet worden war. Dessen Sohn Karlmann stiftete daneben ein Maria und Philipp geweihtes Stift, für das er Reliquien besorgte. In der Spätgotik entstand ein Neubau der Stiftskirche. Die ehemalige Pfalzkapelle wurde 1489 durch die wunderbare Wiederbelebung eines ertrunkenen Kindes auf einen Schlag zu einem der populärsten Marienwallfahrtsorte Deutschlands. Das Gnadenbild ist eine kleine, vom Kerzenruß geschwärzte Holzfigur der Muttergottes aus dem 14. Jh. Im Umgang der Kapelle führen oberhalb der unzähligen Votivtafeln 57 um 1510 entstandene, großformatige Mirakelbilder den Pilgern die ersten wichtigen Wunder vor Augen. Das Innere der Heiligen Kapelle quillt über vor wertvollen Votivgaben. Die Wittelsbacher ließen hier als Landesherren jahrhundertelang ihre Herzen in silbernen Kapseln anbringen. Auch die Schatzkammer der Stiftskirche kann mit bedeutenden Goldschmiedearbeiten aufwarten, allen voran das »Goldene Rössel«, einst Neujahrsgeschenk der bayerischen Prinzessin Isabeau an ihren Gemahl König Karl VI. von Frankreich. 1506 kam es als Pfand gegen ausgeliehenes Kapital durch den bayerischen Herzog nach Altötting.

Heilige Kapelle (Knabenkapelle) tägl. geöffnet 6–19 Uhr
www.altoetting.de

Reliquien, Pilger und Wallfahrten

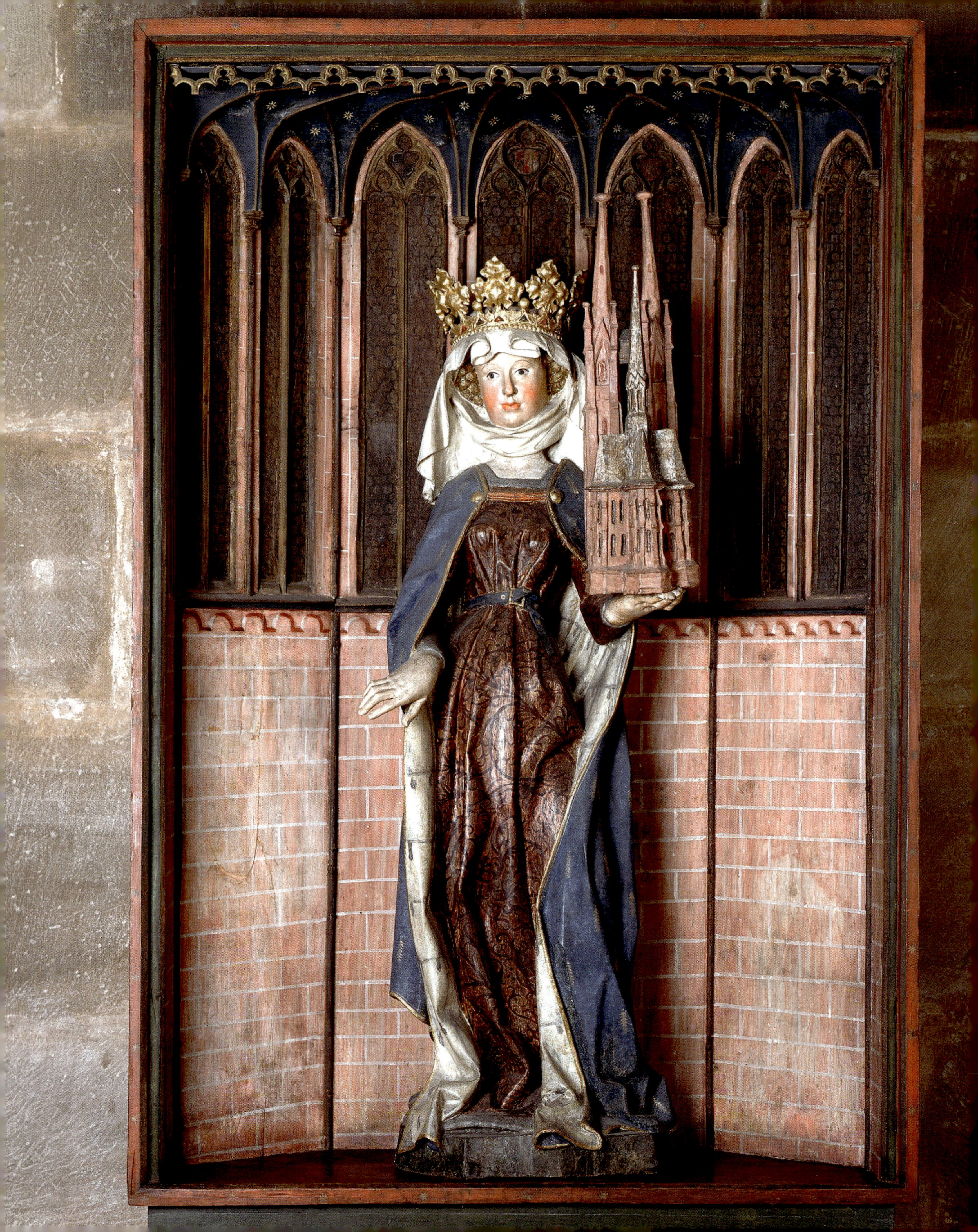

Frauenleben im Mittelalter
Huren, Heilige, Herrscherinnen

Frauen standen im Mittelalter immer erst an zweiter Stelle hinter ihren Männern, die für sie handelten – eine Ungleichheit, die als Teil der göttlichen Weltordnung galt. Dennoch erreichten einige Ausnahmefrauen dank Mut, Glück und Hartnäckigkeit fast männliche Handlungsfreiheit. Gerade die mittelalterlichen Großstädte scheinen die Möglichkeiten weiblicher Selbstentfaltung entscheidend erweitert zu haben, und Nonnenklöster und Damenstifte boten innerhalb der christlich geprägten Welt einen beliebten Schutz- und Rückzugsraum.

links Im Spätmittelalter wandelte sich das Bild der hl. Elisabeth hin zur konventionell mildtätigen Fürstin, wie die um 1470 für einen Altar der Elisabethkirche entstandene Holzfigur zeigt. Als attraktive Landesherrin mit Krone geschmückt und in teure Gewänder gehüllt präsentiert sie sich hier so, wie es ihre Nachfahren auf dem Landgrafenthron sehen wollten.

Eva ist an allem schuld

Den Stellenwert der mittelalterlichen Frau definierten ausschließlich Männer und zwar zölibatär lebende Kleriker. Entsprechend abwertend fiel deren Urteil über das weibliche Geschlecht aus. Hauptargument war die biblische Schöpfungsgeschichte, in der erst Adam und dann aus dessen Rippe Eva geschaffen wurde. Demnach hatte Gott auf ewig die Stellung der Frau im Rang deutlich hinter dem Mann beschlossen. Die natürlich nur männlichen Prediger des Mittelalters unterließen es nicht, permanent auf die Erbsünde hinzuweisen, die allein durch Evas Schuld in die Welt gekommen war und zur Vertreibung aus dem Paradies geführt hatte. Adam hatte ja angeblich nur durch die Verführungskünste Evas in den verbotenen Apfel gebissen. Betrachtet man Aussagen mittelalterlicher Kleriker über Frauen, so sind dies überwiegend Auflistungen negativer Eigenschaften, die mit „frauenfeindlich" noch freundlich umschrieben sind. Die körperliche Unterlegenheit wurde einfach auf die weibliche Intelligenz übertragen. Generell galt die Frau charakterlich als wankelmütig, eitel, klatschsüchtig und unehrlich. In sexueller Hinsicht sahen sie Frauen als zügellos an, sodass sie strengster Überwachung von Seiten der männlichen Verwandten und danach des Ehemannes bedurften.

Aufgrund dieser angeblichen Minderwertigkeit waren Frauen nicht nur im Mittelalter, sondern bis ins frühe 20. Jh. von allen öffentlichen Ämtern ausgeschlossen. Als Aufgabenbereich blieben die berühmten drei K´s Kinder, Küche, Kirche übrig. Zum Priesteramt sind Frauen in der katholischen Kirche bis heute nicht zugelassen – ein sehr aktueller Rest vom Mittelalter. Kompensiert wurde dies durch einen gerade im Spätmittelalter immens anwachsenden Marienkult. Als jungfräuliche Gottesmutter überwand sie nicht nur Evas Sünde, sondern stieg auch zur Himmelskönigin auf. Wie eine irdische Herrscherin konnte sie als Fürsprecherin bei Gott angerufen werden. In ihrer extremen Stilisierung hatte Maria natürlich nichts mehr mit einer irdischen Frau gemeinsam, sollte aber deren größtes Vorbild sein – ein unerreichbares Ideal, an dem wohl die meisten scheiterten. Im hochadeligen Bereich kam der aufblühenden Minnedichtung eine gewisse Ventilfunktion zu. Hier wurde eine verheiratete Dame von einem Ritter in allerdings keuscher Liebe angebetet. Doch diente dies weniger der Bestätigung der Frau als dem Nachweis der männlichen, ritterlichen Zucht, die ohne Probleme den Widerspruch zwischen glühender Liebe und Enthaltsamkeit auszuhalten verstand.

Ehe und Familie

Die Ehe war vom Ursprung her eine rein private Angelegenheit zwischen der Familie der Braut und des Bräutigams. Doch auch hier gelang es der Kirche, ihren Einfluss immer stärker geltend zu machen. Ab dem 11. Jh. wurde die Ehe zum unauflöslichen Sakrament erklärt, die ihre Vollgültigkeit erst durch den Segen des Priesters vor dem Kirchenportal erhielt. Diese Entwicklung hatte für Frauen immerhin den positiven Nebeneffekt, dass sie im Falle einer Verstoßung durch den Mann bis hin zum Papst dagegen klagen konnten. Doch nahmen dieses Recht aufgrund der hohen Kosten in der Regel fast nur hochadelige Frauen in Anspruch.

Innerhalb des kirchlichen Wertekatalogs waren die drei Stände der Frau wie folgt wertend sortiert: Am meisten galt die Jungfrau, dann die nicht wiederverheiratete Witwe und schließlich mit Abstand erst die Ehefrau. Die Ehe wurde von der Kirche weniger aufgrund der Nachwuchszeugung begrüßt denn als einziges Mittel, den Mann vor der Sünde der Unkeuschheit zu schützen.

Mittelalterliche Ehen wurden nicht im Liebestaumel geschlossen, sondern von Eltern und Verwandtschaft nach sorgfältiger Suche und Verhandlungen arrangiert. Ein wichtiger Aspekt hierbei war die Mitgift. Immerhin achtete die Kirche darauf, dass bei der Eheschließung beide Beteiligten ihre Zustimmung erklärten. In hochadeligen Familien waren Töchter Mittel der Politik. Oft wurden sie bereits im Kindesalter verlobt und gleich an den Hof des künftigen Ehemannes gebracht, damit sie in ihrem baldigen Wirkungsbereich aufwuchsen. Bei wechselnden politischen Konstellationen löste man einfach die Verlobung und schickte die Braut wieder zu ihrer Familie zurück. Einen schwierigen Stand hatten Ehefrauen, egal welcher gesellschaftlicher Schicht, bei Kinderlosigkeit. Denn ihnen allein schrieb man die Schuld daran zu und ließ es sie von Seiten des Ehemannes und seiner Familie auch deutlich spüren. Ziel der Eheschließung war ja die Zeugung von Nachwuchs zur Erhaltung der Familie. Wurde eine Ehefrau rasch schwanger, löste dies bei ihr wohl nicht nur ungetrübte Freude aus. Denn während Schwangerschaft und Geburt trug sie ein erhebliches Gesundheitsrisiko, das die Lebenserwartung mittelalterlicher Frauen stark herabsetzte. Daher heirateten Männer im Mittelalter im Laufe ihres Lebens oft mehrmals, während dies bei Frauen weitaus seltener geschah.

Leider fehlen Selbstzeugnisse mittelalterlicher Frauen wie z. B. Tagebücher fast völlig. Wenn über sie berichtet wird, dann immer von Männern, die überwiegend Kleriker waren. Die Chroniken dieser Zeit schrieben meist Mönche, die per se schon wenig Interesse daran hatten, Frauen besonders hervorzuheben. Die meisten schriftlichen Zeugnisse aus dem Mittelalter sind Urkunden, die wirtschaftliche Transaktionen dokumentieren. Selbst wenn Frauen hier die treibende Kraft waren, ist dies nicht sichtbar, da immer die Ehemänner mit urkunden mussten, damit die Sache rechtskräftig wurde. Die ausführlichsten Schilderungen mittelalterlichen Frauenlebens finden sich in den Lebensbeschreibungen weiblicher Heiliger. Doch wurden diese meist nach deren Tod von fremder Hand verfasst, natürlich überwiegend von Klerikern. Diese stilisierten »ihre« Heilige hin zu einem idealisierten Typus, so dass hier nicht von einer Biographie im modernen Sinn gesprochen werden kann.

Mittelalterliche Ausnahmefrauen

Trotz der allgemeinen negativen Bewertung der Frau in der damaligen Gesellschaft konnten einige dank persönlicher Hartnäckigkeit und Stärke gegen immense Widerstände ein Leben in fast männlicher Freiheit führen. Gerade diese wenigen Ausnahmefrauen führen uns deutlich vor Augen, wie reduziert in der Regel das weibliche Normalleben war.

Im Deutschen Reich waren Frauen vom Herrscheramt ausgeschlossen. Nur die Söhne waren erbberechtigt. Dennoch gelang es einigen Damen, Herrschaft auszuüben und zwar als Regentin für den noch minderjährigen Thronerben. Doch war weibliche Regentschaft beileibe nicht selbstverständlich, stieß gegen erhebliche Widerstände und musste mühsam vertei-

links Als Idealbild einer Fürstin aus der Mitte des 13. Jh. erscheint die Markgräfin Uta in der Reihe der Stifterfiguren des Naumburger Domes. Dank seiner Ausbildung in der Bauhütte der Kathedrale von Reims schuf der Bildhauer erstmals völlig realitätsnahe Skulpturen in Ausdruck und Kleidung.

oben In der Werkstatt des Meisters der Naumburger Stifterfiguren entstand in der zweiten Hälfte des 13. Jh. diese Figur der Kaiserin Adelheid. Zusammen mit ihrem Gatten Kaiser Otto I. wurde sie als Erinnerung an ihre Bistumsstiftung 968 im Chor des Meißener Domes aufgestellt. In typisch höfischer Geste präsentiert sich die Kaiserin in der Mode des 13. Jh.

Frauenleben im Mittelalter 109

digt werden. Auffällig in der deutschen Geschichte ist die starke Stellung der Ehefrau des Königs und Kaisers als Ratgeberin und Fürsprecherin in der Zeit der Ottonen und Salier, also im 10. und 11. Jh. Ihr lateinischer Titel »consors regni« zeigt ihre Teilhabe an der Herrschaft. Im Spätmittelalter finden sich keine »starken Frauen« mehr auf dem Thron, da die Macht des deutschen Königs in dieser Zeit extrem geschwächt war.

Mehr einem Abenteuerroman als einer Herrscherinnen-Biographie gleicht das Leben Adelheids (931–999), der zweiten Gattin Kaiser Ottos I. Als Tochter König Rudolfs II. von Hochburgund wurde sie nach dessen Tod vom Gegner ihres Vaters als Beutestück mit seinem Sohn verheiratet. An dessen Seite wurde sie Königin von Oberitalien. Doch nach wenigen Jahren war sie Witwe und wurde vom Ursupator des Königsthrones eingekerkert. Zusammen mit ihrem Beichtvater und einer Dienerin grub sie heimlich einen unterirdischen Gang, so dass ihr die Flucht gelang. Otto I. war inzwischen mit einem Heer nach Oberitalien aufgebrochen, um in die wirren Verhältnisse einzugreifen. Er ließ sich zum König der Langobarden krönen und heiratete die zwanzig Jahre jüngere Adelheid. Gemeinsam mit ihrem Mann stand sie die turbulenten Jahre während des Aufstands von Ottos Sohn und der Ungarn-Abwehr durch. Nachdem 973 ihr Sohn Otto II. ihrem Mann auf den Thron nachgefolgt war, wurde sie stärker politisch tätig. Zudem war sie als zweifache Witwe eine der reichsten Frauen ihrer Zeit. Doch nach zehnjähriger Herrschaft starb Otto II. in Rom und hinterließ nur einen minderjährigen Sohn als Erben, Otto III. Dem Brauch nach hätten nun die nächsten männlichen Verwandten die Vormundschaftsregierung ausüben müssen, doch zwei Frauen ließen sich nicht beiseite schieben: Großmutter Adelheid und Mutter Theophanu, eine byzantinische Prinzessin. Beide besaßen einen ausgeprägten Machtwillen und setzen ihre Vorstellungen durch. Da sie sich aber nicht besonders gut verstanden, zog sich Adelheid nach Oberitalien zurück und nahm dort die Interessen des Reiches wahr. Nach dem frühen Tod Theophanus 991 kehrte Adelheid an den Hof zurück und wahrte machtvoll die Interessen ihres Enkels, bis Otto III. drei Jahre später für mündig erklärt wurde. Adelheid wurde nach ihrem Tod 999 in dem von ihr gestifteten Kloster Selz im Elsass beigesetzt und später heilig gesprochen.

Die Tochter Adelheids, Mathilde, hatte die Tatkraft ihrer Mutter geerbt. Doch bestimmten ihre Eltern sie für ein religiöses Leben im vornehmen Damenstift Quedlinburg, das ihre gleichnamige Großmutter, Witwe König Heinrichs I., 936 gegründet hatte. Mathilde regierte bis zu ihrem Tod 999 dreißig Jahre lang die riesigen Ländereien des Stiftes. Daneben sicherte sie zusammen mit Adelheid und Theophanu die Herrschaft für das Kind Otto III. Dieser vertraute später den politischen Fähigkeiten seiner Tante so sehr, dass er ihr ab 997 stellvertretend die Reichsregierung übertrug, da er selbst sich mehrere Jahre in Italien aufhielt.

Eine Tochter Theophanus und Ottos II., wiederum Mathilde genannt, wurde von ihrer Mutter mit dem mächtigen Pfalzgrafen Ezzo verheiratet. Von ihren sechs Töchtern wurden fünf Äbtissinnen in den bedeutendsten Damenstiften des Reiches. Dort betätigten sie sich als glanzvolle Bauherrinnen, die in den von ihnen errichteten Neubauten Erinnerungen an ihre kaiserliche Abstammung einfügen ließen wie Theophanu im Essener Münster und Ida in St. Maria im Kapitol in Köln.

Auch die letzte Kaiserin an der Seite eines Ottonen, Kunigunde, Gattin Heinrichs II., war eine Frau mit großer politischer Tatkraft, was aber durch den nach ihrem Tod mächtig aufblühenden Heiligenkult überlagert wurde. Hierin stilisierte man sie zur jungfräulichen Königin, die mit ihrem Mann in keuscher Josefsehe gelebt und sich ganz den Werken der Nächstenliebe und Barmherzigkeit gewidmet habe, wodurch das private und dynastische Unglück ihrer Kinderlosigkeit posthum eine positive Umdeutung erhielt. Kunigunde war es auch, die mit dafür sorgte, dass nach dem Tod ihres Mannes 1024 der Übergang zur neuen Dynastie der Salier friedlich und geordnet ablief. Der neue König Konrad II. hatte seinen Aufstieg, der gar nicht so selbstverständlich war, zu großen Teilen der Energie seiner Gattin Gisela zu verdanken. Ihre Schwiegertochter Agnes von Poitou (um 1025–1077), Gattin Kaiser Heinrichs III., beendete die beachtliche Reihe an Frauenpersönlichkeiten auf dem deutschen Thron auf schicksalhafte Weise. 1056 verstarb ihr Mann, doch war ihr ältester Sohn erst sechs Jahre alt. Agnes bekam dank ihrer so erfolgreichen Vorgängerinnen die Regentschaft angetragen. Zunächst herrschte sie mit Hilfe der beiden Erzbischöfe von Mainz und Köln, bevorzugte dann aber Bischof Heinrich von Augsburg, was ihr den gehässigen und sicherlich ungerechten Vorwurf eines intimen Verhältnisses einbrachte. Der Hass gegen die überforderte Agnes und ihren bischöflichen »Premierminister« brach sich endgültig Bahn im Staatsstreich von Kaiserswerth 1062. Erzbischof Anno II. von Köln entführte den minderjährigen Thronerben aus der Pfalz. Mit diesem Gewaltakt hatte Agnes ihre Regentschaft verloren, zumal sie als tieffromme Frau nicht kämpfte, sondern das Geschehen als vorbestimmtes Schicksal annahm. Nachdem Heinrich IV. drei Jahre später mündig geworden war und selbst regieren konnte, fand sich seine Mutter immerhin noch in der konventionellen Rolle als Fürsprecherin am Hof, bis sie sich ausgerechnet im Investiturstreit zwischen Kaiser und Papst nach Rom zurückzog.

Unter den religiös lebenden Frauen des gesamten deutschen Mittelalters nimmt Hildegard von Bingen (1098–1179) eine herausragende Stelle ein. Die erste Hälfte ihres langen Lebens verbrachte sie in völliger Zurückgezogenheit in einer Frauenklause neben der Benediktinerabtei Disibodenberg. Hier erhielt sie von den Mönchen und ihrer Tante, der Gräfin Jutta von Sponheim, die die Klause leitete, eine umfassende Ausbildung. 1141 begannen ihre Visionen, die sie unter Mithilfe eines Mönches niederschreiben ließ. Ihr erstes theologisch-visionäres Werk »Scivias« ließ sie Papst Eugen III. vorlegen, der es freudig bestätigte. Damit war die Gefahr gebannt, dass Hildegard ketzerischer Umtriebe beschuldigt werden konnte. Nun begann ihr zweites, öffentliches Leben. Zunächst gründete sie bei Bingen eine eigene Benediktinerinnenabtei, wohin sie die von ihr geleitete Frauenklause gegen den Protest der Mönche verlegte. Einige Jahre später übernahm sie noch ein weiteres Kloster bei Rüdesheim. Hildegard verfasste nicht nur weitere theologische Werke, sondern betätigte sich auch als Naturkundlerin, Ärztin, Dramaturgin, Dichterin und Komponistin. Der Ruf ihrer visionären Fähigkeiten verbreitete sich über ganz Deutschland, so dass sie von Personen aus allen gesellschaftlichen Schichten um Rat angefragt wurde. Sie wurde zur berühmten »prophetissa teutonica«. Ihre unbestrittene Autorität zeigt sich am deutlichsten in mehreren Predigtreisen, die Hildegard quer durch Deutschland führten. Sie nahm sich nicht nur das Frauen generell bestrittene Recht zu öffentlicher Predigt heraus, sie kritisierte auch allerorten den moralisch verkommenen Klerus, der seine eigentlichen Aufgaben vernachlässigte.

Eine der faszinierendsten Erscheinungen unter den deutschen Fürstinnen des Mittelalters ist die hl. Elisabeth von Thüringen. Da nach ihrem Tod 1231 sofort alle Zeitzeugen zur Vorbereitung ihrer Heiligsprechung sorgfältig befragt wurden, darunter ihre vier

links Tilman Riemenschneider schuf Anfang des 16. Jh. das Grab des heiligen Herrscherpaares Heinrich II. und Kunigunde im Bamberger Dom. Besonders stark wurde die Kaiserin im Spätmittelalter verehrt. Zahlreiche Legenden ranken sich um ihre Person und sind in den Seitenreliefs des Grabmals dargestellt.

Dienerinnen, die fast ihr ganzes Leben mit ihr verbracht hatten, gehört Elisabeths kurzes Leben zu den am besten dokumentierten einer mittelalterlichen Frau. 1207 wurde sie als Tochter des ungarischen Königs Andreas und seiner deutschstämmigen Ehefrau Gertrud aus dem Haus Andechs-Meranien geboren. Schon mit vier Jahren kam sie als Verlobte des künftigen thüringischen Landgrafen an den Hof nach Eisenach. Nachdem dieser noch vor der Eheschließung starb, wurde Elisabeth nicht nach Ungarn zurückgeschickt, sondern der Bruder des Verstorbenen sprang ein. Ausführlich ist in der Überlieferung von der großen beiderseitigen Liebe des jungen Paares die Rede, was bei dynastischen Ehen eher selten war. Umso schwerer traf es Elisabeth, dass ihr Mann zum Kreuzzug aufbrach, während sie mit dem dritten Kind schwanger war. Bei der Einschiffung in Süditalien verstarb er an einer Seuche.

Die junge Witwe, die ihre hochadelige Umgebung durch ihre radikale Zuwendung zu den Ärmsten der Bevölkerung völlig vor den Kopf gestoßen hatte, besaß nun nicht mehr den Rückhalt ihres Mannes. Zusammen mit ihren drei Kindern floh sie von der Wartburg und lebte zunächst unter entwürdigensten Umständen, bevor ihre mütterliche Verwandtschaft davon hörte und rasch eingriff. Ihr Onkel Bischof Ekbert von Bamberg wollte sie möglichst schnell und glanzvoll wieder verheiraten, was Elisabeth trotz Inhaftierung standhaft ablehnte. Sie hatte andere Pläne, ein Leben in Armut nach dem Vorbild Christi. So gab Ekbert schließlich auf, nachdem sie wohl sogar mit Selbstverstümmelung gedroht hatte. Er sorgte dafür, dass die Verwandtschaft ihres verstorbenen Mannes ihr Witwengut herausgab, so dass Elisabeth ein sorgenfreies Leben hätte führen können. Doch sie ging nach Marburg an der Lahn, wo sie ein Hospital zur Betreuung der Ärmsten gründete. Unter Anleitung ihres Seelenführers, des radikalen und brutalen Konrad von Marburg, erniedrigte sie sich bis zur Selbstaufgabe und verstarb mit nur 24 Jahren 1231. Konrad von Marburg und ihr gleichnamiger Schwager, der dem Deutschen Orden beigetreten war, forcierten ihre Heiligsprechung, die nur vier Jahre nach Elisabeths Tod vom Papst ausgesprochen wurde. Bei der Erhebung ihrer Gebeine 1236 war sogar Kaiser Friedrich II. anwesend und krönte den Schädel.

Während Elisabeths Sohn jung verstarb, zeigte sich in ihren beiden Töchtern die Energie der Mutter, auch wenn sie früh von ihr getrennt wurden. Gertrud wurde schon mit zwei Jahren in das Prämonstratenser-Chorfrauenstift Altenberg bei Wetzlar gegeben. Später wirkte sie hier knapp fünfzig Jahre als Meisterin, initiierte den Neubau des Klosters und wurde nach ihrem Tod 1297 als Selige verehrt. Elisabeths Tochter Sophie wurde zweite Gattin des Herzogs von Brabant. Schon nach wenigen Ehejahren starb ihr Mann, sodass Sophie mit ihrem kleinen Sohn Heinrich nach Thüringen zurückkehrte. Nachdem die Landgrafen im Mannesstamm ausgestorben waren, wollte sie ih-

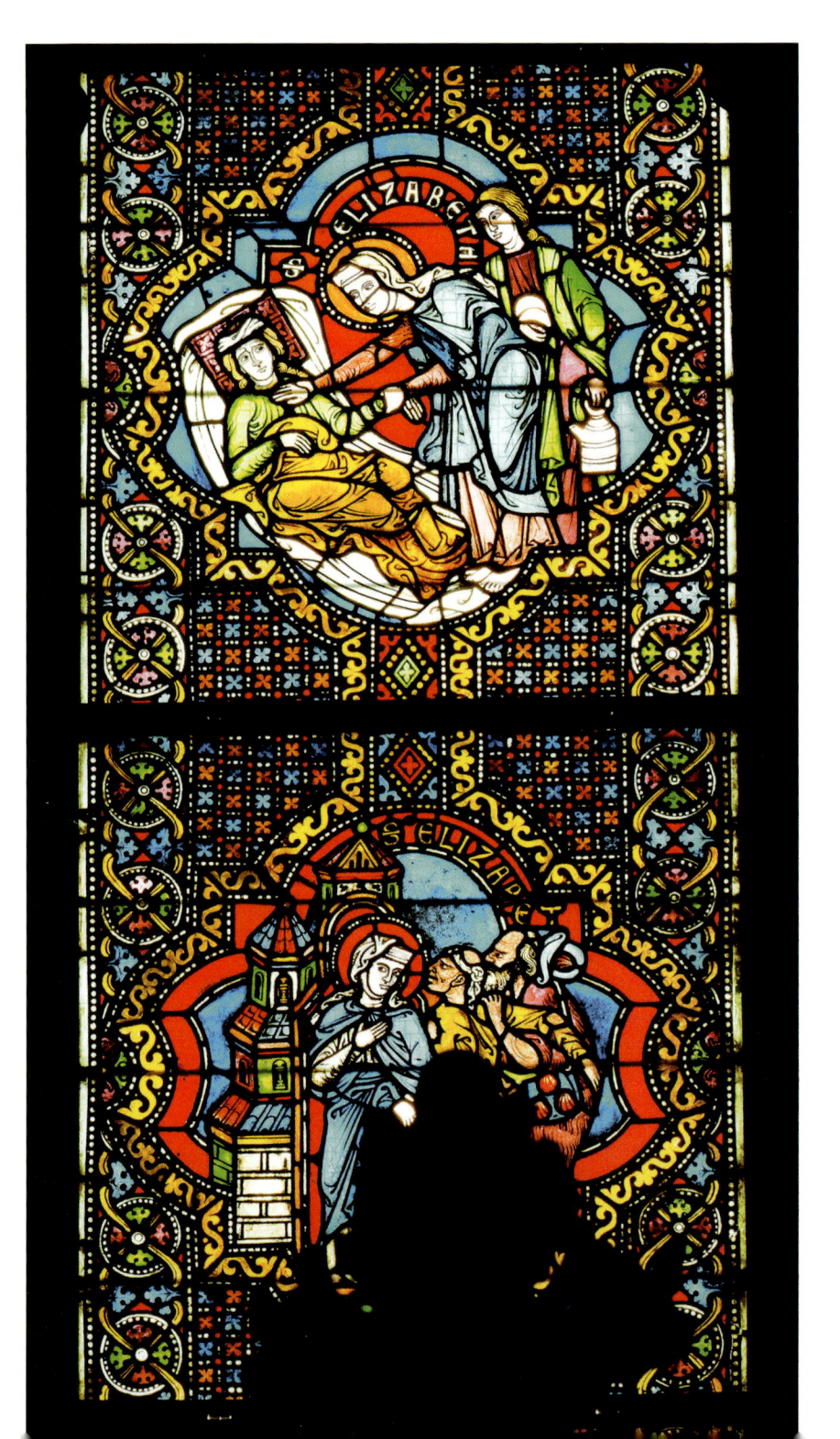

112 Frauenleben im Mittelalter

links Die 1235 begonnene Wallfahrts- und Deutschordenskirche zur hl. Elisabeth in Marburg erhielt schon Mitte des 13. Jh. ihre Chorverglasung. Ein Fenster schildert den Lebensweg der thüringischen Landgräfin hin zur völligen Selbstaufopferung für die Armen.

oben Kloster Wienhausen bei Celle kann als ein Musterbeispiel eines mittelalterlichen Frauenklosters gelten. Einmalig in seiner vollständigen Ausstattung ist der Nonnenchor des frühen 14. Jh. mit Altar, Gestühl und flächendeckender Ausmalung.

ren Sohn als Erben durchsetzen, was ihr aber nur im hessischen Landesteil gelang. Somit ist sie die Gründerin des Landes Hessen. Sophie kämpfte für ihren Sohn mit allen Mitteln und scheute sich nicht, dabei Reliquien ihrer Mutter einzusetzen.

Eine »Power-Frau« des 14. Jh. war Gräfin Loretta von Sponheim (1298–1346). Nachdem ihr Mann nach nur kurzer Ehe gestorben war, musste die junge Witwe für ihren kleinen Sohn die Regierung in der Grafschaft ausüben. Erzbischof Balduin von Luxemburg, Bruder Kaiser Heinrichs VII., wollte dieses vermeintliche Machtvakuum ausnutzen, um den Ausbau seiner Landesherrschaft auf Kosten der Sponheimer voranzutreiben. Loretta griff mit großem Wagemut zu einem beliebten, bisher allerdings nur von Männern in Anspruch genommenen politischen Mittel, der Entführung des Gegners. Die Gräfin ließ in Erfahrung bringen, wann Balduin das nächste Mal wieder mit dem Schiff moselabwärts fuhr. Ihre Leute passten ihn kurzerhand ab und brachten den Kirchenfürsten auf Lorettas Burg Starkenburg nahe Traben-Trabach. Dort durfte der Erzbischof und Kurfürst immerhin mehrere Monate unfreiwillig ihre Gastfreundschaft genießen, bis er ihren Forderungen nachgekommen war. Vielleicht hat dem Machtpolitiker Balduin Loret-

tas entschlossene Haltung imponiert. Denn er stellte ihr zum Abschied ein freundliches Schreiben aus, mit dem sie sich beim Papst in Avignon vom über sie verhängten Kirchenbann befreien konnte, und schilderte darin den Vorfall als zufällige Bagatelle.

Schutzraum Kloster

Innerhalb einer eher frauenfeindlichen Welt waren Klöster die einzigen Rückzugsorte, in denen Frauen sich ganz ihren geistigen und künstlerischen Interessen widmen konnten. In einer durch und durch kirchlich geprägten Gesellschaft waren sie damit aber nicht an den Rand gedrängt. Allein schon die hoch angesehene Jungfräulichkeit sowie die Wirksamkeit ihrer Gebete für ihre Familien brachte dem Nonnenstand großes Ansehen ein. Doch so wie die Familien für einige ihrer Töchter die Ehemänner nach rein materiellen Erwägungen aussuchten, so bestimmten sie andere wiederum zum Klosterleben. Da das Ausleben des eigenen Willens eine recht moderne und damit unmittelalterliche Vorstellung ist, wurde die Entscheidung der Eltern in der Regel mehr oder weniger klaglos akzeptiert. Um den Übergang ihrer adeligen Töchter in die strenge Klosterwelt abzumil-

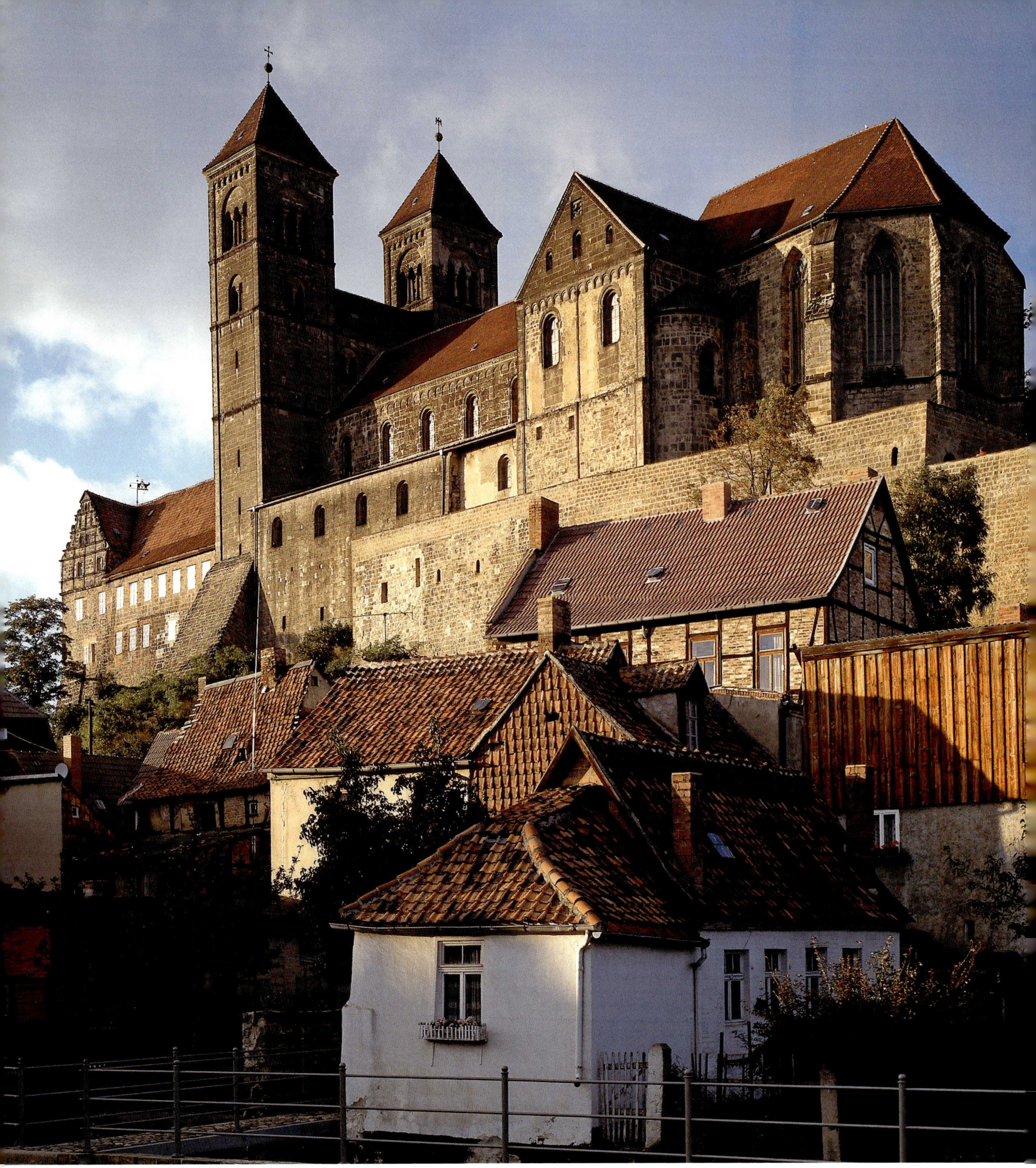

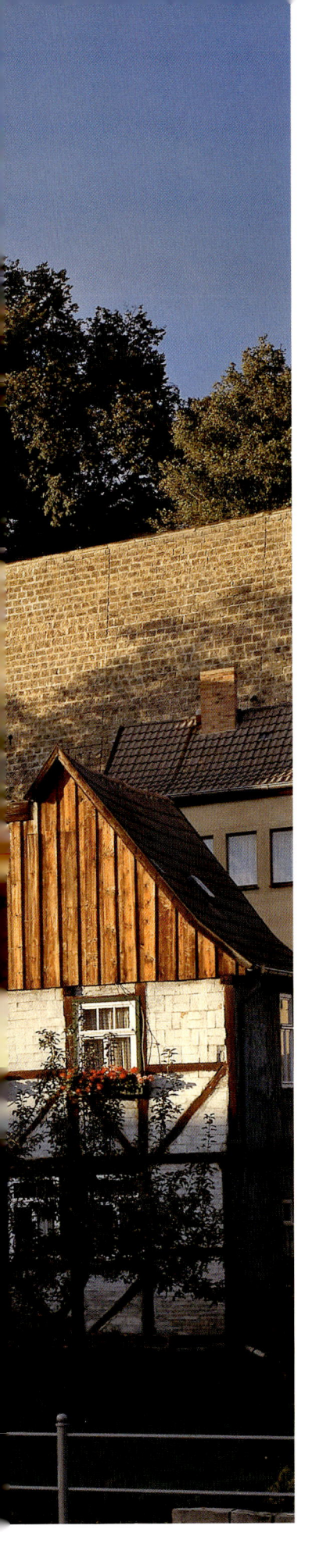

dern, wurden diese meist schon als kleine Mädchen zu den Nonnen gebracht. Sie wurden hier erzogen und wuchsen so ganz selbstverständlich in ihren späteren Wirkungskreis hinein. Doch adelige Mütter ließen auch Töchter, die zur Heirat bestimmt waren, gerne im Kloster erziehen. Denn hier herrschte zum einen meist ein hohes Bildungsniveau, zum anderen waren sie so vor den (sexuellen) Verlockungen der Welt geschützt.

Die Nonnen sahen sich als »Bräute Christi«, und dementsprechend gaben ihnen ihre Eltern beim Klostereintritt auch eine Mitgift mit. Als Zeichen der Übergabe wurden die Mädchen auf den Hochaltar gesetzt. Waren sie etwas älter, begann das Noviziat, die eigentliche Ausbildungszeit. Hier wäre es theoretisch noch möglich gewesen, auf eigenen Wunsch das Kloster zu verlassen. Hatte die junge Frau aber das ewige Gelübde abgelegt und bei der Nonnenweihe den Ring als »Braut Christi« erhalten, war der Entschluss unumkehrbar. Die klösterliche Welt der Frauen war räumlich eng begrenzt. Denn die allerwichtigste Anforderung war die strikte Einhaltung der Klausur. Dies bedeutet, dass niemand von außerhalb den Lebensbereich rund um den Kreuzgang betreten durfte und umgekehrt eine Nonne diesen Bereich auch niemals verlassen durfte. Auch innerhalb des Kirchenraumes waren die Schwestern streng von der übrigen Gemeinde getrennt. Ihr Chorgestühl stand auf einer Westempore, die dank Metall- oder Holzgitter nicht einsichtig war. Hier hielten sie nicht nur ihre Gebetszeiten ab, von hier aus mussten sie auch dem Gottesdienst am Hochaltar folgen, was nur akustisch möglich war. Nicht einmal zum Empfang der Kommunion durften sie hinunter in die Kirche. Vielmehr gab es eine eigene Treppe, auf der der Priester empor ging und durch ein kleines Fensterchen im Gitter den Nonnen die Hostie reichte.

Innerhalb des Konvents wurden alle Ämter durch Wahl bestimmt. An oberster Stelle stand die Äbtissin, die ihr Amt auf Lebenszeit antrat. Ihre Stellvertreterin war die Priorin. Für die Wirtschaftsführung war die Cellerarin zuständig. Weitere wichtige Ämter waren Sakristanin bzw. Kustodin, die für den Kirchenschmuck und die Messutensilien verantwortlich war, die Novizenmeisterin sowie die Pfortenschwester. Auch wenn die Äbtissin noch so fromm und hoch gebildet war, sie durfte ihren Nonnen nicht selbst die Messe lesen. Hierfür musste eigens ein Priester unterhalten werden, der getrennt von den Nonnen wohnte. Entweder er oder ein weiterer Geistlicher übten die äußerst wichtige Funktion des Beichtvaters aus, der das spirituelle Leben der Schwestern anregen, aber auch überwachen sollte. Aufgrund der strengen Klausurvorschriften konnte die Äbtissin meist nicht selbst die Grundherrschaft, die die wirtschaftliche Grundlage des Klosters war, überwachen. Ein Geistlicher, Propst genannt, vertrat sie bei Gerichtssitzungen, Neuverpachtungen und Ähnlichem. Auch innerhalb des Ordens musste sich die Äbtissin durch den Vaterabt vertreten lassen, da ihr die Reise zu den Generalkapiteln verboten war. Der Vaterabt visitierte einmal jährlich das ihm unterstehende Frauenkloster, prüfte die Abrechnungen und setzte die neugewählte Äbtissin ein. Da die Nonnen überwiegend dem Adel und dem städtischen Patriziat entstammten, wurden für die groben Haus-, Hof- und Gartenarbeiten Laienschwestern aufgenommen. Daneben gab es immer auch entweder einige Laienbrüder für den Betrieb von Mühle, Schmiede, Viehzucht etc. oder man griff gleich auf weltliche Angestellte zurück.

Im Zuge der Klosterreform des frühen 12. Jh. entwickelte sich bei Prämonstratenser- und Augustiner-Chorherrenstiften der schöne Gedanke eines Doppelkonventes. Mönche und Nonnen lebten hier innerhalb eines Klosters zwar räumlich getrennt, nutzten aber gemeinsam eine Kirche und unterstanden einer Leitung. Für die Frauen war so eine optimale geistliche Betreuung gesichert. Doch schnell stießen diese neuartigen Einrichtungen auf Widerstand innerhalb und außerhalb der Orden. Diffamierender Klatsch über angebliche Unzucht brachte die Doppelklöster schnell in Misskredit. So entschlossen sich die Mönche der Doppelklöster fast immer zur räumlichen Auslagerung ihrer Frauenkonvente an einen weiter entfernten Ort. In schriftlichen Zeugnissen über diese Vorgänge findet sich wieder alles, was das (kirchliche) Mittelalter an frauenfeindlichen Sprüchen aufzubieten hat.

links Das Damenstift Quedlinburg gehörte unter den Ottonen zu den vornehmsten des Reiches. Gegründet von Mathilde, Witwe König Heinrichs I., erlebte es unter seinen Nachfolgern glanzvolle Zeiten, an die die romanische Stiftskirche als einer der Höhepunkte sächsischer Romanik erinnert.

Frauenleben im Mittelalter

Im 12. und 13. Jh. gab es eine umfangreiche religiöse Frauenbewegung. Nun strömten Hunderte von Frauen nicht mehr auf Wunsch ihrer Familie, sondern oft gegen deren Widerstand hin zu einem ganz ernsthaften geistlichen Leben im Kloster. Die neuen Orden dieser Zeit, vor allem Zisterzienser und Dominikaner, wurden von dieser Entwicklung regelrecht überrannt, so dass sie schließlich mehrfach ein Verbot zur Aufnahme neuer Frauenklöster aussprachen. Gründe für die Verweigerung waren zum einen, dass die Männerklöster nicht gerne Personal für die Frauenklöster abstellen wollten, zum anderen hätten die Vaterabteien bei wirtschaftlichen Schwierigkeiten für die Tochterklöster einstehen müssen. Die selbstbewussten Frauen, die sich von ihnen aber die beste geistliche Betreuung versprachen, ließen sich davon nicht abbringen. Sie mobilisierten ihre adelige Verwandtschaft, die wiederum ihre Verbindungen nach Rom aktivierte, um über den Papst eine Ausnahmegenehmigung zu erreichen. Dieser strich hierfür eine nicht unbeträchtliche Summe ein.

Leben im Verborgenen

Die Nonnen gestalteten ihren eng begrenzten Wirkungskreis fantasievoll aus, indem sie ein abwechslungsreiches liturgisches Leben entfalteten. So zogen sie zu den Kirchenfesten in Prozessionen durch den Kreuzgang. An Palmsonntag führten sie eine Christusfigur auf einem hölzernen Esel mit. Das Karfreitags- und Ostergeschehen wurde von den Schwestern in geistlichen Schauspielen nachvollzogen. Daneben war Weihnachten der Höhepunkt im religiösen Leben der Nonnen. Neben der feierlichen Liturgie etablierte sich der Brauch des Kindleinwiegens, bei dem die Äbtissin den Schwestern ein Wickelkind aus Wachs reichte, das sie liebkosen durften. Zettel wurden gezogen, um sich einem bestimmten Heiligen oder einer verstorbenen Schwester im folgenden Jahr besonders anzunehmen. In den Zellen gab es kleine, selbstgemachte Altärchen, Christkindchen aus Wachs, Heiligenfigürchen und -bildchen.

Außerhalb der sieben täglichen Gebetszeiten und der Messe nutzten die Nonnen ihre freie Zeit neben Andachtsübungen vor allem für ihre künstlerische Arbeit. An erster Stelle standen aufwendige Stickereien. Doch wurden nicht nur Messgewänder gefertigt, sondern durchaus Weltliches, was verkauft und verschenkt werden konnte, wie die berühmten Wienhausener Teppiche zeigen. Das Abschreiben und Verzieren geistlicher Werke nahm ebenfalls breiten Raum ein. Sogenannte Klosterarbeiten waren bekleidete Wachspuppen und reich verzierte kleine Altäre, die von den Nonnen an ihre Verwandtschaft verschenkt wurden.

Trotz oder gerade wegen ihrer räumlichen Begrenztheit leisteten die Nonnenklöster mit der Mystik einen wichtigen Beitrag zur mittelalterlichen Frömmigkeitsgeschichte. Glanzvolle Namen wie Mechthild von Magdeburg, Gertrud die Große, Mechthild von Hackeborn und Margarethe Ebner stehen hier an der Spitze. Als Folge eines asketischen Lebens mit Nahrungs- und Schlafentzug hatten einzelne Schwestern eine innere Schau, in denen sie Christus, Maria oder den Heiligen begegneten. Da manche ihre Visionen aufschrieben, blieben sie uns überliefert. Mit unserer heutigen Nüchternheit betrachtet gehen die Texte oft ins Erotische, gerade bei der Braut-Bräutigam-Vorstellung zwischen Nonne und Christus. Später wurde dies missverstanden, so dass sich Äbtissinnen der Neuzeit manchmal entschlossen, Aufzeichnungen dieser Art zu vernichten.

Im Laufe des Mittelalters milderte sich der religiöse Ernst der Gründungszeit der Klöster fast überall ab. Die Nonnen richteten sich ihr Leben immer bequemer ein, wie sie es aus ihrem adeligen oder patrizischen Elternhaus gewohnt waren. Die einzelnen Schwestern bekamen von den Eltern Privateinkünfte überschrieben, die erst nach ihrem Tod in den Besitz des Klosters übergingen. Hiervon konnte sich die Nonne bestimmte Leckereien, bessere Kleidung, Bücher und sonstigen Privatbesitz kaufen, so dass sich die kargen Zellen, die anstelle des gemeinsamen Schlafsaales getreten waren, allmählich wohnlich füllten. Die Klausur wurde nicht mehr beachtet, so dass Nonnen mit Erlaubnis der Äbtissin zur Verwandtschaft oder in Kur fahren durften. Die Verwandten kamen auch gerne öfter im Kloster vorbei, wo die Schwestern dann richtige Feste mit Spiel, Tanz und Gesang veranstalteten. Leider litt bei diesem angenehmen, aber teureren Leben die Überwachung der Klostereinkünfte, so dass sich allerorten wirtschaftliche Schwierigkeiten einstellten. Da die Umgebung der Klöster heftig über das wenig asketische Leben der Nonnen tratschte, griffen allmählich die verantwortlichen Orden sowie die zuständigen Landesherren ein. Überall kam es im

rechts Neben Quedlinburg war Essen das bedeutendste Damenstift des Reiches. Äbtissin Mathilde, Enkelin Kaiser Ottos I., ließ den Westchor nach dem Vorbild der Aachener Pfalzkapelle errichten. Sie stiftete im frühen 11. Jh. neben der Goldenen Madonna und dem siebenarmigen Leuchter noch weitere kostbare Ausstattungsstücke, die sich teilweise in der Domschatzkammer erhalten haben.

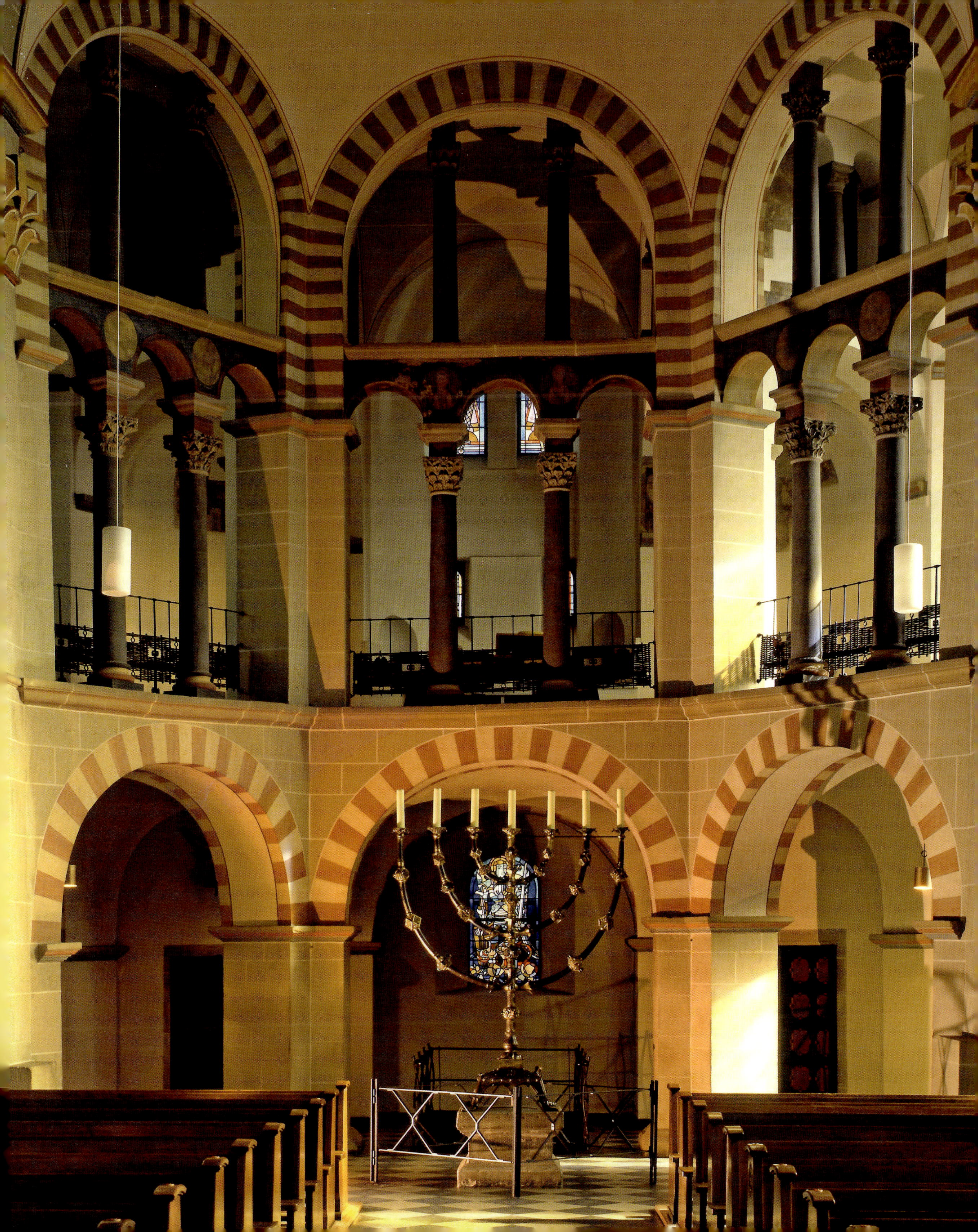

Laufe des 15. Jh. zu einer inneren Reform, die alles wieder zur alten Strenge zurückführte, aber auch die Einkünfte wieder auf feste Füße stellte.

Die Zahl der Frauenklöster übertraf um ein Mehrfaches die der Mönchsabteien. Doch im Gegensatz zu diesen waren die Konvente bedeutend kleiner. Größere Gemeinschaften hatten in der Blütezeit zwischen 50 und 100 Mitglieder, während die Mehrzahl der Klöster zwischen 20 und 30 Nonnen beherbergte. Daher waren Frauenklöster auch räumlich weniger umfangreich und imposant angelegt wie die großen Männerabteien. In der Regel bestanden ihre Kirchen nicht aus einer dreischiffigen Basilika, sondern aus einem einschiffigen Saal. Aufgrund der geringeren Größe der Anlage gingen diese nach Reformation und Säkularisation durch Zweckentfremdung und Abbruch häufiger vollständig zugrunde, so dass sich am heutigen Erhaltungszustand nicht mehr die überragende Bedeutung der Frauenklöster für die mittelalterliche Gesellschaft ablesen lässt.

Macht in Frauenhand – die Damenstifte

Boten schon »normale« Nonnenklöster gute Karrierechancen für Frauen, wenn sie in den Rang einer Äbtissin oder Cellerarin gewählt wurden, so konnten sie in den Damenstiften sogar zu unabhängigen Landesherrinnen aufsteigen. Ganz im Gegensatz zu den Nonnenklöstern mussten die hochadeligen Damen beim Eintritt kein ewiges Gelübde ablegen, so dass ein ehrenhafter Austritt für sie jederzeit möglich war, wenn sich die Verwandtschaft doch noch entschlossen hatte, eine Heirat zu ermöglichen. Solange sie im Stift lebten, mussten sie aber keusch bleiben und der Äbtissin in allem gehorchen. Der wichtigste Unterschied zum Kloster bestand darin, dass die Damen nicht in persönlicher Armut leben mussten. Denn das Stiftsvermögen war in die sogenannten Pfründe gleichmäßig aufgeteilt. Jede Stiftsdame bekam beim Eintritt eine Pfründe als regelmäßiges Einkommen, das sie nach Belieben verwenden konnte. So verwundert es nicht, dass im hohen Mittelalter das anfängliche Gemeinschaftsleben aufgegeben wurde. Die Frauen lebten nun in repräsentativen Häusern innerhalb des Stiftsbezirks, umsorgt von einer eigenen Dienerschaft. Nur noch zu den Gebetszeiten trafen sich alle in der Kirche. Doch konnte man hier durchaus schon einmal fehlen, ohne dass dies ähnlich harte disziplinarische Strafen wie im Kloster nach sich gezogen hätte. Wie in den Männerstiften gab es großzügige Urlaubsregelungen. Lag das Stift in einer Stadt, so konnten die Damen problemlos am gesellschaftlichen Leben wie Tanzveranstaltungen teilnehmen. Nur an ihrer gemeinsamen Tracht, die immer wieder der höfischen Kleidung des Hochadels angepasst wurde, waren sie zu erkennen. Aufgrund der geschilderten Umstände waren Damenstifte beim Adel äußerst beliebt. Schon gleich nach der Geburt bemühten sich die Familien einen der begehrten Plätze für ihre Tochter zu ergattern, damit diese standesgemäß versorgt war, wenn sich keine Chance zur Heirat bot.

Damenstifte waren besonders im Hochmittelalter die wichtigsten Ausbildungsstätten für weibliche Angehörige des Hochadels. Stellvertretend für das hohe Bildungsniveau in den Damenstiften sei die Dichterin Roswitha von Gandersheim genannt. Sie wurde wohl schon als kleines Mädchen um 940 den Kanonissen des ottonischen Reichsstiftes Gandersheim zur Erziehung übergeben und trat später als Stiftsdame hier ein, wo sie zu einer der bedeutendsten Dichterinnen des deutschen Mittelalters wurde. Wir wüssten nichts von ihr, hätte sich nicht in der Bibliothek der Benediktinerabtei St. Emmeram in Regensburg das einzige Exemplar einiger ihrer Werke erhalten. Ende des 15. Jh. entdeckte es ein Humanist auf der

rechts Der besondere Schatz des ev. Damenstiftes Wienhausen sind die von den Nonnen gefertigten mittelalterlichen Teppiche. Sie zeigen nicht nur Heiligenlegenden, sondern in drei Exemplaren auch die Tristan-Sage.

unten Der spätgotische Kreuzgang des Nonnenklosters Heiligkreuztal wurde im frühen 16. Jh. mit einer Bildergalerie aller Äbtissinnen ausgemalt.

Suche nach Werken antiker Schriftsteller und war davon so begeistert, dass 1501 eine gedruckte Ausgabe dieser »zweiten Sappho« erschien. Roswitha waren in der Gandersheimer Stiftsbibliothek nachweislich Werke antiker Dichter zugänglich, darunter Ovid und Vergil sowie des Komödienschreibers Terenz. Doch auch philosophische, mathematische und natürlich theologische Kenntnisse zeigen ihre solide Ausbildung. Von den Dichtungen Roswithas sind mehrere Heiligenlegenden in Dramenform sowie ein Epos über Kaiser Otto I. erhalten.

Obwohl es Damenstifte im Vergleich zu den Nonnenklöstern nur in einer verschwindend geringen Zahl gab, gehörten einige davon zu den Brennpunkten deutscher Geschichte. Gerade die vom Herrscherhaus der Ottonen gegründeten oder sehr geförderten Damenstifte wie Quedlinburg, Gandersheim, Herford und Essen nahmen eine Spitzenposition ein. Hier standen mehrmals kaiserliche Prinzessinnen an der Spitze. Die Äbtissinnen dieser reichsfreien Stifte, die nur dem Kaiser unterstanden, stiegen im 13. Jh. sogar zu Fürstäbtissinnen auf. Da sie nicht durch Klausurbestimmungen eingeengt wurden, konnten die Äbtissinnen, die geweiht und auf Lebenszeit gewählt wurden, ohne Vermittlung von Männern ihre Herrschaft ausüben. Sorgfältig erzogen und aus höchstem Hause waren sie ihrer anspruchsvollen Aufgabe mehr als gewachsen.

Beginen und Ketzerinnen

Beginen waren die bürgerliche Variante der Stiftsdamen. Hier lebten Frauen ohne einengende Regel und ohne Klausurbestimmungen mitten in den Städten zusammen. Es war daher jederzeit möglich, wieder auszutreten und man konnte hierbei den eingebrachten Besitz wieder mitnehmen. Zusammenhalt stiftete der religiöse Grundgedanke. Geleitet von einer Meisterin, erwirtschafteten die Frauen ihren Lebensunterhalt durch karitative Betätigung in der häuslichen Pflege oder der Sterbebegleitung. Meist waren sie aber handwerklich in der Tuchproduktion tätig. Dies wurde von den Städten und den das ganze Handwerk regulierenden Zünften allerdings nur so lange geduldet, wie allgemeines Wirtschaftswachstum herrschte. In schlechteren Zeiten waren Beginen nun plötzlich lästige wirtschaftliche Konkurrenz, so dass die Ratsherren dann einfach deren Anzahl an Webstühlen oder die Produktionsmenge reduzierten.

In Beginenhäusern schlossen sich nicht die ärmsten Frauen der Stadt zusammen, sondern meist An-gehörige der Mittel- und Oberschicht, denen sich einige Vorteile boten: Sie taten etwas für ihr Seelenheil, entgingen einer Ehe, die sie nicht selbst bestimmen durften, ersparten sich das mehrmalige hohe Risiko von Schwangerschaft und Geburt und mussten nicht als alte Jungfer missmutig von der Verwandtschaft mitfinanziert werden, wenn sich nicht heiraten wollten. Die gleichen Vorteile hätte auch ein Klostereintritt geboten. Doch war dies zum einen mit einem hohen finanziellen Aufwand wie bei einer Mitgift verbunden. Zum anderen konnten die Nonnenklöster den Ansturm von Frauen gar nicht fassen, die sich der religiösen Frauenbewegung des 13. Jh. anschließen wollten. Die Entwicklung des neuartigen Beginenwesens war daher eine willkommene Alternative.

Auffällig ist die Hauptverbreitung der Beginen in den wirtschaftlichen »Boom-Zentren« des hohen Mittelalters wie etwa Flandern oder entlang des Rheins mit seinen aufstrebenden Großstädten. Im Gegensatz zu Flandern, wo es große, zentrale Beginenhöfe mit ein- bis zweihundert Mitgliedern gab, die in Häuschen rund um ihre Kirche lebten, wohnten in Deutschland jeweils nur rund ein Dutzend Frauen in ganz normalen Bürgerhäusern. Die zahlreichen Beginenhäuser waren völlig unabhängig und bildeten keinen gemeinsamen Verband. Geistliche Betreuung fanden sie weniger in den Pfarrkirchen als bei den Bettelorden oder in den Stadthöfen der Zisterzienser.

Der Amtskirche war diese neuartige Entwicklung ein ständiger Dorn im Auge. Frauen, die außerhalb der Familie ohne Aufsicht eines Mannes, aber nicht in einem abgeschlossenen Kloster lebten, waren mehr als suspekt. Daher drängten vielerorts Bischöfe die Städte dazu, einzelne Beginenhäuser zu einem Kloster zusammenzulegen und sie den Bettelorden anzuschließen.

Eine große Anziehungskraft auf religiös suchende Frauen übten die Bewegungen der Katharer und Waldenser aus. Diese und andere Sekten wurden von der Kirche grausam bekämpft, da sie unabhängige Laienbewegungen waren, deren Mitglieder predigten, tauften und Abendmahl hielten. Zudem wagten sie es, den unchristlichen Reichtum und die moralische Verkommenheit der Amtskirche zu kritisieren. Weil man bei ihnen auf den Gedanken einer elitären Priesterschaft verzichtete, besaßen Frauen hier eine völlig gleichberechtigte Stellung. Sie konnten in ungewohnter Freiheit öffentlich predigen und missionieren. Die von der Amtskirche initiierte Verfolgung angeblich zauberkundiger Frauen, der Hexen, schreibt man gemeinhin dem Mittelalter zu. Doch ist dies vor allem ein Phänomen der Neuzeit des 16. und 17. Jh.

Stadtluft macht frei – auch Frauen!

Abgesehen von den Klöstern und Stiften waren die Entfaltungsmöglichkeiten für Frauen in Großstädten mit Abstand am besten. Ganz selbstverständlich arbeiteten nicht nur die Söhne, sondern auch Ehefrauen und Töchter im Handwerksbetrieb des Mannes mit. Daher achtete man sorgfältig darauf, dass Frauen lesen, schreiben und rechnen lernten. Da Gesellen und Dienstpersonal mit im Haus wohnten, stand die Handwerkerfrau einem großen Haushalt vor. Nach dem Tod ihres Mannes durfte sie unter Einschränkungen den Betrieb alleine weiterführen, entweder bis zu ihrem Tod oder bis ihr Sohn das Geschäft übernehmen konnte. Meist ermöglichte die Meisterswitwe durch Heirat einem Gesellen den schnellen Aufstieg zum Meister und den Erhalt des begehrten Bürgerrechts, was auch reifere Frauen attraktiv machte. In den mittelalterlichen Großstädten gab es Zünfte, die allein Frauen vorbehalten waren wie Seiden- und Garnmacherinnen sowie Seiden- und Goldspinnerinnen. Die Meisterinnen besaßen hier auch das Recht der Ausbildung des weiblichen Nachwuchses.

Als Händlerinnen nahmen Frauen am Marktgeschehen einen wichtigen Anteil. Dort wurden im Gegensatz zu heute nicht einfach nur Obst, Gemüse und Textilramsch angeboten, sondern alle Produkte des Lebens von der Wurzelbürste bis hin zum Kupferstich und zu goldgewirkten Seidenstoffen. Manchen Frauen gelang an der Seite ihres Mannes auch der

oben In den Frauenhäusern mittelalterlicher Städte gingen die Dirnen ihrer ehrbaren Arbeit nach (kolorierter Holzschnitt aus Deutschland, 15. Jh.).

Einstieg in den Groß- und Fernhandel, den sie nach dessen Tod alleine weiterführten. Hier konnten sie immense Reichtümer aufhäufen und damit starken Einfluss auf das gesellschaftliche Leben nehmen. Wo es ihren eigenen Geschäftsbereich betraf, durfte eine Frau selbst vor Gericht erscheinen und war nicht auf die Vertretung durch ihren Ehemann angewiesen. Allgemeine Aussagen über die Stellung der Frauen in der Stadt sind darüber hinaus schwierig, da jede Stadt sich eine andere Verordnung gab.

Den größten Anteil berufstätiger Frauen werden in den Städten die Mägde und Dienerinnen ausgemacht haben. Sie wohnten und arbeiteten unter der strengen Aufsicht der Hausfrau. Da sie in der Stadt mehr als auf dem Land verdienten, von wo sie meist kamen, konnten sie sich so schneller ihre Mitgift zusammensparen und heiraten.

Weit selbstverständlicher als in der Neuzeit war im Mittelalter Prostitution als fester städtischer Berufszweig anerkannt. Ganz pragmatisch tolerierte auch die Kirche deren Ventilfunktion, die »ehrbare« Mädchen und Ehefrauen vor Ehebruch, Unzucht und Vergewaltigung schützte. Voraussetzung war aber, dass die Prostituierte rein aus wirtschaftlicher Not und ohne sexuelle Lust handelte. Die Geistlichkeit scheint sich gerne vor Ort persönlich davon überzeugt zu haben, denn in einigen Bordellen zählten gerade sie zu den besten Kunden. In mittelalterlichen Städten lebte immer eine hohe Zahl unverheirateter junger Männer. Denn während ihrer Gesellenzeit konnten junge Handwerker nicht heiraten. Insgesamt lag das Heiratsalter der Männer deutlich über dem der Frauen. Doch wie heute werden verheiratete Männer den größten Kundenanteil ausgemacht haben, zumal diese überwiegend in einer arrangierten Ehe lebten. Gerade in Handels- und Universitätsstädten mit ihren vielen (männlichen) Einzelreisenden und Studenten bestand erheblicher Bedarf. Zu Zeiten einer Handelsmesse oder auch bei kirchlichen Konzilien strömten von weit her Prostituierte als Verstärkung herbei.

Wie alles in einer mittelalterlichen Stadt war auch die Prostitution genau geregelt. Die Damen des Gewerbes mussten durch äußere Kennzeichen wie bestimmte Farben oder Kleidungsstücke erkennbar sein, damit Mann sie von den »ehrbaren« Frauen unterscheiden konnte und nicht die Falsche ansprach und in Versuchung brachte. Wie die einzelnen Handwerke so waren auch die Bordelle in einzelnen Straßen oder Vierteln konzentriert. Die von den Frauen gezahlten Steuern stellten einen unverzichtbaren Posten im städtischen Haushalt dar. Unter den Prostituierten gab es eine große Spannbreite, die von der Felddirne, die sich vor der Stadt mit ihrem Freier in die Büsche schlug, bis hin zur Edelkurtisane reichte, die als gebildete und kultivierte Gesellschafterin höchsten Ansprüchen genügen musste.

Frauenleben im Mittelalter

Erlebnis FRAUENWELT

Damenstift Quedlinburg

Ein zentraler Bestandteil des UNESCO-Weltkulturerbes Quedlinburg ist das hoch über der Altstadt aufragende Damenstift. Unter der Herrscherfamilie der Ottonen war es einer der zentralen Stätten deutscher Geschichte. 1993 geriet es in die Schlagzeilen durch die spektakuläre Rückführung des kurz nach dem Zweiten Weltkrieg geraubten Kirchenschatzes. Unter dem ersten König Heinrich I. aus sächsischem Haus trug der Felsen die Pfalz des Herrschers. Hier fand er in der Kapelle 936 sein Grab, an dem seine Witwe Mathilde ein Damenstift einrichtete. Ihr Sohn Otto I. besorgte für die Gründung bedeutende Reliquien, die in kostbaren Behältnissen geborgen wurden. Bis zum Ende des 11. Jh. regierten nacheinander vier Töchter deutscher Kaiser das reichsfreie Damenstift und seine riesigen Ländereien. Die Stiftskirche des frühen 12. Jh. ist mit ihrem Kapitellschmuck ein Glanzstück sächsischer Romanik. Die Grabplatten der kaiserlichen Äbtissinnen in der Krypta gehören zu den ältesten in Deutschland. In der Nazizeit instrumentalisierte Heinrich Himmler das Grab König Heinrichs I. im Sinne des Führerkultes und ließ den gotischen Chor mit einer romanisierenden Apsis verstellen. Im Querhaus hat sich noch die mittelalterliche Schatzkammer erhalten. Neben den Reliquiaren sind Reste eines romanischen Knüpfteppichs höchst sehenswert, die ihre Erhaltung der Zweitverwendung als Fußmatten verdanken.

Stiftskirche St. Servatii und Domschatz geöffnet Mai bis Okt.: Dienstag bis Samstag 10 – 17 Uhr, Sonn- und Feiertag 12 – 17.30 Uhr;
Nov. bis März: Dienstag bis Samstag: 10 – 15.30 Uhr, Sonn- und Feiertag: 12 – 15.30 Uhr;
April: Dienstag bis Samstag: 10 – 16.30 Uhr, Sonn- und Feiertag: 12 – 16.30 Uhr
www.quedlinburg.de

Elisabethkirche Marburg

Zu Füßen von Schloss und Altstadt der Universitätsstadt erhebt sich unweit der Lahn die Elisabethkirche. Sie ist neben der Liebfrauenkirche in Trier nicht nur die erste rein gotische Kirche in Deutschland, die den Formen der Kathedrale von Reims folgt, sondern ein grandioses Denkmal einer der populärsten weiblichen Heiligen der Christenheit. Denn an diesem Ort widmete sich die verwitwete Landgräfin Elisabeth von Thüringen selbstlos der Pflege der Armen in dem von ihr gegründeten Hospital. Nach ihrem frühen Tod 1231 fand sie in der Kapelle ihr Grab, an dem sogleich Wunder geschahen und daher immer mehr Pilger herbei strömten. Nach ihrer ungewöhnlich raschen Heiligsprechung 1235 begann der Bau einer kathedralhaften Wallfahrts- und Deutschordenskirche, die mit den beiden Türmen im frühen 14. Jh. vollendet war. Trotz Einführung der Reformation blieben mit dem Grab Elisabeths sowie dem Reliquienschrein und dem Fenster mit Elisabeths Werken der Nächstenliebe hochrangige Zeugnisse eines der spektakulärsten Frauenleben des 13. Jh. erhalten. Die spätgotischen Altäre, die Elisabeth nur noch als mildtätige Fürstin zeigen, haben mit der Radikalität ihrer Lebenswende allerdings nichts mehr zu tun. Sie sind das Ergebnis einer Stilisierung hin zu einem annehmbaren Vorbild einer christlichen Landesfürstin.

Kirche geöffnet von Nov. bis März: tägl. 10 – 16 Uhr; Apr. bis Sept.: tägl. 9 – 18 Uhr; Oktober tägl. 10 – 17.00 Uhr. Chor nur mit Eintritt.
www.elisabethkirche.de

Kloster Heiligkreuztal

Im süddeutschen Raum hat sich in Heiligkreuztal wohl am reinsten der besondere Charakter eines mittelalterlichen Frauenklosters bewahrt. Nach der Säkularisation 1803 verkam die Anlage in anderthalb Jahrhunderten immer mehr, bis die Stefanus-Gemeinschaft nicht nur die bauliche Rettung brachte, sondern die ehemalige Zisterzienserinnenabtei als Bildungshaus wieder einer passenden Nutzung zuführte. So können die Besucher in den barock ausgemalten Nonnenzellen übernachten und die Konzentration und Ruhe

unten Die Elisabethkirche in Marburg war Wallfahrtskirche einer der populärsten Heiligen der Christenheit.

rechts Das ehemalige Zisterzienserinnenkloster Heiligkreuztal in Oberschwaben bewahrt mit der Christus-Johannes-Gruppe aus dem 14. Jh. eines der ansprechendsten Andachtsbilder aus dem Umfeld der Frauenklöster-Mystik.

Erlebnistipp: Kloster Wienhausen

Die Lüneburger Heide beeindruckt nicht nur durch ihre landschaftlichen Reize, sondern auch durch ihre Fülle an sechs ehemaligen Nonnenklöstern, die einen einmaligen Einblick in die religiöse Lebenswelt mittelalterlicher Frauen geben. An ihrer Spitze steht das wohlerhaltene Wienhausen, dessen Kunstwerke bis heute von evangelischen Stiftsdamen gepflegt werden. Im frühen 13. Jh. von Markgräfin Agnes von Meißen-Landsberg, Schwiegertochter Heinrichs des Löwen, gegründet, entwickelte sich die Stiftung zum Hauskloster der Herzöge von Braunschweig-Lüneburg. Nach der gewaltsam gegen den Widerstand der Nonnen eingeführten Reformation blieb Wienhausen als Versorgungsanstalt überzähliger Töchter des Adels in bescheidenen Verhältnissen bestehen.

Aus der Blütezeit stammt der Nonnenchor des 14. Jh. Über dem Chorgestühl sind Wände und Gewölbe vollständig mit farbenfrohen Malereien der Gotik überzogen. Die gesamte Heilsgeschichte findet sich hier als Schmuck und Meditationsvorlage. Der Marienaltar barg einst eine Heilig-Blut-Reliquie, während das Heilige Grab, das heute dauerhaft inmitten des Chores aufgestellt ist, früher zur Veranschaulichung des Karfreitags- und Ostergeschehens diente. Aufgrund des ehemals großen Konventes besitzt Wienhausen zwei Kreuzgänge, die zudem doppelgeschossig angelegt sind. Der ältere Teil weist sogar noch mittelalterliche Glasmalereien auf. Im Obergeschoss des Nordflügels stehen neben den Zellentüren noch zahlreiche gotische Holztruhen, in denen die Nonnen ihre Mitgift als »Bräute Christi« mit ins Kloster brachten.

Einmalig sind die von den Nonnen hergestellten Bildteppiche, von denen sich neun erhalten haben (nur einmal im Jahr ab Freitag nach Pfingsten für 10 Tage ausgestellt!). Die 1953 entdeckten Funde unter dem Chorgestühl der Nonnen machen deren eng eingegrenzte Welt wieder lebendig.

Nur mit Führung zu besichtigen (außer Mo.): April bis Mitte Okt.: Sonn- und kirchliche Feiertage 12–17 Uhr stündlich, werktags und nichtkirchliche Feiertage 10, 11 und 14–17 Uhr. Erste Oktoberhälfte letzte Führung 16 Uhr.
www.wienhausen.de

des geschlossenen Ensembles rund um den Kreuzgang auf sich wirken lassen. Die gotische Kirche mit angeschlossenem Nonnenchor bewahrt zwei wunderbare Kunstwerke des Mittelalters: Das Chorfenster ist noch vollständig mit leuchtenden Glasmalereien des frühen 14. Jh. gefüllt. Vor der Muttergottes hat sich die Äbtissin als Stifterin demütig darstellen lassen. In einer Nische unter dem Fenster steht die Christus-Johannes-Gruppe als eines der innigsten Beispiele von Andachtsbildern der Mystik in Frauenklöstern. Im Westteil der Kirche erhebt sich die für Frauenklöster typische Nonnenempore. Im Raum darunter wurde ein Klostermuseum eingerichtet. Kreuzgang und Klausur errichtete die tatkräftige Äbtissin Veronika von Rietheim komplett neu, nachdem die Reform des Klosters gelungen war. Im Nordflügel beeindruckt nicht nur ihre Grabplatte, sondern auch eine gemalte Äbtissinnengalerie mit Kurztexten der Verdienste der Klostervorsteherinnen.

Kirche und Kreuzgang tagsüber frei zugänglich. Klostermuseum Sonn- und Feiertag: 14–17 Uhr
www.heiligkreuztal.de

Damenstift Essen

Seit 1958 ist die Kirche des ehemaligen Damenstiftes Kathedrale des neu gegründeten Ruhrbistums. Inmitten der modernen Großstadt gelegen hat sich wie eine Insel der Vergangenheit eine der bedeutendsten Stätten weiblicher Herrschaftsausübung erhalten. Unmittelbar am Hellweg, einem wichtigen Handelsweg aus Sachsen nach Köln, gründete um die Mitte des 9. Jh. Bischof Altfrid von Hildesheim ein Damenstift. Neben Quedlinburg entwickelte es sich unter den Ottonen rasch zur bedeutendsten Einrichtung dieser Art. Drei Äbtissinnen aus kaiserlichem Hause, Mathilde, Sophia und Theophanu, führten es zu seiner Glanzzeit. Während Langhaus und Chor des Münsters in der Gotik neu errichtet wurden, verdeutlicht der um das Jahr 1000 nach dem Vorbild der Aachener Pfalzkapelle errichtete Westchor den hohen Anspruch der Bauherrinnen. Mathilde, Enkelin Kaiser Ottos I., ließ den Bau großartig ausstatten. So erhebt sich im Westchor der siebenarmige Leuchter aus Bronze, während im Nebenchor die Goldene Madonna als älteste vollplastische Darstellung Mariens erhalten ist. In der hochkarätigen Schatzkammer, die entgegen ihrer Bedeutung leider viel zu wenig bekannt ist, sind allein vier mit Edelsteinen und Emailles verzierte große Vortragekreuze aus ottonischer Zeit erhalten. Die Kinderkrone Ottos III. sowie ein herrscherliches Schwert zeigen die enge Verbindung zum Kaiserhaus.

Münster tagsüber geöffnet.
Domschatzkammer: Dienstag bis Samstag 10–17 Uhr, Sonntag 11.30–17 Uhr
www.frauenstift.de

Erlebnis **FRAUENWELT**

Frauenleben im Mittelalter 123

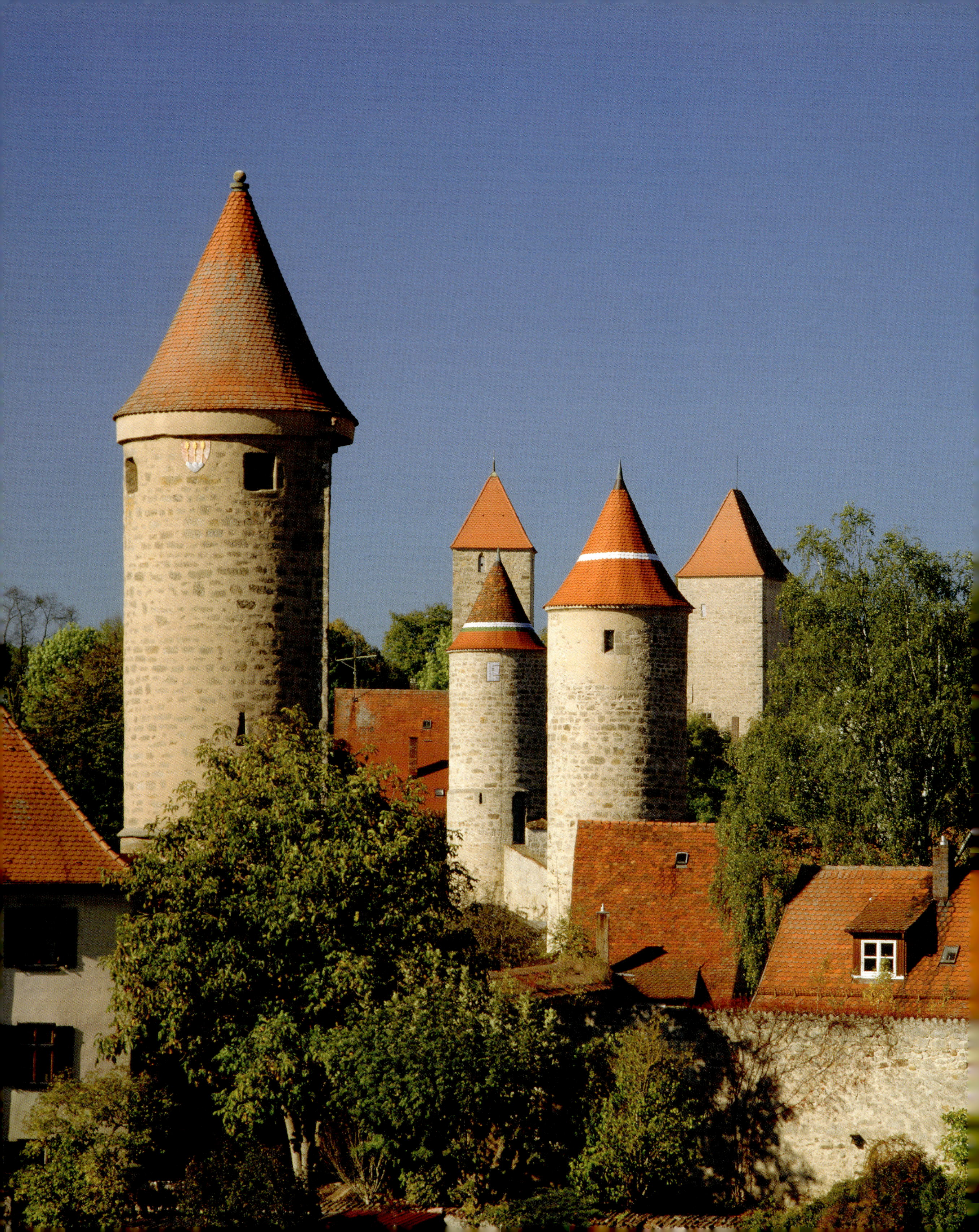

Die Städte

Motor des Mittelalters

Neben Burgen und Klöstern sind es vor allem die historischen Altstädte, die unser Bild vom Mittelalter prägen. Trotz der immensen Zerstörungen im Zweiten Weltkrieg konnte Vieles gerettet oder wiederaufgebaut werden. So finden sich fast überall Reste von Toren, Mauern, Plätzen, Bürgerhäusern und Pfarrkirchen, die uns in die Blütezeit mittelalterlichen Städtewesens führen. Die Altstädte etwa von Lübeck, Wismar, Nördlingen oder Dinkelsbühl sind in ihrer perfekten Erhaltung wahre Zeitmaschinen und gehören mit zum Schönsten, was das Mittelalter in Deutschland hinterlassen hat. Doch wer das Ganze nur als malerische Kulisse wahrnimmt, vergisst, dass hier die Wurzeln unserer Gegenwart zu finden sind.

Zentren des Wirtschaftslebens

Seit der Antike war eine verkehrsgünstige Lage Grundvoraussetzung für Gründung und Wachstum einer Stadt. Daher verwundert es nicht, dass es zunächst die von den Römern in Deutschland gegründeten Städte an Rhein, Donau und Mosel waren, die dank ihrer bevorzugten Lage im Frühmittelalter weiter existierten. Die moderne Stadtarchäologie liefert immer mehr Beweise, dass hier die Besiedlung nie abbrach, da der Handel weiterlief. Zudem verliehen die frühchristlichen Bischofssitze in den alten Römerstädten Speyer, Worms, Mainz, Köln, Trier, Konstanz, Augsburg und Regensburg diesen Kontinuität und eine zentralörtliche Bedeutung. Im Gegensatz zur Römerzeit schrumpften diese Städte aber bis auf einen kleinen Kern zusammen, in dem das Leben im Vergleich zum Komfort und dem Entwicklungsstand der Antike nur noch auf Sparflamme weiterging. Stadterweiterungen gab es dann erst wieder vereinzelt im 10. Jh. und verstärkt ab dem 11. Jh.

Die Stadt als Motor der mittelalterlichen Entwicklung setzte sich jedoch erst in den Gründungswellen des 12. und 13. Jh. durch. Eine anhaltende Klimaverbesserung mit einhergehendem, starken Bevölkerungswachstum setzte die notwendigen Kapazitäten frei. Die aufstrebenden Landesfürsten erkannten das wirtschaftliche und politische Potential, das eine Stadtgründung bot. So erschlossen sie sich dadurch nicht nur neue, kontinuierlich fließende Einnahmequellen, sondern konsolidierten auch den Ausbau ihres Territoriums. Bei der Neuanlage einer Stadt versuchten sie, einen möglichst günstigen Platz wie z. B. an einem Flussübergang oder am Talausgang am Rand der Mittelgebirge zu finden. Durch Neugründungen stieg die Anzahl der Städte bis zum Ausgang des Mittelalters auf knapp 3500 an, wobei die Spannweite von der bevölkerungsreichen Großstadt bis hin

links Stolz liegt noch heute die Altstadt von Dinkelsbühl in der Landschaft, umgeben von der fast vollständig erhaltenen Stadtmauer.

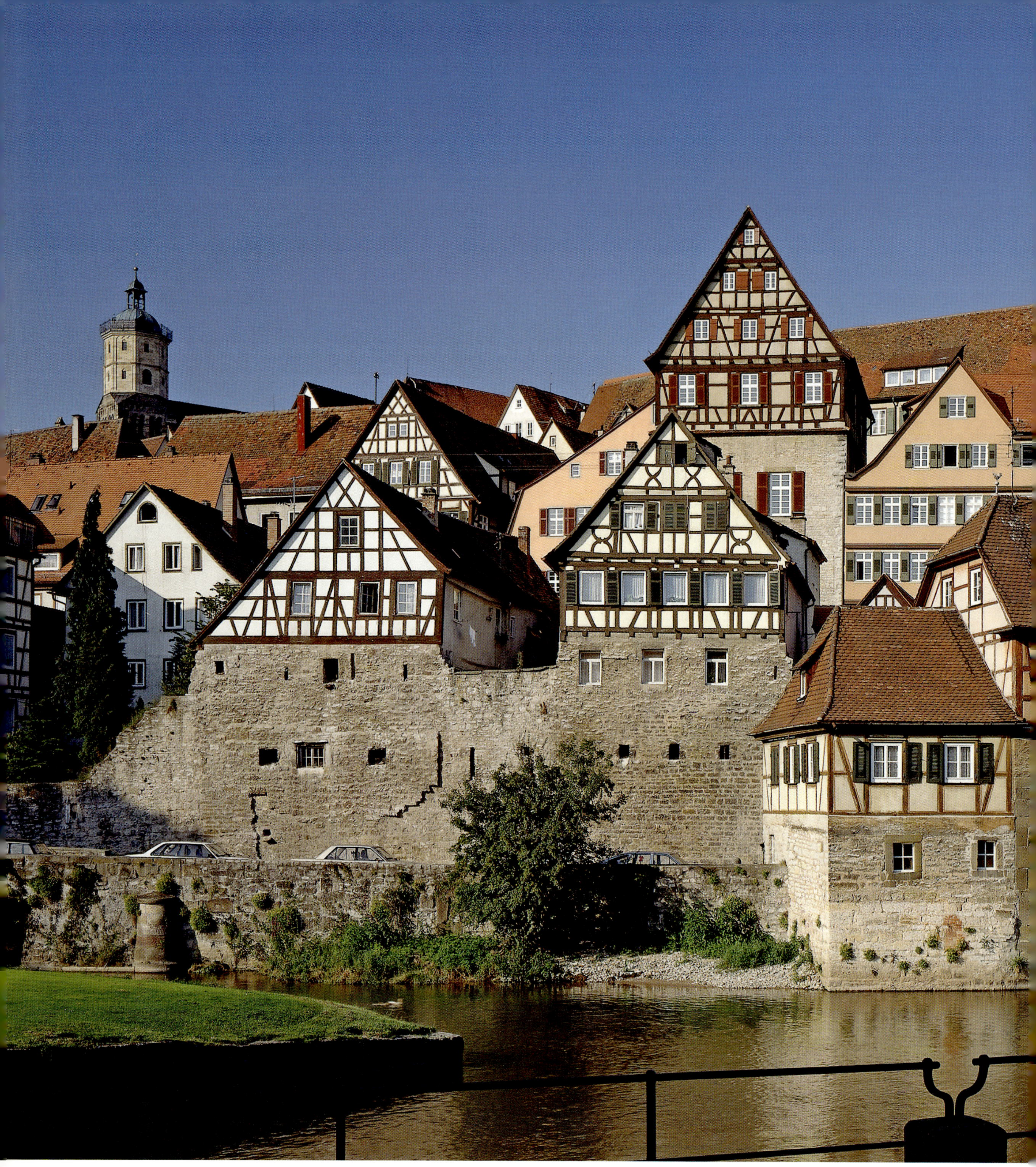

zur winzigen Burgsiedlung mit Stadtrechten reichte. Selbst innerhalb der größten Stadt Deutschlands, Köln, rechnet man »nur« mit einer Einwohnerzahl von 40 000. Die überwiegende Zahl der Städte besaß wohl durchschnittlich 2–3000 Bewohner. Doch war nicht die Zahl der Menschen, die dort lebten, für die Stadtwerdung entscheidend, sondern die rechtliche Stellung, wie die vielen Burgstädtchen mit rund 2–300 Einwohnern zeigen.

Kerngedanke der Stadt ist die Ansiedlung eines permanenten Marktes mit garantierter Rechtssicherheit und Frieden für die Marktbesucher und Kaufleute. Deshalb nimmt der Marktplatz in den Städten fast immer die Mitte am Kreuzungspunkt der Hauptstraßen ein. Gerade der Markt bedeutete dank Zöllen, Abgaben, Strafgeldern und Standgebühren für den Stadtgründer und -herrn eine bedeutende Einnahmequelle. Um Bewohner aus dem Umland zu gewinnen, lockte er mit einer zeitlich befristeten Steuerbefreiung sowie einem Grundstück aus der in regelmäßige Parzellen unterteilten Stadtfläche. Hier konnten die Hörigen eines Grundherrn persönliche Freiheit gewinnen, sofern er sie nicht innerhalb einer bestimmten Frist zurückforderte. Der Stadtherr verlieh zum Abschluss einer meist längeren Gründungsphase den Bewohnern der neuen Siedlung ein Stadtrecht, das ganz individuell zugeschnitten sein konnte. Hatte sich ein Stadtrecht bewährt, dann übernahmen es gerne auch andere Landesherren für ihre eigenen Gründungen. Florierte eine Stadtgründung, dann erweiterte sie sich rasch um Vorstädte, die später in die Stadtummauerung einbezogen wurden.

Gerade die großen Fernhandelsstädte leisteten einen bedeutenden Beitrag zur Weiterentwicklung einer Gesellschaft. Städte konnten sich dank des Reichtums und des Wagemuts ihrer Bürger aus der adeligen Herrschaft befreien bzw. freikaufen. In ihren Mauern herrschte eine bisher nicht bekannte soziale Differenzierung sowie handwerkliche und kaufmännische Spezialisierung. Neuartige Luxuswaren erreichten nun Zentraleuropa ebenso wie das

links Schwäbisch Hall gelangte dank seiner Salzquellen nahe dem Kocher im Mittelalter zu großem Reichtum. Reizvoll staffelt sich die Fachwerkaltstadt vom Fluss hoch zur spätgotischen Stadtpfarrkirche St. Michael, die mit ihrer imposanten Freitreppe den Marktplatz dominiert.

Die Städte

Wissen um fremde Länder und Völker. Ein erhöhter Bargeldbedarf für den Handel führte zum Ausbau fürstlicher Silberbergwerke. Neben Klöstern gehören Städte dank ihrer Chroniken zu den ersten Trägern eines schriftlich niedergelegten Geschichtsbewusstseins. Eine sorgfältige städtische Schulbildung sollte nicht nur Grundkenntnisse vermitteln. Gerade die Mathematik war besonders gefragt, musste ein Fernhändler doch mit verschiedenen Währungen und Maßen umgehen können, ohne betrogen zu werden. Mittelalterliche Handelsstädte kümmerten sich erstmals seit der Antike um den Ausbau und um die Sicherung der Verkehrswege. Seestädte entwickelten neue Schiffstypen. Reitende Boten schufen regelmäßige Postverbindungen mit anderen Großstädten. Von Norditalien verbreiteten sich die Grundlagen unseres heutigen bargeldlosen Bankwesens mit Wechsel, Scheck, Kredit und Girokonto.

Schon ab dem späten 11. Jh. finden sich in den reichen Handelsstädten Köln und Worms Ansätze zur Befreiung von der als bedrückend empfundenen bischöflichen Stadtherrschaft. In einem jahrzehntelangen zähen, gewalttätigen und teuren Kampf gelang es manchen Städten, ihren ungeliebten Stadtherrn endgültig loszuwerden und zu wirklicher Freiheit aufzusteigen. Dies waren die sieben Freien Städte Köln, Mainz, Worms, Speyer, Straßburg, Basel und Regensburg. Daneben gab es noch rund 100 Reichsstädte, die keinem Landesfürsten, sondern allein dem deutschen König unterstanden. Teils waren sie vom König auf Reichsgut gegründet oder nachträglich von ihm erworben worden. Als im Spätmittelalter das deutsche Königtum in eine schwere Krise geriet, verpfändete der Herrscher oft einzelne Reichsstädte aus finanzieller Not oder um politische Weggefährten zu entlohnen. Manche Städte konnten sich mit erheblichen Finanzmitteln freikaufen, andere verblieben dann beim Landesherrn.

Mächtigen und reichen Städten wie z. B. Nürnberg, Frankfurt am Main, Rothenburg ob der Tauber oder Schwäbisch Hall gelang es, selbst zum Landesherrn zu werden und ein beträchtliches Territorium mit Dörfern, Burgen und Kleinstädten zu erwerben. Das Ganze wurde dann sogar komplett mit einer Landwehr aus Graben, Palisaden und dichten Hecken sowie Wachtürmen und Toren befestigt.

Die Freien und Reichsstädte nahmen teilweise eine bedeutende politische Rolle wahr und drängten sich als dritte Kraft zwischen Adel und Kirche. Gerade in den Wirren des Investiturstreits zwischen Kaiser und Papst standen die bedeutendsten Städte zum Kaiser, der hier allein Hilfe fand. In den Machtkämpfen zwischen Kaiser und aufstrebenden Landesfürsten erwiesen sie sich schon aus Eigeninteresse als Stützen des Herrschers. Mit dem Verfall der kaiserlichen Macht und den Doppelwahlen ab der Mitte des 13. Jh. begannen die bedeutendsten Städte, sich zu Schutzbündnissen zusammenzuschließen. Sie übernahmen mit Friedens- und Rechtsschutz jene Aufgaben, die der König nicht mehr ausfüllen konnte, um ihre Handelsinteressen zu sichern. Zu den einflussreichsten Vereinigungen zählte der Rheinische Städtebund, der sich Ende des 14. Jh. mit dem ebenfalls bedeutenden Schwäbischen Städtebund zusammentat. Am bekanntesten und bedeutendsten ist aber die im 13. Jh. entstandene Hanse, die den Handel auf Nord- und Ostsee kontrollierte und das dortige Machtvakuum kraftvoll politisch füllte. Von den 80 aktiven und 200 privilegierten Hansestädten lagen bei weitem nicht alle an der Küste. Ins Festland reichte die Hanse im Süden bis Erfurt und Köln.

Straffe Strukturen

Das enge Zusammenleben vieler Menschen innerhalb der Stadtmauern erforderte ein Höchstmaß an Organisation. Als oberstes Organ der Selbstverwaltung entwickelte sich im 13. Jh. in den Großstädten der Rat. Die Anzahl der Ratsherren und ihre Amtsdauer waren fast überall verschieden. Sie wurden aber weder demokratisch von der ganzen Stadtbevölkerung gewählt, noch war jeder für ein solches Amt wählbar. In der Realität teilten sich nur die reichsten und vornehmsten Familien einer Stadt Herrschaft und Ämter. An der Spitze stand der Bürgermeister, ein Amt, das in manchen Städten zur gegenseitigen Kontrolle von zwei oder noch mehr Personen ausgeübt wurde. Der Bürgermeister bewahrte das Stadtsiegel, die Stadtkasse sowie die Schlüssel zu Stadttoren und Archiv.

Die Stadtbevölkerung war stark durchgliedert. Eine Grobeinteilung erfolgte zunächst nach den Stadtvierteln, in denen man lebte. Hier waren die Bewohner jeweils für die Verteidigung ihres Abschnitts der Stadtmauer zuständig, wenn sich die Stadt selbst gegen Angreifer zur Wehr setzen musste. Dann erfolgte

rechts Typisch für eine größere mittelalterliche Stadt ist das an einem Bachlauf gelegene Gerberviertel. In Nördlingen hat sich noch ein charakteristisches Gerberhaus des 16. Jh. mit seinen offenen Trockenböden erhalten.

die Einteilung nach Kaufleuten oder Handwerkern. Die verschiedenen Handwerke waren in Zünften zusammengeschlossen. Neben religiösen und sozialen Pflichten für ihre Mitglieder sicherten sie durch ständige Kontrolle eine gleichbleibende Qualität ihrer Produkte, wehrten aber auch unerwünschte Konkurrenz von außen ab. Denn ein Handwerk durfte man innerhalb der Stadt nur ausüben, wenn man Mitglied der entsprechenden Zunft geworden war. Der Handwerker musste ein Meisterstück herstellen, um sein Können zu zeigen, und ein Aufnahmegeld zahlen. Die ansässigen Meister bildeten ein oder zwei Gesellen aus, die mit in ihrem Haus wohnten, wo auch die Werkstatt lag.

Das Stadtrecht setzte sich zusammen aus den Privilegien, die der Stadtherr gnädig erlassen hatte, und den grundsätzlichen Beschlüssen des Rates. Zahllose Verordnungen versuchten, in allen Bereichen des Lebens Ordnung und Rechtssicherheit zu schaffen. Angefangen von den Ausmaßen des Erkers an einem Wohnhaus bis hin zur regelmäßigen Leerung der Abortgruben wurde jedes Detail des Lebens erfasst. Ausgiebig lassen sich städtische Verordnungen über das richtige Maß bei Kleidung und Festen aus. Zum einen dienten diese zum Selbstschutz der Bürger, die dadurch nicht über ihre Verhältnisse leben sollten, zum anderen sollten so die einzelnen gesellschaftlichen Schichten innerhalb der Stadt schon äußerlich deutlich unterscheidbar sein.

Das Leben in der Stadt war teuer. Wer hier nicht geboren war sondern zuwanderte, musste ein Aufnahmegeld zahlen und einen Bürgereid leisten. Zudem waren Grund- und Hausbesitz in der Stadt Voraussetzung, um Bürger zu werden. Steuern zahlten die Bürger nach Vermögen. Daneben gab es Verbrauchssteuern, vor allem auf Wein und Bier. Eine überraschend hohe Zahl der Stadtbevölkerung wohnte zur Miete. Zwar gab es innerhalb der Stadtmauern immer noch viele Freiflächen, die man als Gärten oder Weinberge nutzte, die meisten Stadtbewohner mussten ihre Lebensmittel aber auf dem Markt kaufen. Die Vielzahl der hier angebotenen Waren konnte dazu führen, dass manche mehr kauften als sie sollten und sich verschuldeten. Auch Vergnügungsstätten wie Kneipen und Badehäuser zehrten am Geldbeutel.

Neben der Selbstverwaltung war die Erlangung einer eigenen Gerichtsbarkeit das Ziel der Städte. Nur so ließ sich die gewünschte Ordnung nach eigenen Vorstellungen umsetzen, aber auch die Einnahmen aus Straf- und Prozessgeldern selbst behalten. War ein Bürger außerhalb der Stadt wegen einer Straftat angeklagt worden, so musste er der Gerichtsbarkeit seines Wohnortes überstellt werden. Gerade die Städte trugen wesentlich zur Entwicklung unseres heutigen Rechtssystems bei, da sie schon früh von irrationalen Beweisen wie Gottesurteil oder Duell zu Tatzeugen und persönlichem Eid übergingen. Die städtische Gerichtsbarkeit hatte vor allem Fälle zu verhandeln, die das äußerst konfliktträchtige Marktgeschehen betrafen, wie zahlreiche Betrugsversuche mit minderwertiger Qualität oder falschen Maßen und Gewichten nahe legen. Die Normmaße, die von Stadt zu Stadt etwas abwichen, waren zur Kontrolle an der Pfarrkirche oder dem Rathaus angebracht, doch gab es wohl immer wieder Verstöße. Daneben mussten auch Gewalttätigkeiten, Steuerschulden oder Verstöße gegen die zahlreichen städtischen Verordnungen geahndet werden. Geringere Vergehen wurden mit Geldstrafen oder Gefängnisaufenthalten in einem der Stadttürme gebüßt.

Großen Wert legte das Mittelalter auf die abschreckende Wirkung der verhängten Strafen. Gerade das stundenlange Stehen am Pranger auf dem Marktplatz, wo man dem allgemeinen Spott ausgesetzt war, dürfte seine erzieherische Wirkung nicht verfehlt haben. In den Rathäusern wurde nicht selten eine Folterkammer zur sogenannten peinlichen Befragung eingerichtet. Wer hier gequält wurde, war wohl Zeit seines Lebens gezeichnet. Vor den Mauern der Stadt, aber an einem gut sichtbaren Platz, befand sich der Galgen. Gehängte wurden nicht abgenommen, sondern vermoderten zur Freude der Krähen allmählich am Strang. Auf dem Richtplatz vollstreckte der Henker auch andere Strafen wie Enthaupten, Abhacken einzelner Gliedmaße, Vierteilen oder Rädern. Manchmal musste er sogar die Todgeweihten lebendig begraben.

oben Die Reichsstadt Rothenburg ob der Tauber, verkehrsgünstig am Kreuzungspunkt der Fernhandelsstraßen Würzburg-Ulm und Nürnberg-Metz gelegen, hat bis heute fast vollständig ihre mittelalterliche Gestalt bewahrt. Über die spätmittelalterliche Tauberbrücke geht der Blick hinauf zur Stadtsilhouette.

130 Die Städte

Aufstände, Konflikte und Pogrome

Ein erster Grundkonflikt mittelalterlicher Mittel- und Großstädte bestand zwischen Rat und Kirche. Vordergründig ging es dabei zunächst ums liebe Geld. Denn die Geistlichen, Mönche und Nonnen, die aufgrund der Fülle an Pfarrkirchen und Klöstern in etwa einen Anteil von maximal 10 Prozent an der gesamten Stadtbevölkerung ausgemacht haben dürften, waren überall von den städtischen Steuern befreit. Nun waren Pfarrkirchen und Klöster bevorzugte Begräbnisstätten der Ober- und Mittelschicht, die sich die Sorge um ihr Seelenheil, die von den Geistlichen nach ihrem Tod übernommen werden sollte, einiges kosten ließ. So wanderte gerade im Spätmittelalter immer mehr Besitz aus Bürgerhand zur Geistlichkeit, so dass die Steuereinnahmen der Städte entsprechend geringer wurden. In manchen Großstädten konnte der geistliche Grundbesitz bis zu einem Drittel der Stadtfläche betragen! Zahlreiche Städte sprachen daher Verbote der Besitzübertragung an Kirchen und Klöster aus. In zähem Ringen versuchten vor allem die Reichsstädte, die Pfarrkirchen innerhalb ihrer Mauern auswärtigen Besitzern wie Stiften und Klöstern abzukaufen. Denn so hatten sie nicht nur direkten Einfluss auf die Qualität der angestellten Priester, sondern vor allem auf das Vermögen der Pfarrkirche! Klöster und Kirchen, die ja nur zu einem geringen Teil dem Rat unterstanden, bildeten völlig unabhängige Rechtsbezirke innerhalb der Stadt.

Die Städte

Ihre sogenannte Immunität musste der Rat respektieren, da sonst Kirchenstrafen drohten, im schlimmsten Fall das Interdikt, das Verbot aller Gottesdienste und geistlichen Handlungen innerhalb der Stadt.

Zahllose Konflikte kreisten auch um das Thema Wein- oder Bierausschank durch Pfarrer und Klöster, was Wirte und Rat erboste, da ihnen Einnahmen und Steuern verloren gingen. Doch die meisten großen Klöster des Mittelalters, allen voran der Zisterzienserorden, besaßen in den wichtigen Handelsstädten der näheren und weiteren Umgebung große Stadthöfe, die in erster Linie dem Absatz der klostereigenen Überschussproduktion an Getreide, Wein oder Bier dienten. Dank ihrer zumindest in der Anfangszeit kostenlosen Arbeitskräfte sowie den zahlreichen Zollprivilegien konnten sie ihre Waren zu günstigeren Preisen anbieten als die übrigen Erzeuger. Dies schürte besonders in den Städten immer wieder Missmut gegen die angeblich so habgierigen Mönche, die mehr Zeit auf ihren wirtschaftlichen Erfolg als auf ihr Seelenheil verwendeten. Auch Frauenklöster und Beginenhäuser, die größere Mengen an Stickereien und Stoffen für den städtischen Markt produzierten, traf der Konkurrenzneid. Hier konnten die Stadträte immerhin Produktionsbeschränkungen verhängen.

Ab der Mitte des 13. Jh. kam es in den Großstädten immer öfter zu schweren inneren Unruhen. Nachdem der einigende Kampf um die Freiheit gegen den Stadtherrn abgeschlossen war und sich eine bürgerliche Stadtherrschaft etabliert hatte, trat der Gegensatz zwischen Arm und Reich immer stärker zu Tage. Die politische und wirtschaftliche Macht lag in den Händen weniger Patrizier- und Fernhändlerfamilien, die sich gegenüber der Bevölkerungsmehrheit stark abgrenzten. Die breite Mittelschicht aus kleineren Kaufleuten und Handwerkern sowie die vermögenslose Unterschicht, die in vielen Städten 50 bis 60 Prozent ausmachte, blieb ausgeschlossen. Dagegen regte sich vor allem im 14. Jh. immer stärkerer Unmut, der zu regelrechten Kämpfen unter Führung der Handwerker eskalierte. Anlass zum offenen Ausbruch der Feindseligkeiten gaben oft Erhöhungen der Verbrauchssteuern auf Bier und Wein durch den Rat. Am Ende kam es aber nicht zu sozialrevolutionären Umstürzen. Vielmehr arrangierte sich die patrizische Oberschicht, die in manchen Städten zeitweise vertrieben wurde, mit einer Machtbeteiligung der wohlhabendsten Handwerker und Kaufleute. Je nach Stadt fand man individuelle Lösungen zur Erweiterung des Rates. Die Unterschicht blieb dabei politisch so einflusslos wie sie zuvor gewesen war.

Ein gerade in den Städten stark ausgeprägt vorhandenes Phänomen des Mittelalters waren die Judenverfolgungen. Sie entstanden aus der unheilvollen

oben Lübeck, Königin der Hanse, leistete sich im späten 15. Jh. das repräsentative Holstentor als wehrhaften Hauptzugang. Den meisten wird dieses Werk der Backsteingotik allerdings eher noch von einem Schein der guten alten D-Mark bekannt sein.

rechts Das Kreuztor ist zusammen mit dem Liebfrauenmünster das Wahrzeichen der Stadt Ingolstadt. Es gehört zu dem im 14. Jh. errichteten neuen Mauerring und blieb als einziges der vier Haupttore erhalten.

132 Die Städte

Mischung religiöser Propaganda und hasserfüllten Neids. Juden lebten schon seit römischer Zeit in den Zentren deutscher Städte. Ursprünglich waren sie sehr erfolgreiche Fernkaufleute, wurden aber seit dem 12. Jh. immer mehr aus diesem Bereich verdrängt. Auch die Zünfte und damit die Ausübung eines Handwerks blieben ihnen verschlossen. So entschlossen sich die Reichen unter den Juden, ihr Kapital durch Geldgeschäfte zu vermehren. Denn Christen war offiziell das Verleihen von Geld gegen Zinsen verboten. Zwar zeigte man in der Umgehung dieses Verbotes große Kreativität, indem Pfand- und Wechselgeschäfte sowie Warenkredite weit verbreitet waren. Doch wer schnell und unkompliziert Bargeld brauchte, ging zum Juden, der sich seine gesellschaftliche Ächtung durch hohe Zinsen vergelten ließ. Vom Hochadel bis hin zum Kleinbürger waren Viele hoch verschuldet, was die Vorbehalte gegen Juden weiter verstärkte.

Als Heilandsmörder sowie durch Schauergeschichten um Hostienfrevel und Ritualmorde an christlichen Knaben diffamiert, entlud sich der Hass gegen jüdische Mitbürger quer durch das gesamte Mittelalter immer wieder in schrecklichen Verfolgungen. Zudem war dies für die vielen Schuldner ein radikales Mittel, um gewaltsam alle Verbindlichkeiten loszuwerden. Einen unrühmlichen Beginn setzten die deutschen Ritterheere, die sich 1096 zum 1. Kreuzzug sammelten und das Rheintal hinab zogen. Prediger putschten die Bevölkerung zusätzlich auf, so dass es in allen rheinischen Großstädten zu Raub, Mord und Vergewaltigung gegen die jüdischen Mitbürger kam. Eigentlich war der Judenschutz ein königliches Vorrecht, das der Herrscher aber an Landes- und Stadtherren verliehen hatte. Juden mussten daher große Summen für ihre Sicherheit zahlen, was sich aber im Ernstfall allzu oft als wertlos entpuppte. Mit dem Auftreten der Pest Mitte des 14. Jh. begannen erneut entsetzliche Verfolgungen gegen Juden, die die meisten Gemeinden fast auslöschten. Ihnen wurde unterstellt, dass sie die Brunnen vergiftet und so das unerklärliche Massensterben ausgelöst hätten. In den großen Städten durften Juden sich aber später wieder ansiedeln, da man ihr Kapital und ihre Steuern brauchte. Zu ihrem Schutz gegen die immer wieder auflodernde Gewalt mussten sie nun eng gedrängt in einem ummauerten Ghetto innerhalb der Stadt leben. Als Erkennungszeichen mussten sie einen kegelförmigen, gelben Hut tragen. Im Spätmittelalter wurden die jüdischen Gemeinden dann oft ganz aus den Städten vertrieben, das Ghetto abgerissen und anstelle der Synagogen manchmal Marienkapellen errichtet, da Juden angeblich besonders die Gottesmutter beleidigt hätten. So erinnern die prachtvollen Marienkirchen in Nürnberg, Würzburg und Regensburg an Gewalt und Intoleranz innerhalb mittelalterlicher Städte. Am Ende des Mittelalters gab es nur noch in Frankfurt am Main, Worms und Speyer

Die Städte

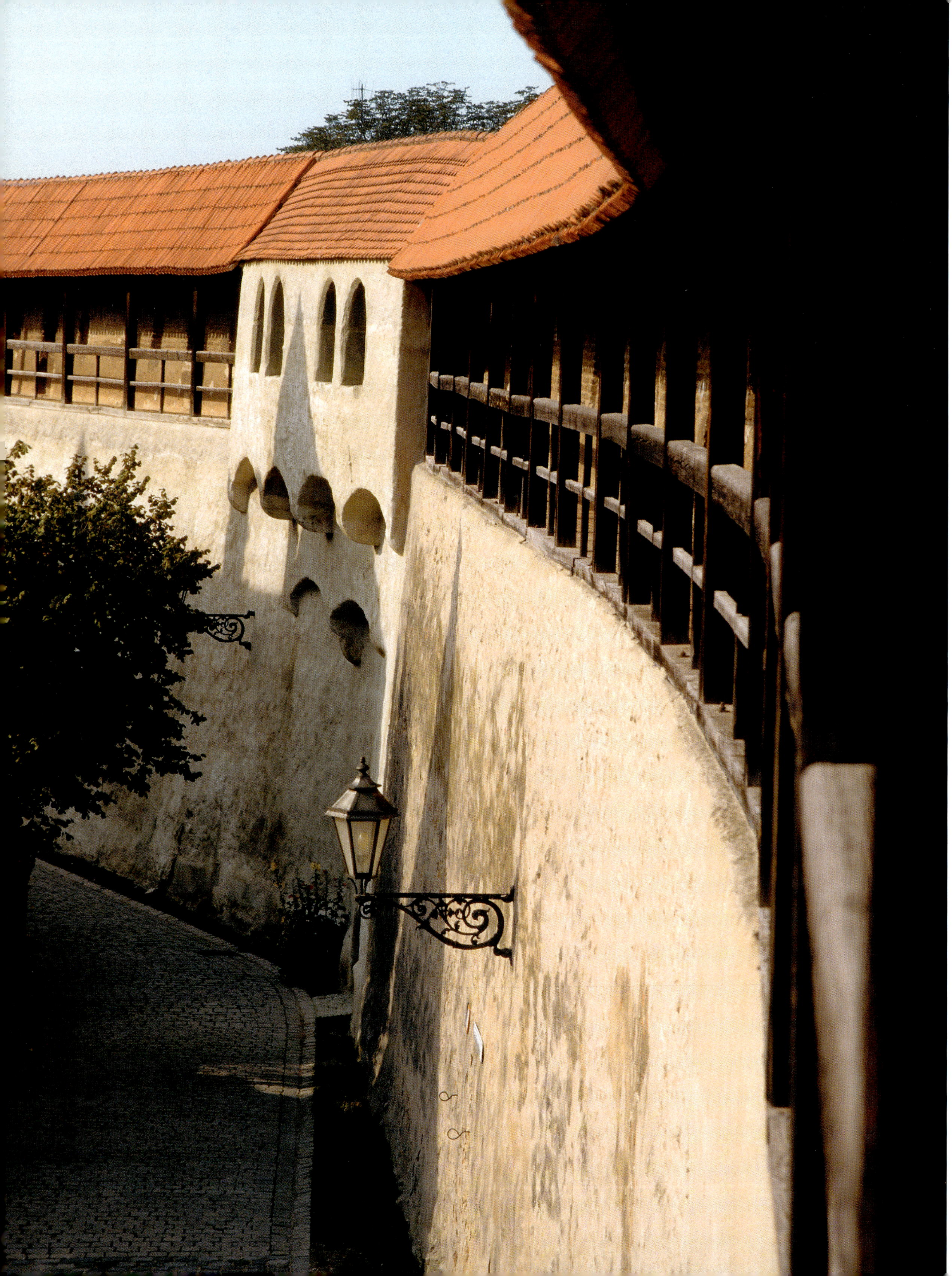

größere Gemeinden. Die meisten Juden waren nach Osten ausgewandert oder lebten auf Dörfern und Kleinstädten in bescheidenen Verhältnissen als sogenannte Landjuden.

Stolz der Städte

Jede Stadt war schon von weitem durch ihre markante Silhouette zu erkennen, mit der sie sich deutlich vom Umland abhob. Insbesondere die reicheren Handelsstädte schufen sich als Wahrzeichen einen möglichst hohen und eindrucksvollen Turm an ihrer Pfarrkirche. Das wohl gigantischste Projekt dieser Art, der Turm des Ulmer Münsters, war als höchster Kirchturm in den Formen der Kathedralgotik geplant, konnte aber erst im späten 19. Jh. vollendet werden. Mancherorts entwickelte sich gar ein ganz persönliches Verhältnis zum städtischen Wahrzeichen, wie z. B. der Name Daniel für den Turm der Nördlinger Pfarrkirche zeigt. Er ragt wie eine Nadel nicht nur inmitten des runden Stadtgrundrisses auf, sondern markiert auch annähernd die Mitte des kreisförmigen Nördlinger Rieses. Auch das Straßburger Münster, dessen Bauhütte ab dem 13. Jh. nicht mehr dem Domkapitel, sondern dem Rat der Stadt unterstand, erhielt mit großer Kunstfertigkeit einen himmelsstrebenden Turm zum Ruhm der Stadt. Einzelne Fernhandelsstädte wie Köln, Augsburg und Regensburg leisteten sich nach dem Vorbild ihrer Handelspartner in Flandern und Oberitalien zusätzlich einen aufwendigen Rathausturm als Zeichen städtischer Freiheit. In Bremen und einigen norddeutschen Städten war eine Figur Rolands aus der Legende Karls des Großen stolzes Freiheitssymbol.

Mit großem Aufwand schufen sich fast alle mittelalterlichen Städte eine steinerne Mauer zu ihrem Schutz. Vor der Mauer lag ein trockener oder wassergefüllter, breiter Graben als weiteres Angriffshindernis. Mit der Erfindung und allmählichen Verbreitung der Feuerwaffen mussten die Stadtmauern mit Zwischentürmen nebst Schießscharten, vorgelagerten Zwingermauern und weiteren Gräben modernisiert werden. Zinnen und ein umlaufender, hölzerner Wehrgang erleichterten die Verteidigung. Über eine Zugbrücke gelangten Bewohner und Besucher der Stadt zu den wenigen Toren, die Einlass in die Mauern boten. Sie waren mit einem oder zwei Türmen, Eisengittern sowie teilweise einem Vorwerk besonders geschützt. Bedeutende Städte machten die wichtigsten Stadttore zu weiteren Wahrzeichen, indem sie hier Reichtum und Wehrhaftigkeit besonders zur Schau stellten. Das Lübecker Holstentor, das Speyerer Altpörtel sowie die Kölner Torburgen gehören hier zu den eindrucksvollsten Schöpfungen.

Die größte und monumentalste Stadtmauer nördlich der Alpen leisteten sich im späten 12. Jh. die Bürger der damals größten und reichsten Stadt Deutschlands, Köln. Mit fast 8 km Länge umfasste sie in einem weiten Halbkreis die römische Kernstadt,

links Dank des Niedergangs nach dem Dreißigjährigen Krieg blieb Nördlingens mittelalterliches Stadtbild weitgehend unverändert. Im 14. Jh. entstand ein neuer Mauerring, der nun auch die Vorstädte mit einbezog. Er besitzt noch seinen hölzernen Wehrgang. Tore und Türme wurden jedoch den gewandelten Anforderungen der Belagerungstechnik im 16. Jh. angepasst.

rechts Köln, einst größte und reichste mittelalterliche Stadt Deutschlands, wurde im Zweiten Weltkrieg fast vollständig zerstört. Allein noch die Fassade des Stadthauses der Kaufmannsfamilie der Overstolzen aus dem frühen 13. Jh. erinnert an die vergangene Pracht. Die Formen der Fassadengliederung wurden dem zeitgleichen Kirchenbau entlehnt. Ursprünglich war die Front verputzt und farbig gefasst.

deren Fläche sich so verdoppelte. Bis auf drei Torbauten wurde sie leider im späten 19. Jh. abgetragen. Nürnberg, bedeutendste Handelsstadt Süddeutschlands, ließ gegen die drohende Hussitengefahr bis zur Mitte des 15. Jh. die eindrucksvollste spätmittelalterliche Stadtbefestigung überhaupt errichten. Noch im frühen 16. Jh. wurden ihre Wehrtürme nach dem neuesten Stand italienischer Festungsbautechnik zu Kanonentürmen ummantelt. Weitere Paradebeispiele an vollständig erhaltenen Stadtmauern finden sich in Rothenburg ob der Tauber, Weißenburg in Bayern, Nördlingen und Dinkelsbühl. Im Allgemeinen blieben Stadtmauern von der Abbruchwut des 19. Jh. meist nur dort verschont, wo Städte im Vergleich zu ihrer mittelalterlichen Blütezeit bedeutungslos geworden waren und die Bevölkerung sich stark verringert hatte, so dass der Raum innerhalb der Mauern noch völlig ausreichte.

Auf dem Weg entlang der Hauptstraßen zum Marktplatz im Zentrum der Stadt reihten sich die Wohn- und Geschäftshäuser der reichen Kaufleute und wohlhabenderen Handwerker aneinander. Ärmere Schichten wohnten in den Seitenstraßen. Wie erhaltene Beispiele zeigen, trug die Oberschicht ihren Wohlstand in teilweise äußerst repräsentativen Häusern zur Schau. Meist in teurem Stein errichtet, besaßen die mehrgeschossigen Bauten Werkstätten und Handelsräume im Erdgeschoss sowie einen Saal im ersten Stock und Wohnräume darüber. Große, schon früh verglaste Fenster, Wappen in Malerei oder Stein und ein reich verzierter Giebel zeigten das Prestige ihrer Bewohner. Reichtum wurde besonders im Mittelalter geradezu demonstrativ nach außen zur Schau gestellt. Opulente Kleidung aus kostbaren Stoffen, Pelze und Schmuck sowie viele Feste mit Musik und teuren Speisen lassen uns die Lebensfreude der mittelalterlichen Oberschicht erahnen. Die oberste Spitze der Stadtbewohner, die Patrizier, orientierten sich in ihren Lebensgewohnheiten zunehmend am Adel, in den sie dank ihres Geldes auch einheiraten konnten bzw. adelige Güter und Burgen vor der Stadt erwarben. Der Adel bis hin zu den Grafen leistete sich in den sehr großen Städten oft einen standesgemäßen Stadthof, um vor allem im Winter der Langeweile und den unfreundlichen Lebensbedingungen auf den Burgen zu entfliehen. So entfaltete sich in den Metropolen ein reiches gesellschaftliches Leben, an dem im Spätmittelalter zunehmend auch der umherziehende Kaiser mit seinem Hof teilnahm.

Von den Burgen des Adels übernahmen einige Patrizier den Turm als Herrschaftssymbol für ihre Stadthöfe, wie noch heute die Altstadt von Regensburg zeigt, in der noch 40 Türme ganz oder teilweise erhalten sind. Aber auch andere Städte wie Mainz, Trier, Schwäbisch Hall, Nürnberg und weitere besitzen noch solche Türme oder deren Reste. Die reichen Hansestädte der Ostsee wie Lübeck, Wismar, Stralsund und Greifswald zeigen noch ganze Straßenzüge mit bürgerlichen Repräsentationsbauten. Im Süden haben sich mit Regensburg, Landshut, Rothenburg ob der Tauber, Nördlingen und Dinkelsbühl die geschlossensten Altstädte erhalten.

Am oder in der Nähe des Marktplatzes als Zentrum des wirtschaftlichen Geschehens erhob sich das Rathaus. Entsprechend seiner Bedeutung als

links Durch den ständigen Handelskontakt mit Italien wurden die Regensburger Fernkaufleute angeregt, ihre Stadthäuser mit Türmen zu versehen, die an die Burgen des Adels erinnern. Über 40 davon sind mehr oder weniger vollständig erhalten und zeigen die große Blütezeit der Stadt im 13. Jh. Zusätzlich befanden sich in den Türmen oder im Stadthof Hauskapellen.

rechts Wismars Altstadt gehört zu den am besten erhaltenen im Ostseeraum. Dominierend ist das Baumaterial Backstein, aus dem Häuser wie Kirchen geschaffen wurden. Die Bürgerhäuser der Hansestadt zeichnen sich durch aufwendige Giebel aus.

136 Die Städte

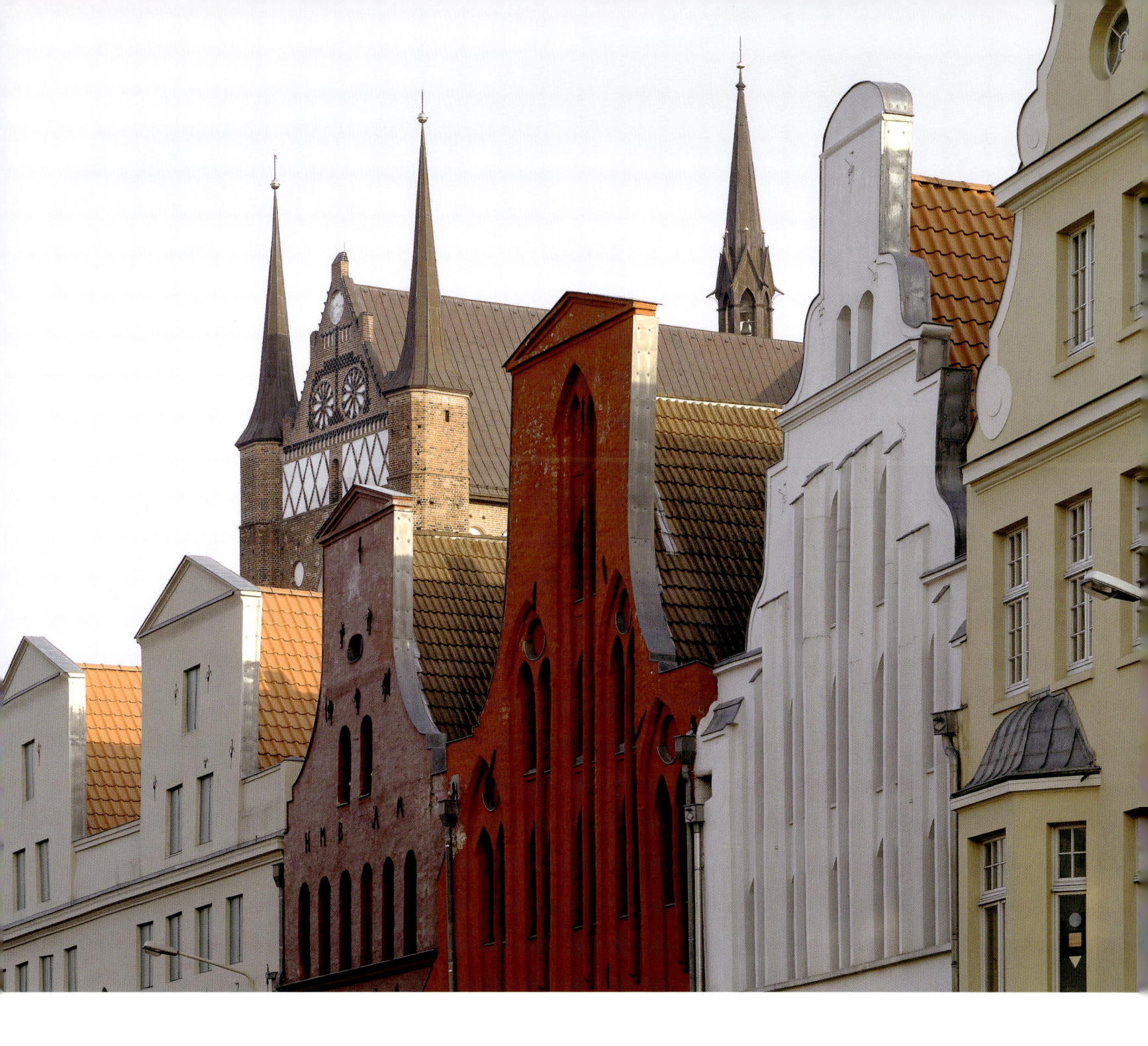

Sitz der Stadtregierung war es das größte und repräsentativste weltliche Bauwerk der Stadt. Während das Erdgeschoss meist als offene Verkaufs- und Gerichtshalle eingerichtet war, lag im ersten Stock der Saal, in dem der Rat tagte, aber auch Feste und Empfänge stattfanden. Der hohe Dachraum diente als Speicher. Neben den Stadttoren haben sich vor allem die Rathäuser als bedeutendste Zeugen mittelalterlicher Städte erhalten. Die wertvollsten Bauten sind quer durch Deutschland zu finden, angefangen von Lübeck über Lüneburg, Goslar, Köln, Frankfurt am Main, Weißenburg in Bayern, Nürnberg, Regensburg und Augsburg bis hin nach Überlingen.

Teilweise besaßen Rathäuser eine eigene Kapelle, in der sich der Rat jeweils vor der Sitzung zu einer Messe versammelte, um göttlichen Beistand für seine Entscheidungen zu erflehen. Darstellungen des Jüngsten Gerichts in Rathäusern sollten den Ratsherren vor Augen führen, dass sie so gerecht und weise wie möglich entscheiden und richten sollten, da sie sich

Die Städte

darüber letztendlich vor Gott verantworten mussten. In den großen Städten war das Rathaus-Erdgeschoss als Verkaufsraum zu klein, weshalb ein eigenes Kaufhaus entstand wie etwa in Konstanz.

Für die zahlreichen gesellschaftlichen Anlässe genügte auch der Rathaussaal häufig nicht mehr. Die verschiedenen Zünfte besaßen daher eigene Häuser, in denen sie ihre Versammlungen und Feste abhielten. Nur ganz reiche Städte leisteten sich ein eigenständiges Festhaus, wobei der Kölner Gürzenich, der kurz vor der Mitte des 15. Jh. entstand, das schönste Beispiel ist. Für musikalische Untermalung sorgten die Stadtpfeifer, die auch ansonsten zu den verschiedensten Anlässen ihre Signale oder Melodien von den Türmen über die Stadt erklingen ließen.

Der Marktplatz als die gute Stube der Stadt sowie marktähnliche Hauptstraßen, die im Vergleich zu den Nebenstraßen stets gepflastert waren, wurden nur vereinzelt mit Laufbrunnen geschmückt, da diese eine aufwendige Leitungsführung benötigten. Neben den Augsburger Brunnen, die aber schon der Renaissance angehören, steht der sogenannte Schöne Brunnen in Nürnberg aus dem 14. Jh. unübertroffen an der Spitze aller mittelalterlichen Brunnen Deutschlands.

Wo nicht ein bischöflicher Dom die Mitte der Stadt besetzte und von den Bürgern mitfinanziert wurde, bildete die Stadtpfarrkirche das religiöse Zentrum der Stadt. In manchen Städten wetteiferten die Kirchenbauten der Bürger mit den Kathedralen. Zu den im wahrsten Sinne hervorragendsten Zeugnissen Deutschlands zählen die Lübecker Marienkirche, die Münster in Freiburg im Breisgau und Ulm, St. Sebald und St. Lorenz in Nürnberg, St. Martin in Landshut sowie die Pfarrkirchen in Rothenburg ob der Tauber, Nördlingen und Dinkelsbühl. Nicht nur die Architektur wurde zum Ruhm der Stadt besonders aufwendig gestaltet, auch das Innere füllte sich dank der Stiftungstätigkeit der Bürger für ihr Seelenheil mit zahlreichen Glasfenstern, Figuren, Grabmälern und Altären. Die Zünfte besaßen hier jeweils einen eigenen Altar oder sogar eine Kapelle als religiösen

rechts Dinkelsbühl ist neben Nördlingen und Rothenburg ob der Tauber die dritte große fränkische Fachwerkstadt, die sich vollständig erhalten hat. Auch hier umfasst ein turmbewehrter Mauerring des 14. und 15. Jh. die Altstadt.

unten Eines der Prunkstücke des UNESCO-Weltkulturerbes Goslar ist der Huldigungssaal des frühen 16. Jh. im gotischen Rathaus der Stadt. Kaiser und Sibyllen sowie Marien- und Heiligendarstellungen schmücken Wände und Decke im einstigen Sitzungsraum der Ratsherren.

Mittelpunkt. Im Chorgestühl saß der Rat neben den Priestern und Vikaren. Anfänglich war das Stadtarchiv in einem feuer- und einbruchssicheren Raum der Pfarrkirche untergebracht. Doch durch die starke Ausweitung der Schriftlichkeit gab es bald Platzprobleme, weshalb die Archive im Spätmittelalter ins Rathaus verbracht wurden. Gerade die Türme besaßen mit Sturmglocke und ständigem Wächter eine wichtige Funktion für den Schutz der Stadt vor Brand- und Kriegsgefahr.

Eine ganz besonders starke Identifikation mit ihrem Heiligtum besaßen jene Städte, die ein Heiligengrab in ihrer Pfarrkirche bargen. Der hl. Sebaldus in Nürnberg, St. Reinoldus in Dortmund oder der hl. Quirinus in Neuss sind hierfür gute Beispiele. Aber auch andere Städte, die Heiligengräber und Reliquienschätze in ihren Domen, Stifts- und Klosterkirchen besaßen, sahen diese als Stadtpatrone an, die sie gegen ihre Feinde verteidigten. Wallfahrer brachten reiche Einnahmen in die Stadt, deren Prestige durch die Heiligen wuchs. Paradebeispiel ist hier Köln, das mit den Heiligen Drei Königen, den Elftausend Jungfrauen sowie den Märtyrern der Thebäischen Legion und zahllosen weiteren Heiligen als »Rom des Nordens« und »heiliges Köln« in seinem Reliquienreichtum nördlich der Alpen einmalig war. Oft verband man ganz geschäftstüchtig die Heiligenfeste, an denen die Reliquien gezeigt wurden, mit Jahrmärkten.

Hygiene, Krankheit und Tod

Hinter den stolzen Mauern mittelalterlicher Städte herrschten aus heutiger Sicht unglaubliche hygienische Zustände, die geradezu ideale Brutstätten

links Die ehemalige Reichsstadt Bad Wimpfen am Neckar bietet nicht nur die größte Stauferpfalz Deutschlands, sondern auch eine wohl erhaltene Fachwerkaltstadt. Aus dem Spätmittelalter stammen die beiden Adelshöfe.

rechts Als bürgerliches Gegenstück zum Dom der Stadt errichtete der Rat Lübecks die gotische Marienkirche. Sie übersetzte die Formen der französischen Kathedralgotik in das spröde Material Backstein und wurde vorbildhaft für zahllose Kirchen des Ostseeraumes. Zusammen mit dem benachbarten gotischen Rathaus bildet sie eine Baugruppe von hohem Reiz.

vieler Krankheiten waren. Weniger die räumliche Enge der Häuser zueinander als vielmehr das Zusammenleben gerade ärmerer Schichten auf kleinstem Raum waren schon ein Grundübel. Während die Großstädte des Römerreiches mit aufwendigen Aquädukten fast alle frisches Quellwasser von weit her holten, besaßen die meisten mittelalterlichen Städte nur einfache Ziehbrunnen in den Hinterhöfen. Da man nichts über Entstehung und Verbreitung von Infektionskrankheiten wusste, legten die Bürger unbekümmert ihre Abortgruben nur wenige Meter entfernt von den Grundwasserbrunnen an. Auch die eng belegten Friedhöfe lagen mitten in der Stadt rund um die Pfarrkirchen, was die Wasserqualität nicht gerade verbesserte. Erst im 16. Jh. begannen einzelne Städte damit, die Begräbnisstätte vor ihre Mauern zu verlegen, doch erst Ende des 18. bzw. im frühen 19. Jh. wurde dies allgemein verbindlich vorgeschrieben. Größere Städte leisteten sich im Spätmittelalter immerhin einige öffentliche Laufbrunnen, die mit Leitungen aus Ton- oder Holzröhren Quellwasser aus höher gelegenen Bergregionen in die Stadt leiteten. Die vielen Städte, die in Ebenen lagen, blieben von dieser Verbesserung allerdings ausgeschlossen.

Neben dem Trinkwasser war die Abfallbeseitigung das größte hygienische Risiko innerhalb der Stadt, gegen das auch die ständig wiederholten Verbote der Obrigkeit machtlos waren. Nicht allein die Inhalte von Nachttöpfen landeten schwungvoll verteilt in der Gosse, auch Abfälle aus der Küche oder der weit verbreiteten Nutztierhaltung fanden hier ihr Endlager. Allgegenwärtig waren Pferdeäpfel und Hundekot. Da

140 Die Städte

es weit bis ins Spätmittelalter dauerte, bis sich die Pflasterung wenigstens der Marktplätze und Hauptstraßen durchsetzte, vermengte sich bei Regen das Ganze zu einem übel riechenden Schlamm. Regelmäßig durch die Straßen der Stadt getriebene Schweineherden oder unregelmäßige Räumungsaktionen verhinderten trotzdem nicht, dass die Städte vor Schmutz starrten und Ratten ständige Mitbewohner waren.

Während sich die Neuzeit des 17. und 18. Jh. durch eine allgemeine Wasserscheu auszeichnete, da man dachte, waschen schwäche den natürlichen Abwehrschutz der Haut vor Krankheiten, badeten die mittelalterlichen Menschen ausgesprochen gerne. Vom Dorf bis zur Großstadt gehörten Badestuben zur gängigen Grundausstattung. Gebadet wurde dort in Holzzubern, wobei der »Wellness«-Aspekt nicht zu kurz kam. Denn beim Sitzen in der Wanne konnte gespeist, getrunken und Musik gehört werden. Es gab zusätzlich Massagen und Schwitzbäder. Der Bader konnte zur Ader lassen und Schröpfköpfe setzen – beides waren ungemein beliebte Vorbeugungs- und Universalheilmittel. Denn da man noch nichts vom Blutkreislauf wusste und sich den Körper vielmehr als Ansammlung von vier verschiedenen Säften vorstellte, sollten so überschüssige und krankmachende Körperflüssigkeiten abgeleitet werden. Der Bader war auch der Vorläufer heutiger Zahnärzte, doch bestand seine Kunst allein im Ziehen von Zähnen, da andere Behandlungsmethoden unbekannt waren. Je nach Badehaus und Stadt fanden sich Männer und Frauen gemeinsam im Zuber wieder, wobei es recht fröhlich zuging. Manche Badehäuser waren regelrechte Bordelle, da sich hier die Bademägde nicht allein auf das Einseifen der männlichen Gäste beschränkten.

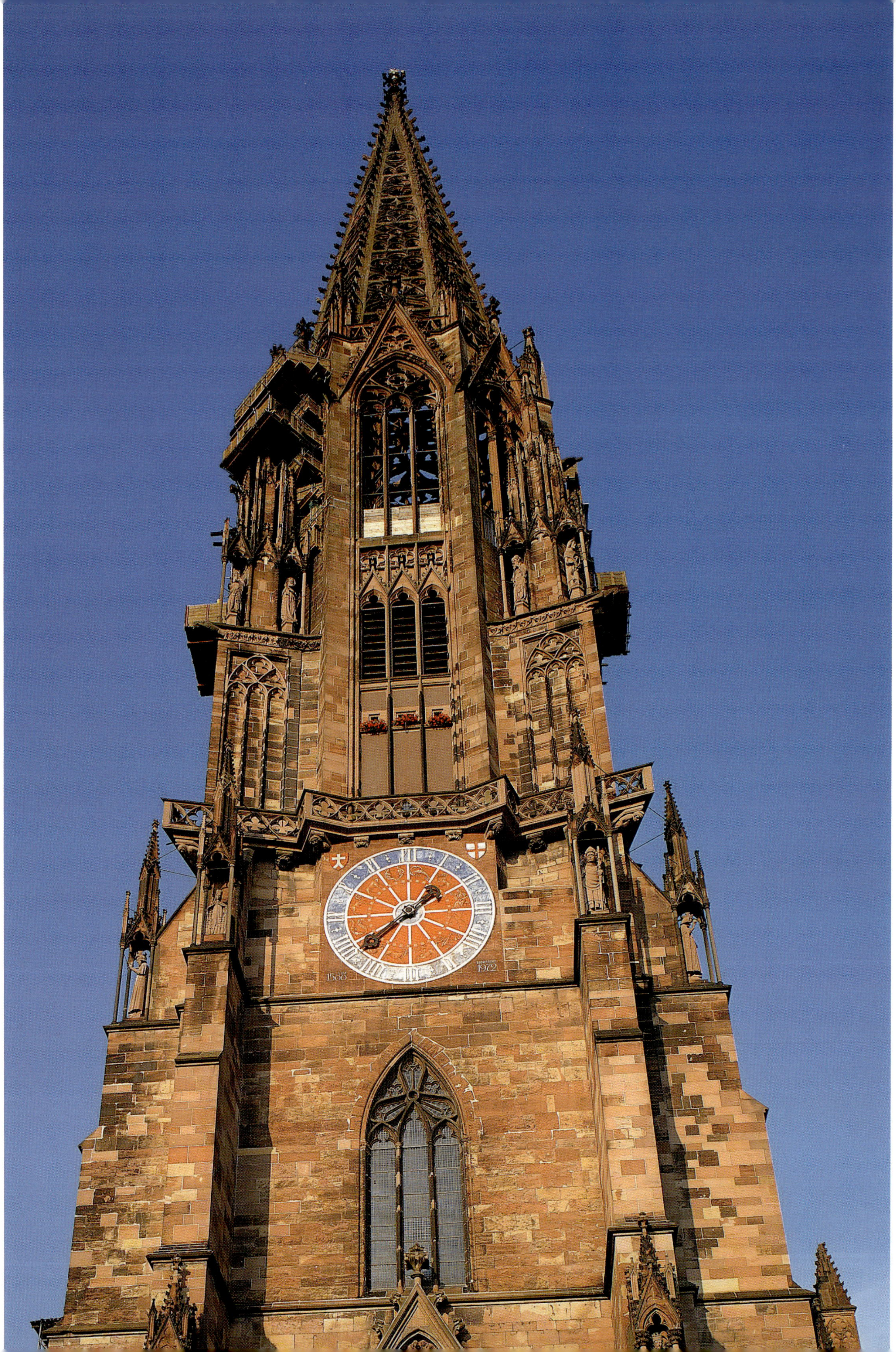

oben Die ehemalige Reichsstadt Esslingen am Neckar überrascht mit der besterhaltenen Altstadt in Südwestdeutschland. Einige der Fachwerkhäuser zählen zu den ältesten erhaltenen überhaupt.

links Erst seit 1827 ist die Pfarrkirche von Freiburg im Breisgau Kathedrale eines Bischofs. Dennoch orientierte sich der Rat der Stadt als Bauherr vor allem beim Turm am Vorbild des Straßburger Münsters. In zwei Bauphasen wuchs bis 1330 der vollendetste gotische Turm des Mittelalters in die Höhe, der vor allem in der Neugotik des 19. Jh. zahlreiche Kirchenarchitekten inspirierte.

Wer im Mittelalter krank wurde, hatte schlechte Aussichten, da die ärztliche Kunst nicht weit entwickelt war und wohl mehr Menschen um ihr Leben brachte als heilte. Daher bemühten sich die Erkrankten lieber gleich um himmlischen Beistand. Viele Heilige waren spezialisiert auf bestimmte Krankheiten, denen man bei Genesung ein Opfer brachte oder eine Wallfahrt unternahm. Die meisten Städte besaßen immerhin einen Wundarzt, der sich um offene Wunden und Brüche als Folge von Unfällen kümmerte. Mit dem Aufkommen der Universitäten bildete sich eine neue Schicht akademisch ausgebildeter Ärzte, deren Wissen von heute aus betrachtet aber äußerst mangelhaft war. Eines ihrer beliebtesten Diagnosemittel war die Harnschau. Ärzte suchten ihre Patienten zu Hause auf, da es keine Krankenhäuser gab. Die Hospitäler, die zum Grundbestand mittelalterlicher Städte gehörten, waren in erster Linie darauf ausgerichtet, mittellos durchreisenden Pilgern für eine Nacht Bett und ein Essen bereitzustellen sowie im Krankheitsfall zu pflegen, bis diese wieder reisefähig waren. Aus vielen Hospitälern entwickelten sich städtische Pflege- und Altersheime, in die sich die Bürger einkaufen konnten.

Immerhin vor der Stadtmauer, meist an den großen Fernstraßen, lagen spezielle Häuser für Leprakranke. Schon im Alten Testament ist ihre Absonderung von der Gemeinschaft festgeschrieben. Dies behielt man in mittelalterlichen Städten bei, auch wenn man sich wohl nicht bewusst war, wie die Übertragungswege der Lepra verliefen. Dank frommer Stiftungen konnten die Kranken hier bis zu ihrem Tod versorgt werden. Behandlungsmöglichkeiten gab es nicht. Zwar war es ihnen erlaubt, zu betteln, doch mussten sie zur Warnung eine Holzrassel mitführen. Um eine andere weit verbreitete Krankheit, das Antoniusfeuer, eine Vergiftung mit dem Mutterkornpilz im Roggenmehl, kümmerte sich der Orden der Antoniter, wenn auch mit völlig unzureichenden Mitteln.

Große Pandemien wie die Pest überforderten durch ihre rasend schnelle Verbreitung und den raschen, qualvollen Tod der Erkrankten die Menschen des Mittelalters völlig. In ihrer Panik machten sie bei den ersten großen Pestwellen Mitte des 14. Jh. ihre jüdischen Mitbürger dafür verantwortlich und es ging das falsche Gerücht um, diese hätten die Brunnen vergiftet. Magen-Darm-Seuchen, Grippeepidemien, Syphilis und Englischer Schweiß sind weitere Begriffe aus der Schreckenskammer menschlicher Krankheiten, die die mittelalterlichen Menschen ohne das Wissen um woher und warum sowie ohne Behandlungsmöglichkeiten quälten. Meist ist den mittelalterlichen Chroniken gar nicht genau zu entnehmen, um welche Seuchen es sich tatsächlich handelte. Dass diese ständige, überfallartige und ausweglose Gefährdung dazu führte, dass die Menschen Krankheit als Strafe für ihre Sünden verstanden und sich verstärkt der Kirche zuwandten, ist nur allzu verständlich.

Die Städte 143

Erlebnis STADT

Rothenburg ob der Tauber

Wie die Touristenströme zeigen, gehört die alte Reichsstadt zu den bekanntesten Sehenswürdigkeiten Deutschlands überhaupt. An der Kreuzung der Fernhandelsstraßen Würzburg-Ulm und Nürnberg-Speyer entwickelte sich die Stadt im Anschluss an die gleichnamige staufische Burg selbst zu einem bedeutenden Handelszentrum. Die rasante Entwicklung im 14. Jh. zeigt sich noch heute in der großen Stadterweiterung, die mit der vollständig erhaltenen Ummauerung ihren Abschluss fand. Das Rathaus wendet dem Marktplatz eine prunkvolle Renaissancefassade zu, besitzt aber noch einen gotischen Teil mit mittelalterlichen Ladeneinbauten. Die Stadtpfarrkirche wurde dem Pilgerheiligen Jakobus dem Älteren geweiht, da Rothenburg eine wichtige Station auf dem Weg nach Santiago de Compostela war. Deshalb zeigen die Flügelgemälde des spätgotischen Hochaltares die Jakobuslegende innerhalb der Kulisse Rothenburgs. Der bekannteste deutsche Bildhauer des Spätmittelalters, Tilman Riemenschneider aus Würzburg, schuf im Auftrag des Rates Anfang des 16. Jh. den Heilig-Blut-Altar als kostbare Fassung für eine Reliquie. Der Reichtum der Stadt verdeutlicht sich in der enormen Höhe und den maßwerkdurchbrochenen Turmspitzen der Kirche, die sich an Formen gotischer Kathedralen orientiert.

Der schönste Blick bietet sich aus dem Taubertal von der doppelstöckigen, spätmittelalterlichen Brücke hinauf zur türmereichen Stadtsilhouette. Ganz in der Nähe liegt auch das sogenannte Topplerschlösschen als selten erhaltenes Beispiel eines mittelalterlichen Weiherhäuschens, ehemals weit verbreitet als wohnlicher Rückzugsort der Erholung suchenden Oberschicht.

Stadtpfarrkiche St. Jakob geöffnet von Jan. bis März und Nov.: 10 – 12 Uhr und 14 – 16 Uhr; Apr. bis Okt. 9 – 17.15 Uhr; Dez.: 10 – 16.45 Uhr, mit Eintritt Topplerschlösschen geöffnet Freitag, Samstag, Sonntag 13 – 16 Uhr; im November geschlossen; mit Eintritt
www.rothenburg.de

Landshut

Die Isarstadt verdankt Gründung und Aufstieg den bayerischen Herzögen, denen sie teilweise als Residenz diente. Hoch über der Stadt ragt Burg Trausnitz auf, die im 16. Jh. in den Formen der Renaissance umgestaltet wurde. Zu den bedeutendsten Burgkapellen des Mittelalters zählt dank ihres frühgotischen Figurenschmucks St. Georg. Herzog Ludwig X. errichtete sich ab 1536 mitten in der Altstadt den wohl schönsten Renaissancepalast nach italienischem Vorbild, der in Deutschland zu finden ist. Seit 1903 füllen sich alle drei Jahre die Plätze und Gassen Landshuts wieder mit mittelalterlichem Leben. Dann feiert die ganze Stadt die »Landshuter Hochzeit« in Erinnerung an die Eheschließung Herzog Georgs des Reichen mit der polnischen Königstochter Hedwig 1475, die zu den glanzvollsten Festen des Mittelalters zählte.

Die Bürger machten den Herzögen mit dem höchsten Backsteinturm der Welt an St. Martin Konkurrenz, der hoch bis zur Trausnitz reicht und machtvoll die Hauptstraße der Stadt beherrscht. Die Pfarrkirche gehört zu den elegantesten Hallenkirchen der Spätgotik. Ihr Architekt Hans von Burghausen errichtete auch die Spitalkirche, die neue Maßstäbe im bayerisch-österreichischen Kirchenbau setzte. Die platzartigen Straßenzüge von Altstadt, Neustadt und Freyung bieten in seltener Geschlossenheit eine spätmittelalterliche Bebauung, teilweise noch mit gotischen Arkadengängen.

Burg Trausnitz und Burgkapelle St. Georg nur mit Führung zu besichtigen: Apr. bis Sept.: tägl. 9 – 18 Uhr; Okt. bis März: tägl. 9 – 17.30 Uhr
www.landshut.de
www.burgtrausnitz.de

Pfarrkirche (Stiftsbasilika St. Martin): Apr. bis Sept.: tägl. 7.30 – 18.30 Uhr; Okt. bis März: tägl. 7.30 – 17 Uhr
www.st.martin-landshut.de

Erfurt

Die Wende 1989 brachte für die über vierzig Jahre lang vernachlässigte und abrissgefährdete Altstadt die Rettung. Da Erfurt Landeshauptstadt wurde, flossen beträchtliche Mittel in eine umfassende Gesamtrestaurierung, so dass eine der größten Altstädte Deutschlands buchstäblich in letzter Minute gerettet

oben rechts Die Krämerbrücke in Erfurt ist eines der ganz selten erhaltenen Beispiele einer beiderseits bebauten Brücke des Mittelalters.

rechts Beherrscht von der Burg Trausnitz errichteten die Bürger Landshuts entlang der drei marktartig breiten Straßenzüge der Altstadt, Neustadt und Freyung repräsentative Bürgerhäuser.

144 Die Städte

Erlebnis STADT

Erlebnistipp: Regensburg

Verkehrsgünstig an einem Donauübergang gelegen, entwickelte sich Regensburg aus einem römischen Legionslager zu einer der bedeutendsten Handelsstädte des hohen Mittelalters zwischen Russland, dem Donauraum und Italien. Wie in keiner zweiten deutschen Stadt hat sich hier ein engmaschiges Gefüge aus Dom, Klöstern, Kirchen, Kapellen, Plätzen und Patrizierpalästen erhalten. Allein die kurz vor der Mitte des 12. Jh. vollendete Donaubrücke, die zu den technischen Meisterleistungen des Mittelalters zählt, zeigt die Bedeutung des Handels für die Stadt. Die Fernhändler errichteten nach norditalienischem Vorbild Türme an ihren Stadtpalästen. Seit dem 13. Jh. bestimmen sie die Silhouette der Donaumetropole entscheidend mit. Vierzig davon sind in Resten oder ganz erhalten, allen voran der Goldene Turm in der Wahlenstraße. Keines dieser Häuser verzichtete auf eine Kapelle – diese haben sich profaniert in Lokalen oder Geschäften erhalten. Das gotische Rathaus besitzt einen der größten Säle des deutschen Mittelalters. Hier tagte 1663–1806 der Immerwährende Reichstag. Neben dem nach französischen Vorbildern unter maßgeblicher Beteiligung der Patrizier errichteten gotischen Dom markieren zahlreiche Klöster Reichtum und Bedeutung der Stadt. Die Reichsabtei St. Emmeram, heute Schloss der Fürsten von Thurn und Taxis, sowie die Stifte Alte Kapelle, Ober- und Niedermünster gehen teilweise noch bis in karolingische Zeit zurück. Das wohl eindrucksvollste Portal der deutschen Romanik findet sich an der Kirche des Schottenklosters St. Jakob, das mit einer rätselhaften Bilderwelt aufwartet. Auch die Bettelorden der Dominikaner und Franziskaner waren hier vertreten und errichteten sich Predigtkirchen, deren Größe mit dem Dom konkurriert. Beide gehören zu den frühesten Zeugnissen der Bettelordensgotik in Deutschland.

Dom St. Peter geöffnet von April bis Oktober: tägl. 6.30 – 18 Uhr; Nov. bis März tägl. 6.30 – 17 Uhr
Altes Rathaus nur im Rahmen einer Führung zu besichtigen: Montag bis Samstag ab 9.30 Uhr halbstündlich, Sonntag ab 10 Uhr halbstündlich
www.regensburg.de

werden konnte. Die einmalige Baugruppe der beiden gotischen Kirchen Dom und St. Severi verdeutlicht den Einfluss des Mainzer Erzbischofs, dessen Außenposten Erfurt seit den Zeiten des hl. Bonifatius war. Doch weit mehr als die Amtskirche prägten die reichen Kaufleute des ostdeutschen Handelszentrums die Stadt. Vor allem Anbau und Handel mit der Färbepflanze Waid brachte Reichtum hierher. Die Händler stifteten unzählige Klöster, Kirchen und Kapellen und erbauten sich repräsentative Fachwerkhäuser. Als in Deutschland einzigartiges Beispiel einer mit Häusern bebauten Brücke präsentiert sich die Krämerbrücke, die anstelle einer Furt über die Gera entstand. Den Zugang bewacht die gotische Ägidienkirche. Auch in Erfurt gehören die Kirchen der Bettelorden zu den hervorragendsten Bauzeugnissen der Stadt, finanziert durch die reichen Bürger. Vor allem die Basilika der Dominikanerkirche hat noch viel von ihrer wertvollen Ausstattung behalten. Das Augustiner-Eremitenkloster erlangte besondere Berühmtheit, da Martin Luther hier Anfang des 16. Jh. Mönch war.

Dom St. Marien geöffnet von Mai bis Okt.: Montag bis Samstag 9 – 17 Uhr; Sonntag 13 – 16 Uhr; Nov. bis Apr: Montag bis Samstag 10 – 16 Uhr; Sonntag 13 – 16 Uhr
www.erfurt.de
www.dom-erfurt.de

St. Severi geöffnet Montag bis Samstag 10 – 12.30 Uhr, 13.30 – 16 Uhr; Sonntag nach Möglichkeit, Januar und Februar montags geschlossen

Lübeck

Die Gründung Heinrichs des Löwen kurz nach der Mitte des 12. Jh. entwickelte sich zur bedeutendsten mittelalterlichen Handelsstadt des gesamten nordeuropäischen Raumes. Seine Stellung als führende Stadt der Hanse konnte Lübeck bis zum Ende des Mittelalters festigen und so den ganzen Ostseeraum dominieren. Ende des 14. Jh. ließ die Reichsstadt als eine der technischen Pioniertaten des Mittelalters einen Kanal zwischen Elbe und Trave anlegen. Von der wehrhaften Ummauerung der Stadt haben sich Burg- und Holstentor erhalten – letzteres kann als schönstes Stadttor Deutschlands gelten. Gleich nebenan stehen einige Salzspeicher, die zeigen, wie wichtig der Handel mit Lüneburger Salz für den Reichtum der Stadt war. Das gotische Rathaus mit seinen maßwerkgeschmückten Blendgiebeln setzte im gesamten Ostseeraum Maßstäbe wie auch die benachbarte Marienkirche als Hauptpfarrkirche der Stadt. Als bürgerliches Gegenstück zum Dom entstand mit ihr einer der wichtigsten Bauten norddeutscher Backsteingotik. Zu den am besten erhaltenen mittelalterlichen Hospitälern Deutschlands zählt das Heilig-Geist-Hospital mit seiner der hl. Elisabeth geweihten Kapelle. Das Dominikanerkloster wurde von der Stadt zum Dank für einen Sieg über die Dänen gestiftet und erhielt einen monumentalen Kirchenbau. Unter den zahlreichen Kunstschätzen der Stadt ragt die spätgotische Triumphkreuzgruppe des Bildhauers Bernt Notke besonders hervor, die sich im Dom befindet.

Dom geöffnet Apr. bis Ende Sommerzeit: 10 – 18 Uhr, Ende Oktober bis März: 10 – 16 Uhr
www.luebeck.de
www.domzuluebeck.de

Die Städte 145

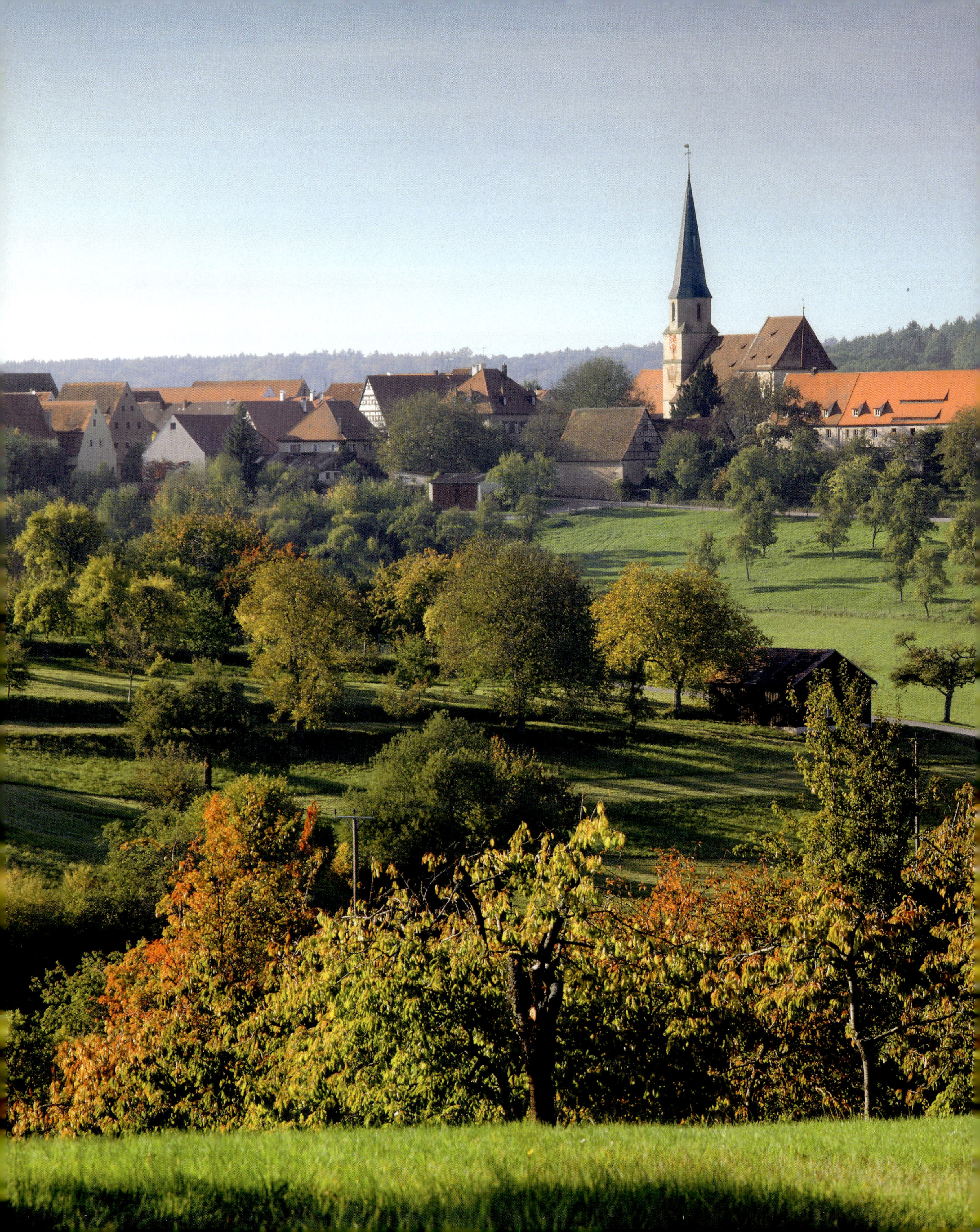

Die Lebenswelt der Bauern
Auf dem Land

Dorfbewohner und Kleinstädter machten die absolute Mehrheit der mittelalterlichen Bevölkerung aus, für deren Versorgung sie die Hauptlast trugen. Dennoch wissen wir über sie sehr wenig, da sie keine schriftlichen Zeugnisse hinterlassen haben. Der Bauernstand war es, der am längsten in seinen mittelalterlichen Strukturen verblieb, mancherorts bis in die Mitte des 20. Jh.

links Kalbensteinberg in Mittelfranken erhebt sich noch in seinen mittelalterlichen Proportionen inmitten der Kirschbaumwiesen. Die spätgotische Pfarrkirche hat noch bedeutende Ausstattungsstücke ihrer Erbauungszeit bewahrt.

Europa im Wandel

Die mittelalterlichen Bauern prägten die Umwandlung von der Natur- zur Kulturlandschaft in einem kaum mehr vorstellbaren Umfang. Noch um das Jahr 1000 bestand Deutschland zu 90 Prozent fast nur aus dichten Wäldern. Bis 1250 erfolgten in allen Regionen immense Rodungstätigkeiten zur Erweiterung der landwirtschaftlichen Nutzfläche, so dass der Waldanteil auf fast 20 Prozent sank. Träger der Rodung waren Klöster und Landesherren, in deren Besitz das neu gewonnene Land fiel. Darüber hinaus dezimierte sich der Waldbestand durch eine intensive Nutzung. Vor allem durch den erheblich auflebenden Bergbau in den deutschen Mittelgebirgen wurden bei der Verhüttung der Metallerze riesige Holzmengen verfeuert. Glas- und Töpferöfen, vor allem aber Bau- und Brennholz für die wachsenden Städte verringerten zusehends die Hochwälder. Da man keine Aufforstung betrieb, hatte der Raubbau eine erhebliche Veränderung der Landschaft zur Folge. Wo heute dank der Forstwirtschaft des 19. Jh. wieder große Wälder rauschen, erstreckten sich im Spätmittelalter nur noch als Weideland nutzbare Grasflächen, über die Schafherden zogen.

Grund für Rodung und steigenden Holzbedarf war das rasante Bevölkerungswachstum in den drei Jahrhunderten zwischen 1000 und 1300. Begünstigt durch eine andauernde Warmperiode vergrößerte sich die Bevölkerung in Deutschland Schätzungen nach um das Vierfache von 6 auf 22 Millionen! Diese Bevölkerungsexplosion führte nicht nur zum Landausbau und zu Neugründungen von Dörfern. Zahllose Bauern zogen sowohl in die damals verstärkt gegründeten Städte oder wagten das Abenteuer ihres Lebens, indem sie dem Ruf ostdeutscher oder osteuropäischer Landesfürsten folgten und das neu eroberte Land besiedelten.

Ab dem 11. Jh. brachte die Einführung der Dreifelderwirtschaft mit ihrem Wechsel aus Sommer- und Wintergetreide sowie Brache zusammen mit verbesserten Ackergeräten einen deutlichen Anstieg des Ertrags, der in diesen Zeiten des raschen Bevölkerungswachstums auch dringend benötigt wurde. Man geht allerdings davon aus, dass eingesetztes Saatgut und Ernte trotz aller Bemühungen nur in einem Verhältnis von 1:3 standen. Vom Ertrag musste nicht nur Saatgut für das nächste Jahr zurückgelegt, die Familie ernährt, sondern auch die Abgaben an den Grundherrn bezahlt werden.

oben **Pappenheim ist das Musterbeispiel einer kleinen mittelalterlichen Residenzstadt. Zu Füßen der im Kern aus der Stauferzeit stammenden Burg der Reichserbmarschälle erstreckt sich die spätmittelalterlich geprägte Stadt mit dem Augustiner-Eremitenkloster, bis heute Grablege der Grafen von Pappenheim.**

Die Entwicklung des Wende- anstelle des Hakenpflugs sowie verbesserte Zuggeschirre für Ochsen und Pferde trug ebenfalls zur Erhöhung der Produktivität bei. Zugleich wandelte sich die Struktur von hierarchisch straff gegliederten Fron- oder Herrenhöfen zu Dörfern, in denen die Bauern das Land vom Grundherrn gepachtet hatten. Mit Ausnahme einiger

Regionen mit Freibauern gehörte fast der gesamte Grundbesitz Adel und Kirche. Diese erhielten einen bestimmten Anteil an den Erzeugnissen, der später oft in Geldabgaben umgewandelt wurde. Darüber hinaus mussten die Bauern ohne Lohn bestimmte Frondienste für ihren Herrn leisten. Die Höhe der Abgaben und Frondienste waren regional unterschiedlich. Sonderabgaben waren bei Hochzeit und Tod des Bauern und der Bäuerin fällig. Eine weitere wichtige Einnahmequelle des Grundherrn war der Mühlenbetrieb. Denn die Dorfbewohner konnten zum Mahlen ihres Getreides nicht einfach zum nächsten oder günstigsten Mahlwerk gehen, sondern waren gezwungen, die Mühle ihres Herrn aufzusuchen.

Die Lebenswelt der Bauern

In der ersten Hälfte des 14. Jh. begann sich das Klima zu verschlechtern. Nie gekannte Überschwemmungen, weit ausgreifende Bodenerosion durch Starkregen, lange Winter sowie kalte und verregnete Sommer resultierten in zahlreichen Missernten und Hungersnöten. Mitte des 14. Jh. führte die sich rasend ausbreitende Pest zur größten Katastrophe des Mittelalters. Rund 25 bis 35 Prozent der Gesamtbevölkerung starben. Von der Pest war in hohem Maß auch die Landbevölkerung betroffen. Denn der Überträger des Pestbazillus, ein Floh, konnte sowohl auf Ratten als auch im Getreide bestens überleben und sich verbreiten. Viele Dörfer starben vollständig aus oder die wenigen verbliebenen Bewohner zogen fort, so dass zahlreiche Orte für immer verschwanden. Gerade in Gegenden mit ertragsärmeren Böden setzte eine Rückwärtsentwicklung ein, die erst in der Neuzeit wieder umgekehrt wurde.

Rund um den Kirchturm

Mittelpunkt des Dorfes war die Kirche, die meist das einzige Gebäude war, das mit baulich größerem Aufwand errichtet wurde. Im Laufe des Mittelal-

links Ornbaus Charakter als mittelalterliches Landstädtchen hat sich besonders gut zur Altmühl hin erhalten. Flankiert von einem Bildstock führt die barock erneuerte Steinbrücke zum Torbau, hinter dem die Pfarrkirche St. Jakob aufragt.

150 Die Lebenswelt der Bauern

links Im Fränkischen Freilandmuseum Bad Windsheim konnte eines der ältesten erhaltenen deutschen Bauernhäuser aus dem Jahr 1367 wiederaufgebaut werden. Typisch ist das strohgedeckte Dach und die Eingeschossigkeit des Fachwerkbaus.

rechts Albrecht Dürer war der erste deutsche Künstler, der seine Umgebung naturgetreu wiedergab. Um 1500 entstand das Aquarell einer Mühle mit Nebengebäuden.

ters gaben die meisten Grundherren den ständigen Bitten ihrer Bauern nach und bemühten sich um vollgültige Pfarrrechte für die anfänglich nur im Status einer Kapelle oder Filialkirche errichteten kleinen Sakralbauten. Denn so blieb der Dorfbevölkerung bei Taufen, Hochzeiten und Begräbnissen ein oft stundenlanger Fußmarsch bei Wind und Wetter zur nächsten Pfarrkirche erspart. Der Pfarrer war häufig der einzige Dorfbewohner mit Bildung. Im günstigsten Fall unterrichtete er die Kinder wenigstens im Lesen und Rechnen, jedoch meist nur in den Wintermonaten, da die Kinder ansonsten auf dem Feld mitarbeiten mussten. Er war es auch, der die besondere Begabung eines Knaben erkennen konnte und dafür sorgte, dass dieser innerhalb der Kirche Bildung und Aufstiegschancen bekam. Bis ins hohe Mittelalter hinein lebten die Landpfarrer ganz selbstverständlich mit einer Frau zusammen, mit der sie auch eine Familie gründeten. Dorfpfarrer hatten einen ständigen Kampf gegen den sich auf dem Land hartnäckig haltenden Aberglauben zu führen. Denn nicht alles ließ sich durch Wettersegen und -läuten, Feldumgänge, die Verehrung bestimmter Schutzheiliger oder die Umwandlung heiliger Quellen in Marienwallfahrtsstätten christianisieren. Gerade die existenzielle Abhängigkeit vom Wetter, das die Ernte reifen lassen oder mit einem Hagelschlag vernichten konnte, sowie das schutzlose Ausgeliefertsein vor Viehseuchen und Pflanzenkrankheiten führte zu einer Vielzahl von Schutzzaubern.

Je nach Region gab es in Deutschland verschiedene Dorftypen, die selbst heute noch gut erkennbar sind wie Haufen-, Anger- und Straßendorf sowie der Rundling. Von den strohgedeckten Fachwerkhäusern haben sich erst aus dem Spätmittelalter einige wenige Beispiele erhalten. Denn als reine Nutzbauten waren sie ständiger Veränderung unterworfen. Wenn nicht wie in Norddeutschland Vieh und Mensch unter einem Dach wohnten, bestand neben dem Wohnhaus noch Stall und Scheune, die einen Hofraum umschlossen. Ließ es das Wetter zu, wurden alle Arbeiten im Hof erledigt. Hinter den Häusern lagen Gemüsegärten, denen sich Streuobstwiesen anschlossen. Flechtzäune schützten sie vor dem gefräßigen Vieh. Hinter den Gärten lagen die Felder. Im Gegensatz zu unseren heutigen riesigen Äckern, die erst vor einigen Jahrzehnten durch die Flurbereinigung (West) bzw. Enteignung (Ost) entstanden sind, waren die mittelalterlichen Felder langgezogene, schmale Streifen. An die Felder schloss sich mit der Allmende das von allen nutzbare Weideland an. Wichtige Faktoren für das Gedeihen eines Dorfes waren die Qualität des Bodens und ausreichend vorhandenes Wasser für Mensch und Vieh. Treffpunkt war der Dorfbrunnen.

Die Lebenswelt der Bauern

Dorfleben

Das Leben auf dem Dorf bestand in erster Linie aus Arbeit, die von Sonnenaufgang bis zur Dämmerung reichte. Zeit für Muße bot wohl nur der Winter, in dem man sich weitgehend auf handwerkliche und häusliche Tätigkeiten beschränken musste. Viel stärker als in der Stadt war man aufeinander angewiesen, weshalb die Dorfgemeinschaft auch in ihren gemeinsamen Festen mehr wie eine Großfamilie erscheint. Dennoch gab es auch auf den Dörfern größere soziale Unterschiede. Von reichen Großbauern mit zahlreichem Gesinde über Kleinbauern mit wenig Ackerfläche und Viehbesitz bis hin zu landlosen Tagelöhnern reichte die Spannbreite. In den kargeren Mittelgebirgsregionen dürften aber alle gleich arm gewesen sein. Lag das Dorf abseits von Handels- und Pilgerwegen sowie Städten, war die Welt der Menschen eng begrenzt, zumal viele nie über das Nachbardorf hinauskamen.

An Tierarten wurden im Mittelalter alle auch auf heutigen Bauernhöfen vorkommenden gehalten, wobei diese noch deutlich kleiner waren. Rind und Schwein waren die wichtigsten Fleischlieferanten. Anders als heute wurden Schweine nicht ausschließlich im Stall gemästet, sondern im Herbst in die Wälder zur Eichel- und Bucheckernmast getrieben, bevor sie am Winteranfang geschlachtet wurden.

Ein deutlicher Wandel in den Ernährungsgewohnheiten findet sich ab dem 13. Jh. Zugunsten von Getreidebrei und Brot nahm der Fleischanteil stark ab. Dies hatte zur Folge, dass ab 1300 die Körpergröße der Männer um durchschnittlich 5 cm sank. Wie Auswertungen von Friedhofsgrabungen zeigen, waren Männer durchschnittlich nur 165 bis 170 cm groß. Angehörige des Adels waren, bedingt durch bessere Ernährung und gezieltere Partnerwahl, noch weit bis ins hohe Mittelalter deutlich größer, überragten also auch schon körperlich den niederen Stand. Erst im 14. Jh. glich sich ihre Körperlänge dem der übrigen Bevölkerung an. Mit Abstand wichtigstes Brotgetreide war Roggen. Daneben wurden Weizen, Dinkel und Hirse sowie Flachs und Hanf angebaut, wobei das helle Weizenbrot den Reichen vorbehalten war. Das Getreide wurde, sofern man kein Brot daraus buk, meist zu Brei verarbeitet. Erbsen, Bohnen, Linsen, Rüben, Weißkraut sowie Grün- und Rotkohl waren die wichtigsten Gemüse. Da die Bauern schwere körperliche Arbeit leisteten, wurde es mit viel Fett zubereitet, um Kraft zu geben. Eier waren ständig verfügbar, während das Geflügel nur an Festtagen auf den Tisch kam. Bei der Schlachtung der Schweine im frühen Winter

oben Eine spätmittelalterliche Dorfkirchweih stellt der 1535 entstandene Holzschnitt von Hans Sebald Beham dar. Ausgelassen feiert die ganze Dorfgemeinschaft mitten im nahrungsreichen Spätsommer ihr Hauptfest.

rechts In Ostheim vor der Rhön hat sich die größte deutsche Kirchenburg erhalten. Sie diente den Bauern des Dorfes zur Verteidigung im Kriegsfall. Daher lehnen sich an die Wehrmauer Scheunen und Ställe an, in die die Bauern mit Vieh und Vorräten flüchten konnten.

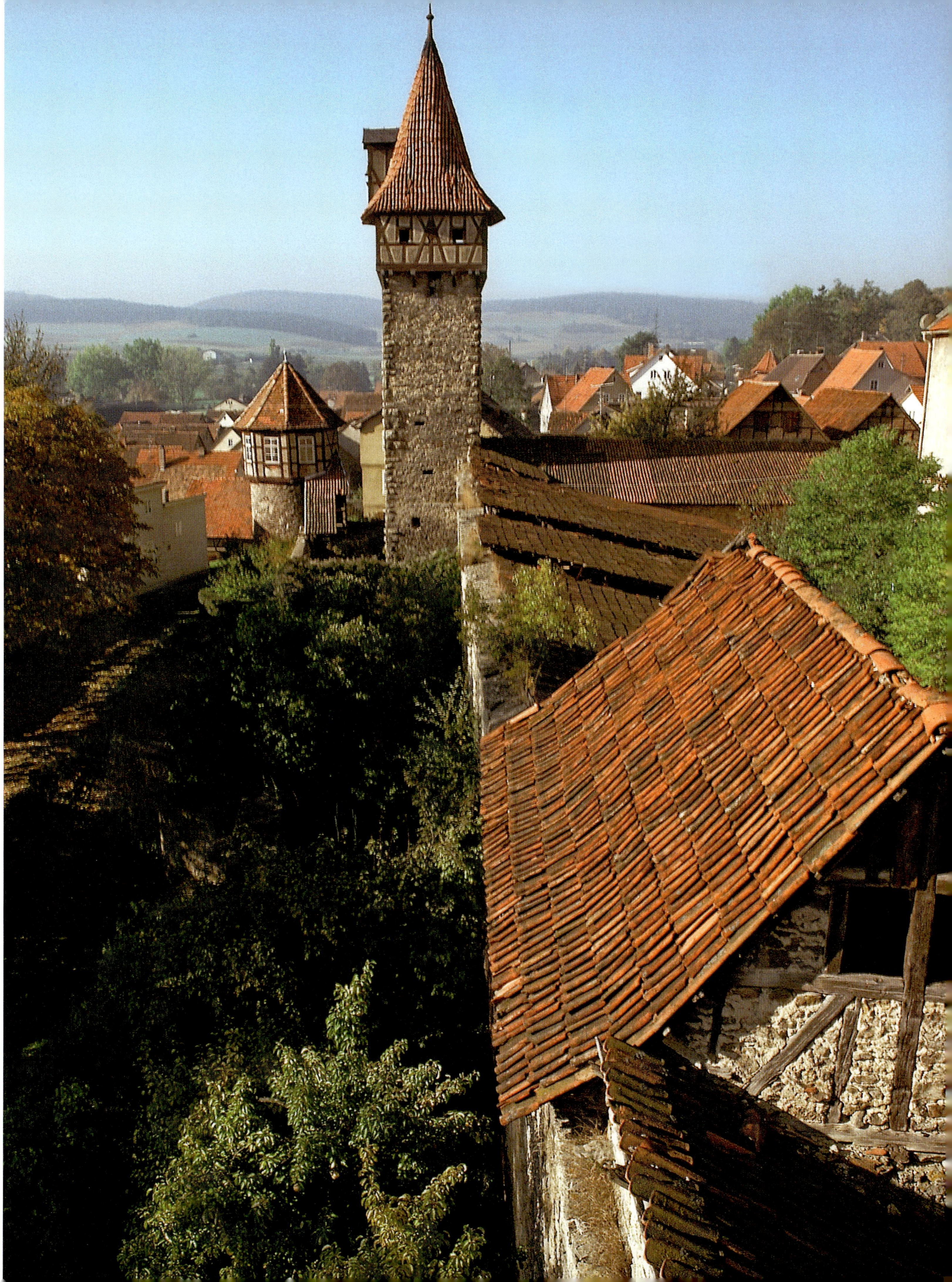

wurde nicht nur das Fleisch, sondern fast alle Innereien samt dem Blut zu Würsten verarbeitet. Neben Schwein war Rind das beliebteste Fleisch, was aber beileibe nicht jeder Bauer zur Verfügung hatte. Wer sich keine Kuh leisten konnte, dem lieferten wenigstens Ziegen Milch.

Die mittelalterliche Landbevölkerung war einer Vielzahl von Gefahren und Risiken ausgesetzt. Wie ein roter Faden ziehen sich die Streitereien um Weide- und Wasserrechte mit den Grundherren benachbarter Dörfer durch die Geschichte. Missernten bildeten schnell eine existenzielle Bedrohung, da neben dem Getreide für die nächste Aussaat sowie dem laufenden Lebensunterhalt nur wenige Vorräte angelegt werden konnten. Viehseuchen, gegen die es keinerlei Heilmittel gab, konnten die Tiere plötzlich sterben lassen. Nur wer genügend Geld hatte, konnte rasch für Ersatz sorgen. Eine wahre Plage war das mittelalterliche Fehdewesen, dann damit schädigte ein Adeliger seinen Gegner über dessen Einkünfte, sprich dessen Bauern. Eigentlich wäre der Grundherr als Gegenleistung für die Abgaben der Bauern zu deren Schutz verpflichtet gewesen, doch wurde dies in der Regel einfach ignoriert. Größere Kriegszüge verheerten das Land wie eine Heuschreckenplage.

Denn egal ob Freund oder Feind, Lebensmittel führten die Heere nicht als Proviant mit, sondern stahlen sie rücksichtslos bei den Bauern. Sie mussten als Folge dann oft verhungern, blieben als stille Opfer der Kriege aber völlig außerhalb der Beachtung durch die höheren Stände. Selbst in den meist nur kurzen friedlichen Zeiten zerstörte der Adel in seiner Jagdleidenschaft ohne Rücksicht oft viele Felder mit ihrer Frucht. Die Bauern versuchten sich durch Ummauerung ihrer Friedhöfe und Befestigung der Kirchtürme einen Schutzraum zu schaffen, in den sie sich mit ihrer Familie und ihrem Vieh flüchten konnten. Allein schon die vielen erhaltenen sogenannten Wehrkirchen, deren Zahl im krisengeschüttelten Spätmittelalter rapide anstieg, zeigen das Ausmaß der damaligen Bedrohung. Manche Dörfer sicherten sich auch durch ein sogenanntes Gebück. Dies war eine rings um das Dorf angelegte, äußerst dichte Hecke, die nur durch ein Tor unterbrochen wurde. Da alle Häuser in Fachwerk errichtet und mit Stroh gedeckt waren, brannten sie bei einem feindlichen Überfall schnell vollständig nieder.

Die Ständegesellschaft des Mittelalters war fest zementiert, da es den Verlautbarungen der Kirche nach ja Gott selbst war, der jeden an den ihm vorbestimmten Platz gestellt hatte. Daher bedeutete jedes Aufbegehren dagegen nicht nur einen Angriff auf Tradition und Selbstverständnis der Gesellschaft, sondern zugleich eine Gotteslästerung. Den Bauern als Nährstand war eine Überfülle von Aufgaben aufgebürdet, denen im Gegenzug nur ganz geringe Rechte gegenüberstanden. Nicht erst im Bauernkrieg des frühen 16. Jh. (Motto: »Als Adam grub und Eva spann, wo war denn da der Edelmann?«), sondern schon weit früher und regional weit gestreut sind daher immer wieder Aufstände der Bauern überliefert. Doch erreichten sie nie die angestrebten Verbesserungen ihrer aussichtslosen Lage. Vielmehr schlugen die Grundherren aus Adel und Kirche mit großer Brutalität die Bauernheere nieder, zumal sie hier ja einen Verstoß gegen die göttliche Weltordnung ahndeten.

Stadt und Land

Ein Höhepunkt innerhalb des eintönigen Wochenablaufs der meisten Bauern und Bäuerinnen dürfte der Besuch des Marktes in der nächstgelegenen Landstadt gewesen sein. Hier verkauften sie nicht nur ihre

rechts Wolframs-Eschenbach, umbenannt nach dem wohl hier geborenen bedeutendsten deutschen Dichter des Mittelalters Wolfram von Eschenbach (um 1170 – um 1220), kann dank seines recht vollständigen spätmittelalterlichen Erhaltungszustandes als Perle unter den fränkischen Kleinstädten gelten.

links Anstelle eines Dorfes gründete Kaiser Ludwig der Bayer 1335 Seßlach. Das Landstädtchen zeichnet sich nebst Stadtmauer durch eine Vielzahl gut erhaltener Häuser, darunter das Fachwerk-Rathaus und die Stadtmühle, aus.

Die Lebenswelt der Bauern

Abhängigkeit vom Grundherrn befand, lockte immer die Möglichkeit der Abwanderung vom Land. Besonders in der großen Gründungsphase der deutschen Städte im 12. und 13. Jh., aber auch nach der Dezimierung der Bevölkerung durch die Pestwellen waren die Städte auf den Zuzug der Landbevölkerung angewiesen. Der wirtschaftliche Aufstieg der Ausgewanderten sprach sich schnell herum, so dass weitere Dorfbewohner nachzogen. Holte der Grundherr nicht innerhalb eines Jahres seinen Hörigen zurück, dann war dieser frei. Oft zwang auch der Landesherr, dem eine Stadt gehörte, seine Bauern zum Umzug, so dass im Umfeld neuen dieser Städte ganze Dörfer verschwanden. Am begehrtesten waren die dörflichen Handwerker, denn sie konnten am leichtesten innerhalb des städtischen Gewerbes Tritt fassen. Ab dem Spätmittelalter schotteten sich die Städte jedoch mehr und mehr von der Zuwanderung ab, da sie mehr Probleme brachte als löste.

Besonders im Umfeld großer Städte entwickelte sich eine enge Verzahnung mit dem Land. In erster Linie waren die Dörfer für die Ernährung der Stadtbewohner mit allen landwirtschaftlichen Erzeugnissen von existenzieller Bedeutung. Um den sozialen Frieden innerhalb der Stadt zu sichern, setzte der Rat im Spätmittelalter Höchstpreise für die Lebensmittel fest, damit auch ärmere Bevölkerungsschichten sich diese noch leisten konnten. Dadurch verdienten die Bauern weniger und konnten sich auch auf dem Markt selber weniger leisten, da die Produkte städtischer Handwerker im Preis stiegen. Reiche Kaufleute legten ihr Kapital in Landbesitz an oder erwarben ganze Dörfer.

Manche Reichsstädte taten es ihnen gleich und kauften ein eigenes Territorium. Rund um die größten Handelsstädte des Deutschen Reiches wie z. B. Köln, Nürnberg und Augsburg ist zu beobachten, dass sich ein regelrechtes Verlagssystem entwickelte. Das bedeutet, dass einige Fernhändler dazu übergingen, im Umland der Städte selbst produzieren zu lassen. Bei der Tuchherstellung stellten sie auf Dörfern und kleineren Städten Rohmaterial und Webstühle zur Verfügung und nahmen die fertige Ware zu einem festen Preis ab. Ähnliches findet sich bei der Metallverarbeitung. Diese Vorform der Industrialisierung brachte auch auf dem Land bisher nicht gekannten Wohlstand, riss aber bei Absatzkrisen oft eine ganze Region wieder in die Armut.

Erzeugnisse, sondern erwarben mit dem erwirtschafteten Geld Produkte, die in ihrem Dorf nicht hergestellt wurden. Zudem erfüllte der Marktbesuch die wichtige Funktion des Nachrichtenaustausches, so dass sich angefangen von den Fernhändlern bis hin zu den Bauern relativ rasch z. B. Informationen über die politische Lage des Landes und drohende Kriegszüge verbreiteten.

Da das Leben in der Stadt so anders war als auf dem Dorf, wo man sich zudem in der persönlichen

Erlebnis DORF

Kirchenburg Ostheim vor der Rhön

In Franken hat sich eine ungewöhnlich hohe Zahl an mittelalterlichen Kirchenburgen erhalten, darunter die größte Deutschlands in Ostheim vor der Rhön. In der ersten Hälfte des 15. Jh. wurde die Dorfkirche mit einer viereckigen, sechs Meter hohen Wehrmauer umgeben, die an den Ecken durch 25 Meter hohe Türme mit Fachwerkaufsatz gesichert wird. Dieser innere Burgring ist zusätzlich mit einer halb so hohen Zwingermauer geschützt, vor der ursprünglich noch ein Graben lag. Ein im frühen 17. Jh. neu errichteter Torbau gewährt Einlass. Auf dem Kirchhof sind 72 sogenannte Gaden erhalten. Dies sind Speicher und Keller, die in Kriegszeiten der hierher geflüchteten Ortsbevölkerung als sichere Unterkunft dienten und ansonsten zur Vorratshaltung genutzt wurden. So gleicht die Kirchenburg auf den ersten Blick einer ummauerten Miniaturstadt. Die 1410 geweihte Pfarrkirche wurde im frühen 17. Jh. durch einen Neubau ersetzt. Die Hallenkirche zeigt eine interessante Mischung nachgotischer Formen mit jenen der Renaissance. Nach der Erhebung Ostheims zur Stadt wurde die Kirchenburg im späten 16. Jh. in die neu errichtete Stadtmauer miteinbezogen.

Kirchenburg frei zugänglich
www.kirchenburg-ostheim.de

Fränkisches Freilandmuseum Bad Windsheim

Bad Windsheim ist mit seiner sehenswerten Altstadt für sich schon eine Reise wert. Mit dem städtischen Bauhof besitzt sie ein Meisterwerk spätgotischer Zimmermannskunst aus dem 15. Jh. 1979 wurde am Rande der Stadt das Fränkische Freilandmuseum eröffnet, das seither ständig erweitert wird und schon jetzt das größte Freilichtmuseum Bayerns ist. Auf 45 Hektar umfasst es inzwischen 80 Häuser aus fränkischen Dörfern und Kleinstädten, die hierher gerettet und wiederaufgebaut werden konnten. Die Häuser gruppieren sich zu sieben dorfähnlichen Anlagen, die nach der jeweiligen Herkunftslandschaft geordnet sind. Doch nicht nur die reine Architektur wird dokumentiert, sondern auch die Sozial- und Wirtschaftsgeschichte des ländlichen Raums vom 15. Jh. bis heute. Durch die große Sammlung an fränkischen Möbeln, Textilien, Keramik und Alltagsgeräten konnten die Häuser ihrer Zeit gemäß eingerichtet werden. Besonders interessant ist die Baugruppe Mittelalter rund um ein strohgedecktes Bauernhaus von 1367. Die fünf übrigen Häuser stammen aus dem Spätmittelalter. In den umliegenden Feldern wurde versucht, ein anschauliches Bild der Landwirtschaft im Mittelalter zu geben. Sonderausstellungen und -führungen, Handwerkervorführungen und weitere Veranstaltungen runden das breite Spektrum ab.

Täglich geöffnet außer Montag (Mitte Juni bis Mitte Sept. auch Montags geöffnet). Mitte Dez. bis Mitte März geschlossen. Mitte März bis Mitte Okt.: 9–18 Uhr; Mitte Okt. bis 01. Nov.: 10–17 Uhr; 2. Nov. bis Mitte Dez.: 10–16 Uhr
www.freilandmuseum.de

Kiedrich im Rheingau

Kiedrich ist einer der schönsten alten Weinorte des Rheingaus. Überragt von den Resten einer Burg des Erzbischofs von Mainz zur Sicherung der Taunus-Straße von Eltville nach Nassau hat sich ein reizvolles Ensemble überwiegend barocker Fachwerkbauten und Adelshöfe erhalten. Inmitten des Ortes erhebt sich die wohl schönste spätgotische Kirche des gesamten Mittelrheins, die eine ungewöhnlich dichte mittelalterliche Kirchenausstattung bewahren konnte. Die Kirche besitzt mit dem spätgotischen Laiengestühl im Mittelschiff, das 1510 geschnitzt wurde, die ältesten vollständig erhaltenen Kirchenbänke Deutschlands. Einen ähnlichen Stellenwert hat die um 1500 entstandene Orgel, die in ihren ursprünglichen Zustand zurückversetzt werden konnte. Die Kirche wird von der Ummauerung eines Wehrfriedhofs umschlossen. Hier befindet sich die doppelgeschossige Totenkapelle St. Michael, die mit reich gestaltetem Erker und Außenkanzel ein Prunkstück spätgotischer Architektur ist.

Pfarrkirche ganzjährig geöffnet von Montag bis Samstag 10.30–12.30 Uhr, von März bis Okt. auch Sonntag 14.30–16 Uhr
www.kiedrich.de

oben Die spätgotische Pfarrkirche von Kiedrich überrascht durch Kostbarkeit und Fülle ihrer mittelalterlichen Ausstattung.

links Wohnstube mit Kachelofen im mittelalterlichen Bauernhaus des Fränkischen Freilandmuseums Bad Windsheim.

Übersichtskarte

Literaturauswahl

Allgemeine Literaturhinweise

Bühler, Arnold u. a., Das Mittelalter, Stuttgart 2004.

Buttinger, Sabine, Das Mittelalter, Stuttgart 2006.

Goetz, Hans-Werner, Leben im Mittelalter. Vom 7. bis zum 13. Jahrhundert, München 1994.

Rexroth, Frank, Deutsche Geschichte im Mittelalter, München 2005.

Das deutsche Kaiser- und Königtum

Becher, Matthias, Karl der Große, München ⁴2004.

Binding, Günther, Deutsche Königspfalzen, Darmstadt 1996.

Keller, Hagen, Zwischen regionaler Begrenzung und universalem Horizont. Deutschland im Imperium der Salier und Staufer 1024–1250, Berlin 1990.

Ders., Die Ottonen, München 2001.

Krieger, Karl-Friedrich, König, Reich und Reichsreform im Spätmittelalter, München 1992.

Pleticha, Heinrich, Des Reiches Glanz, Freiburg 1989.

Schubert, Ernst, König und Reich. Studien zur spätmittelalterlichen deutschen Verfassungsgeschichte, Göttingen 1979.

Der Adel

Hechberger, Werner, Adel, Ministerialität und Rittertum im Mittelalter, München 2004.

Jaspert, Nikolas, Die Kreuzzüge, Darmstadt 2003.

Reitz, Manfred, Das Leben auf der Burg. Alltag, Fehden und Turniere, Ostfildern 2004.

Schlunk, Andreas und Giersch, Robert, Die Ritter. Geschichte-Kultur-Alltagsleben, Stuttgart 2003.

Spieß, Karl-Heinz, Das Lehenswesen in Deutschland im hohen und späten Mittelalter, Idstein 2002.

Die Reichsbischöfe

Borgolte, Michael, Die mittelalterliche Kirche, München 1992.

Fink, Karl August, Papsttum und Kirche im abendländischen Mittelalter, München 1981.

Goez, Werner, Gestalten des Hochmittelalters, Darmstadt 1983.

Padberg, Lutz E. von, Christianisierung im Mittelalter, Stuttgart 2006.

Weilandt, Gerhard, Geistliche und Kunst, Köln-Weimar-Wien 1992.

Die Klöster

Die Benediktsregel. Lateinisch-deutsch, hg. im Auftrag der Salzburger Äbtekonferenz, Beuron 1996.

Binding, Günther und Untermann, Matthias, Kleine Kunstgeschichte der mittelalterlichen Ordensbaukunst in Deutschland, Darmstadt 1985.

Frank, Karl Suso, Grundzüge der Geschichte des christlichen Mönchtums, Darmstadt ⁵1996.

Gleba, Gudrun, Klosterleben im Mittelalter, Darmstadt 2004.

Die Sorge um das Seelenheil

Angenendt, Arnold, Geschichte der Religiosität im Mittelalter, Darmstadt 1997.

Ariès, Philippe, Geschichte des Todes, München-Wien 1980.

Berger, Plazidus, Das abendländische Totenbuch, Münsterschwarzach 1993.

Kaiser, Jürgen, Klöster in Baden-Württemberg, Stuttgart 2004.

Ders., Klöster in Bayern, Stuttgart 2005.

Rudolf, Rainer, Ars moriendi, Köln-Graz 1957.

Reliquien, Pilger und Wallfahrten

Angenendt, Arnold, Heilige und Reliquien. Die Geschichte ihres Kultes vom frühen Christentum bis zur Gegenwart, München 1994.

Beissel, Stephan, Die Verehrung der Heiligen und ihrer Reliquien in Deutschland im Mittelalter, Darmstadt 1976 (Nachdruck der Erstausgabe 1890/92)

Kaiser, Jürgen, Jakobswege in Deutschland, Stuttgart 2006.

Frauenleben im Mittelalter

Ennen, Edith, Frauen im Mittelalter, München ⁵1994.

Fößel, Amalie und Hettinger, Anette, Klosterfrauen, Beginen, Ketzerinnen, Idstein 2000.

Opitz, Claudia, Frauenalltag im Mittelalter, Weinheim-Basel 1987.

Shahar, Shulamith, Die Frau im Mittelalter, Frankfurt/Main 1988.

Die Stadt

Boockmann, Hartmut, Die Stadt im späten Mittelalter, München 1986.

Engel, Evamaria, Die deutsche Stadt des Mittelalters, München 1993.

Isenmann, Eberhard, Die deutsche Stadt des Spätmittelalters, Stuttgart 1988.

Jankrift, Kay Peter, Mit Gott und schwarzer Magie. Medizin im Mittelalter, Darmstadt 2005.

Reitemeier, Arnd, Pfarrkirchen in der Stadt des späten Mittelalters: Politik, Wirtschaft und Verwaltung, Stuttgart 2005.

Spufford, Peter, Handel, Macht und Reichtum. Kaufleute im Mittelalter, Stuttgart 2004.

Das Dorf

Brunner, K. und Jaritz, G., Landherr, Bauer, Ackerknecht. Der Bauer im Mittelalter: Klischee und Wirklichkeit, Wien-Köln-Graz 1985.

Meier, Dirk, Bauer-Bürger-Edelmann. Stadt und Land im Mittelalter, Ostfildern 2003.

Rösener, Werner, Bauern im Mittelalter, München ⁴1991.

Ders. (Hg.), Grundherrschaft und bäuerliche Gesellschaft im Hochmittelalter, Göttingen 1995.

Wand, Norbert, Das Dorf der Salierzeit, Sigmaringen 1991.

Bildnachweis

ars liturgica Buch- und Kunstverlag, D-56653 Maria Laach: Stiftergrab Abteikirche Maria Laach, Abb. Seite 79, 83
Thomas Bachmann, Bamberg: Abb. Seite 6
Bildarchiv St. Jakob Rothenburg: Abb. Seite 98
Peter Buchen, Köln: Abb. Seite 53 rechts
Burg Eltz, Kastellanei: Abb. Seite 28 links
Bernhard Dietrich, Marburg: Abb. Seite 93
Domschatz Essen: Abb. Seite 117
dpa picture-alliance, Frankfurt am Main: Abb. Seite 7, 8, 11, 12, 17, 18, 20, 21, 22, 29, 30, 31, 34/35, 37, 38, 39, 42, 43, 44/45, 46 unten, 46/47, 48, 49, 50, 52/53, 54/55, 56, 60, 65, 66, 78, 80, 91, 95, 97, 100, 103, 104, 106, 107, 108, 109, 110, 112, 114/115, 121, 122, 126/127, 132, 137, 138, 140, 141, 142, 143, 144, 145, 151 rechts, 152, 153
Joachim Feist, Pliezhausen: Abb. Seite 2, 33. 40, 51, 58, 59, 61, 64, 67, 69, 72/73, 75, 76, 77, 88/89, 92, 113, 118, 119, 123, 124, 129, 130/131, 134, 135, 139, 146, 147, 148/149, 150, 151 links, 154, 155, 156 beide

Alexander Glaser, Leverkusen: Abb. Seite 84
Interfoto/ Zeit Bild: Abb. Seite 9, 99
Landesmedienzentrum Baden-Württemberg, Stuttgart (LMZ 319364): Abb. Seite 62
Landesmedienzentrum Rheinland-Pfalz, Mainz: Abb. Seite 14 links (Foto: Wolfgang Lemp), Seite 94
Andreas Lechtape, Münster: Abb. Seite 70/71
Rupert Leser, Bad Waldsee: Abb. Seite 25
Regierungspräsidium Freiburg, Referat 25-Denkmalpflege, Fotograf B. Hausner: Abb. Seite 82
Rheinisches Bildarchiv Köln, Wallraf-Richartz Museum: Abb. Seite 86/87
Stiftung Dome und Schlösser in Sachsen-Anhalt, Museum Schloss Neuenburg: Abb. Seite 28 rechts
Tourist-Information Burghausen: Abb. Seite 32
Roman von Götz, Regensburg: Abb. Seite 13, 14/15, 26/27, 57, 63, 74, 101, 105, 133, 136,

Bibliografische Information Der Deutschen Bibliothek
Die Deutsche Bibliothek verzeichnet diese Publikation in der Deutschen Nationalbibliografie; detaillierte bibliografische Daten sind im Internet über http://dnb.ddb.de abrufbar.

Umschlaggestaltung: Stefan Schmid Design, Anne Lyrch, Stuttgart, unter Verwendung einer Aufnahme von Joachim Feist, Pliezhausen (Rothenburg ob der Tauber, Spitalturm)

© Konrad Theiss Verlag GmbH, Stuttgart 2006
Alle Rechte vorbehalten
Die Herausgabe dieses Werkes wurde durch die Vereinsmitglieder der WBG ermöglicht.
Lektorat und Bildredaktion: Nicole Janke, Stuttgart
Kartografie: Peter Palm, Berlin
Gestaltung und Satz: Katrin Kleinschrot, Stuttgart
Druck und Bindung: Offizin Andersen Nexö, Leipzig
ISBN-13: 978-3-8062-2005-6
ISBN-10: 3-8062-2005-0

Besuchen Sie uns im Internet: www.theiss.de